国家社会科学基金教育学一般课题"我国大学基本功能异化问题

高等教育管理与改革

大学基本功能异化问题研究

万思志 著

A Research on Alienation of Basic
Functions of Universities

科学出版社
北京

内 容 简 介

大学在长期发展中，其人才培养、科学研究、社会服务和文化传承与创新等基本功能逐渐为人们所认识和揭示。随着大学的进一步发展，其基本功能的异化问题也愈发突出。

本书依据马克思的异化劳动理论，分别就大学的人才培养、科学研究、社会服务和文化传承与创新等功能异化的判断标准、表现形式、各种原因等进行了深刻剖析，并对消除这些异化的路径进行了积极探索，以期为我国一流大学建设及早日实现高等教育强国梦尽绵薄之力。

本书适合高等教育研究者和管理者、大学教师和学生，以及关心高等教育的社会公众阅读，同时可以为教育行政管理部门制定相关政策提供参考。

图书在版编目（CIP）数据

大学基本功能异化问题研究 / 万思志著. —北京：科学出版社，2017.12

ISBN 978-7-03-055926-5

Ⅰ. ①大… Ⅱ. ①万… Ⅲ. ①高等学校–研究–中国 Ⅳ. ①G649.2

中国版本图书馆 CIP 数据核字（2017）第 308979 号

责任编辑：孙文影　程　凤 / 责任校对：何艳萍
责任印制：张欣秀 / 封面设计：润一文化
联系电话：010-64033934
E-mail：edu_psy@mail.sciencep.com

科 学 出 版 社 出版
北京东黄城根北街 16 号
邮政编码：100717
http://www.sciencep.com

北京凌奇印刷有限责任公司 印刷
科学出版社发行　各地新华书店经销
*
2017 年 12 月第 一 版　开本：720×1000 B5
2019 年 4 月第二次印刷　印张：14 1/2
字数：276 000
定价：89.00 元
（如有印装质量问题，我社负责调换）

前　言

　　随着我国经济社会的发展，高等教育事业取得了长足发展，已进入大众化阶段。我国已是名副其实的高等教育大国，同时，大学从社会的边缘逐渐走向社会的中心，不再是传统意义上的"象牙塔"，而是社会的"瞭望塔"。然而，在这一进程中，我国大学也出现了各种各样的异化现象，如大学行政化、升级热始终不减，学术失范现象屡禁不止，教风不振、学风萎靡，社会服务追求经济利益，大学文化变得庸俗化和功利化，等等。不过，这种异化现象并不是中国独有的，在高等教育比较发达的国家也出现了类似现象，如盲目招生而不顾人才培养质量，学术研究以经济利益为导向和目的，等等。总之，从世界范围看，大学的异化是一种普遍现象。

　　大学在产生和发展过程中，逐渐形成了人才培养、科学研究、社会服务和文化传承与创新四大基本功能。从大学四大基本功能异化着手研究大学纷繁复杂的异化现象，就是抓住了问题的关键和主要矛盾，期待相关研究成果的出现能够更有效地促使大学基本功能回归，进而逐步减轻、消除和防止大学异化现象的产生。

　　本书基于国家社科基金教育学一般课题"我国大学基本功能异化问题研究"而撰写，在选题上具有很强的时代意义。2016 年 10 月，教育部部长陈宝生提出了"四回归"，即"回归常识、回归本分、回归初心、回归梦想"。本书的研究主旨与这一讲话精神是一致的。

　　本书主要依据马克思的异化劳动理论，系统探讨了大学四大基本功能异化的判断标准、表现、原因、消除方法，以及各基本功能异化之间的关系。其中，关于异化的判断标准，本书以马克思的"高度完善的人""理想的社会状态"的应然来判断现实的人、现实的社会状态是否存在异化。关于异化的原因，本书将其分为根本原因和非根本原因。依据马克思的异化劳动理论，根本原因是自然形成的分工，或者说是与自然形成的分工相近似的"分离""背离"等；非根本原因主要是指对异化产生直接影响的现实因素及产生间接影响的历史文化因素。关于异化消除的途径，本书将其分为根本途径和直接途径。依据马克思的异化劳动理论，要从根本上消除异化，就需要随生产力的进一步发展逐步消除造成异化的自然形成的分工，或者说是消除与自然形成的分工相近似的"分离""背离"等；直接途径主要是指在现有的社会物质条件下所采取的各种方式方法、措施、对策等。各基本功能异化之间是互相关联、互相影响的，相对而言，人才培养功能异化是根本性的，是矛盾的主要方面，在一定程度上决定了其他基本功能的异化。

　　本书分为五章，除了第一章概述，其余四章在内部结构上基本一致。

　　笔者希望通过此项研究，为我国大学基本功能异化的回归提供理论支撑，并为各级教育行政管理部门制定相关教育政策提供参考。

　　在写作本书过程中，笔者得到了学校各级领导和同事的关心与帮助，在此一并致谢！由于笔者水平有限，书中难免存在疏漏和不当之处，敬请广大读者批评指正。

作　者
2017 年 5 月

目 录

第一章　概　述

异化既是一个古老话题，也是一个常青话题。古今中外的诸多哲学家、法学家、伦理学家、政治学家、经济学家、社会学家等都对异化进行了阐述。从词源上看，"异化"最早来自于拉丁语"alienatio"，是"脱离""转让"之意；其英文单词是"alienation"，具有"分离""对立"的意思。经过若干年的演变，尤其是马克思对这一概念的创新性使用，异化的内涵和外延都发生了很大变化，被人们用于分析各种社会问题。

第一节　异　化

一、异化的概念

有学者认为，英国的托马斯·霍布斯最早使用了异化这一概念。也有研究者认为，异化概念最早可追溯到基督教的《圣经》[①]。但是，在哲学史上，真正将异化提升为一个哲学概念来运用的是黑格尔，他用异化来描述"绝对精神"或"绝对观念"的外化，即"绝对精神"或"绝对观念"在自然和历史中把自身对象化，同自己相异化，最后通过在历史发展过程中完成自我认识过程来克服这种异化。

李雨燕和汪艳华认为，异化作为一个哲学概念，"意指主体在自己发展过程中，由于自身的活动而产生出自己的对立面，然后这个对立面又作为一种外在的、异己的力量反过来反对主体自身"[②]。高军和迟爽简单梳理了不同哲学家和社会学家对异化的理解，将异化概括为："由作为主体的人所创造的事物违背了其被创造的初衷，逐渐成为一种外在的独立的客观力量，反过来压抑、支配和控制人的一种过程和状态。由此可见，衡量是否出现异化有以下几个依据：① 是人的创造物；② 该创造物逐渐发展成为一种相对独立于人

---

① 马小彦. 异化概念的历史考察[J]. 河南师范大学学报（社会科学版），1984，（3）：7-10.
② 李雨燕，汪艳华. 异化消费：异化劳动的补偿？[J]. 湖北社会科学，2007，（2）：12-14.

的外在的独立的客观力量；③ 违背其被创造的初衷，压抑、支配和控制人。"①孙瑞英在《信息异化问题的理性思考》中认为："异化的一般意义是，主体创造了客体，但客体却不受主体支配，客体变成了支配主体甚至敌视主体的力量。"②王若水分析了黑格尔、费尔巴哈、马克思等的异化概念，认为异化是"主体由于自身矛盾的发展而产生自己的对立面，产生客体，而这个客体又作为一种外在的、异己的力量而凌驾于主体之上，转过来束缚主体，压制主体"③。孙英认为，异化可分为两类，"一类是被自己活动及其结果奴役的异化，如工人的异化劳动，另一类则是被自己的活动及其结果之外的力量奴役的异化"④。孙伯鍨先生认为，应区分异化劳动和对象化劳动，前者是指劳动的特殊社会形式，是私有制度下的抽象的、创造价值的劳动，是就人和人的关系而言的；后者是指一般意义上的生产劳动，是就人和自然界之间的关系而言的。⑤

值得注意的是，张奎良先生提出异化概念的使用应避免"泛化"和"局限化"，他说："异化作为一个哲学概念，虽然历史久远，但在马克思以前都带有两个先天的弱点：其一它们都是单向度的，只讲主体活动的结果与主体自身相疏离，形成与主体对立的异己力量，一切从主体出发，其结果也是和主体的愿望、利益相比照，这就难免造成异化的泛化，把人类一切活动的失败、挫折都说成是异化，失去了异化概念特有的深刻意蕴。比如，卢梭就曾把利己主义看作是异化的根源，费希特把'自我'与'非我'说成是一种异化关系，这类说法就比较平淡，没有独特的意义。其二，马克思以前的异化概念指谓的范围有限，大多都是针对局部现象，比如霍布斯和卢梭的异化主体是国家，爱尔维修把异化归结为人的感觉和判断上的失误，黑格尔认为绝对观念是异化之源，费尔巴哈只承认宗教上的异化。异化的泛化固然不宜，但异化的局限化也限制了它的意义和功用。"⑥

二、马克思的异化概念

黄楠森在《关于人道主义和异化的几个理论问题》一文中指出："马克思讲的异化就是劳动异化，就是剥削剩余价值，他讲的异化劳动就是雇佣劳动。这一点是很明显的。"⑦后来，黄楠森在《人的本质的异化不是一个科学

---

① 高军，迟爽. 我国学术评价制度的异化研究[J]. 高等教育管理，2008，2（2）：31-37.
② 孙瑞英. 信息异化问题的理性思考[J]. 情报科学，2007，25（3）：340-341.
③ 王若水. "异化"这个译名[J]. 学术界，2000，（3）：49.
④ 孙英. 异化概念新议[J]. 苏州大学学报（哲学社会科学版），1998，（2）：134-136.
⑤ 孙伯鍨. 探索者道路的探索[M]. 南京：南京大学出版社，2002：168.
⑥ 张奎良. 作为"历史之谜"的异化及其评价尺度——与俞吾金先生切磋[J]. 中国社会科学，2003，（4）：76-78.
⑦ 黄楠森. 关于人道主义和异化的几个理论问题[J]. 高教战线，1984，（1）：10-15.

的概念》一文中进一步强调，异化概念不能滥用，其在历史上有三种用法或含义，即"①黑格尔的用法指矛盾的转化，或矛盾。②费尔巴哈的用法，指由于认识上的错误而产生出与主体对扰的结果。③马克思的用法，指在资本主义制度下的劳动，即剥削剩余价值"①。

郭国勋和魏中军认为，马克思的异化概念不同于黑格尔和费尔巴哈的异化概念有三。"第一，黑格尔的异化概念是以精神的自我创造性为前提的；费尔巴哈的异化概念是以人的'理性、意志和心'为基础的；马克思的异化概念的出发点则是建立在物质生产劳动的基础上。第二，黑格尔的异化主体是'精神'（绝对和个体）；费尔巴哈的异化主体是'从神异化而来的'人；马克思的异化主体则是处于一定的社会关系中的劳动者和非劳动者，即工人和资本家。第三，黑格尔的异化不仅只是精神的异化，而且经常同对象化混为一谈；费尔巴哈的异化虽然包括物同人相对抗的含义，但是这种物仅仅是理性迷惘和幻想的产物，这种异化只是发生在宗教的天国里，并不构成现实的对抗；马克思的异化理论则不仅揭示了人同自己的产物的对抗，而且指出这种对抗就在于劳动同资本的对抗，它既反映出物对人的现实的统治，又表明人对人统治的社会对抗关系。"②

叶汝贤认为，要从马克思主义的基本观点出发去评价、分析异化概念，并认为"社会主义异化论"是对马克思异化论的曲解，并说："像对待任何问题一样，对待'异化'概念也只能根据马克思主义的基本观点去进行分析和评价。"③

汝信认为，"在任何情况下，青年黑格尔的观点和马克思主义都是绝对不容混淆的。即使在唯物史观确立以前，马克思早期著作中的观点也与黑格尔有着本质的不同。马克思谈论劳动的异化，目的在于批判作为资本主义制度的基础和人的自我异化的原因的私有制，在于说明只有消灭私有制的共产主义革命才能真正克服和扬弃这种异化。这和黑格尔的劳动和异化学说根本不能同日而语"④。

三、马克思异化概念的演变

张一兵认为，"《1844 年经济学哲学手稿》中的劳动异化是人本主义的价值悬设，那里构成的是理想本质与现实存在的矛盾，虚与实的矛盾。劳动的自我异化是一种逻辑反思，是在观念中设定的。而《1857—1858 年经济学手

① 黄楠森. 人的本质的异化不是一个科学的概念[J]. 北京大学学报（哲学社会科学版），1987，（3）：129.
② 郭国勋，魏中军. 对马克思异化思想发展的考察——《手稿》、《形态》和《资本论》中异化思想的内在联系[J]. 社会科学辑刊，1982，（3）：5-15.
③ 叶汝贤. 剖析"社会主义异化论"[J]. 学术研究，1984，（1）：5-13.
④ 汝信. 青年黑格尔关于劳动和异化的思想——关于异化问题的探索之一[J]. 哲学研究，1978，（8）：44-52.

稿》中的劳动异化从根本上是一种现实的历史反思。原来工人的活动的物化结果，现实地成为今天工人的统治者和剥削者"①。侯才在《有关"异化"概念的几点辨析》中指出："马克思对异化概念的使用和对异化现象的研究大体经历了由自然的异化到政治的异化再到经济的异化的这一过程。"②胡大平在《孙伯鍨教授哲学思想访谈录》一文中，记录了孙伯鍨先生的看法，孙伯鍨认为："早期的异化范畴，例如 1844 年手稿中的异化劳动概念，属于人本主义异化史观基础上的重要范畴，其出发点和参照物是抽象化的人的'类本质'，和异化劳动相对照的是非异化劳动，它是人的'类本质'的能动体现，是它的现实化和对象化。而在后期（成熟时期）的著作中，马克思已经是站在历史唯物主义的基础上使用异化范畴，其内容是指生产关系、社会关系和人相异化……"③俞吾金先生认为，异化概念在马克思主义哲学发展中大致经历了三个阶段，在这一过程中，"青年马克思是从'道德评价优先'的视角出发去看待异化现象的，而成熟时期的马克思则是从'历史评价优先'的视角出发去看待异化现象的"④。不过，张奎良先生认为："马克思晚年在解决异化的思路上发生一个重大的视角转换，但不是从'道德评价优先'转到'历史评价优先'，而是相反，是从'历史评价优先'转到'价值评价优先'。"⑤宋朝龙认为："马克思《1844 年经济学哲学手稿》中的异化概念既指矛盾对立关系，又指先验本质的外化。作为矛盾对立关系的异化，成熟时期的马克思沿用了它；作为先验本质外化的异化，其逻辑功用是借助黑格尔倒立着的发展观来摆脱理论困境的表现，成熟时期的马克思抛弃了它。"⑥

第二节　马克思异化理论

一、马克思异化理论的思想渊源

目前，学界普遍认为，异化概念并非马克思的独创，而是其在前人研究

---

① 张一兵. 重新遭遇异化：马克思历史现象学的最后逻辑层面——《1857—1858 年经济学手稿》"资本章"的哲学研究[J]. 马克思主义与现实, 1999, （5）: 6-12.

② 侯才. 有关"异化"概念的几点辨析[J]. 哲学研究, 2001, （10）: 75-76.

③ 胡大平. 孙伯鍨教授哲学思想访谈录[J]. 高校理论战线, 2001, （10）: 22-32.

④ 俞吾金. 从"道德评价优先"到"历史评价优先"——马克思异化理论发展中的视角转换[J]. 中国社会科学, 2003, （2）: 45-52.

⑤ 张奎良. 作为"历史之谜"的异化及其评价尺度——与俞吾金先生切磋[J]. 中国社会科学, 2003, （4）: 76-78.

⑥ 宋朝龙. 马克思在异化问题上思想转变的实质——评张奎良与俞吾金的争论[J]. 北京理工大学学报（社会科学版）, 2005, （5）: 74-76.

的基础上逐渐发展而来的。韩学本认为，马克思在手稿中提出的异化劳动并不是马克思在一时冲动的情况下提出的，而是必然的革命实践[①]。孙伯鍨详细分析了马克思异化理论的理论来源，认为："马克思的异化理论从哲学上来说，仍然是导源于黑格尔和费尔巴哈的。""除黑格尔和费尔巴哈哲学之外，马克思的异化劳动理论还直接受到古典政治经济学的劳动价值理论的启示。"[②]李志提出，费尔巴哈的异化思想是马克思异化理论的直接来源，其认为："马克思有意识地继承了费尔巴哈的人本主义立场，从人的本质和存在的角度重新理解了人在商品经济中的生活方式，并对这种生活方式的非人性展开了激烈的批评，提出了著名的异化理论。"[③]杨适则认为，马克思异化理论直接来源于黑格尔关于劳动生成人并为人的本质的思想，而没有经历过费尔巴哈时期[④]。张传开等也倾向于认为黑格尔的异化思想是马克思异化理论的直接来源，因为"从黑格尔到费尔巴哈，异化概念经历了一次嬗变，即从一个存在论的概念蜕变为一个价值论的概念，而马克思在其哲学的开端处恰恰是从黑格尔出发来理解异化的"[⑤]。

二、马克思异化劳动理论的主要内容

国内大部分学者认为马克思异化劳动理论的主要内容或主要形式表现在四个方面。一是劳动者与劳动产品相异化，"工人对自己的劳动产品的关系就是对一个异己的对象的关系"[⑥]。二是劳动者与劳动过程相异化，"他的劳动不是自愿的劳动，而是被迫的强制劳动。因此，这种劳动不是满足一种需要，而只是满足劳动以外的那些需要的一种手段"[⑥]。三是劳动者与其类本质相异化，"异化劳动使人自己的身体，同样使在他之外的自然界，使他的精神本质，他的人的本质同人相异化"[⑥]。四是劳动者与劳动者相异化，"人同自己的劳动产品、自己的生命活动、自己的类本质相异化的直接结果就是人同人相异化"[⑥]。学者通常称之为"四规定"说。但也有学者持不同观点，认为马克思异化劳动理论的主要内容应是"三规定"说，如学者张森年认为："从文本看，马克思对异化劳动的规定的指认只有三个，而对异化劳动的结果的分析则有四个。'四规定说'实际上混淆了马克思对异化劳动的'三个规定'

---

① 韩学本. 《1844 年经济学哲学手稿》试析[M]. 合肥：安徽人民出版社，1988：159.
② 孙伯鍨. 探索者道路的探索[M]. 南京：南京大学出版社，2002：161-165.
③ 李志. 马克思异化理论中的"人"[J]. 哲学研究，2007，（1）：11-17.
④ 杨适. 关于评价马克思《1844 年经济学-哲学手稿》的一些问题[J].中国社会科学，1981，（6）：67-82.
⑤ 张传开，余在海. 异化与存在——也论马克思的异化理论[J].哲学研究，2006，（7）：20-23.
⑥ 中共中央马克思、恩格斯、列宁、斯大林著作编译局. 马克思恩格斯文集（第 1 集）[M].北京：人民出版社，2009：157-163.

'四个结果'的内容。"①

三、异化劳动理论在马克思主义哲学中的传承作用

目前，国内学者对异化劳动理论在马克思主义哲学中的地位和作用形成明显对立的两种观点。陈先达认为，马克思关于异化的理论是动态的、复合的，《1844 年经济学哲学手稿》中关于异化劳动的理论，是对异化问题最完备的论述；但它既不是起点也不是终点，至少从《黑格尔法哲学批判》起有一个演变过程，其中经历了从异化到异化劳动，从"个体和类的矛盾"到发现"生产力和生产关系的冲突"两次重大转折，是一个活生生的、包含矛盾的发展过程。②张一兵认为："在马克思的劳动异化理论中，包含着一种深刻的理论完成：一是马克思自己的异化理论的直接完成，二是他在哲学中那种强调人的主观能动性的主体辩证法逻辑的历史完成，三是他第一个完整的无产阶级社会批判理论的初步形成。"③王德峰认为，马克思的异化劳动学说并不外在于历史唯物主义，相反，却对历史唯物主义理论的形成具有奠基意义④。侯惠勤认为："从马克思哲学思想发展历史的角度看，异化劳动理论的提出无疑是马克思世界观成熟过程中的一个重要标志，它开了马克思理论视角向现实的经济领域深入的先河，为其后的思想向历史唯物主义的不断发展奠定了基础。"⑤

但是，也有学者认为，异化概念仅仅是马克思早期思想中的重要概念，随着唯物主义理论的创立，马克思就不再经常使用这一概念。叶汝贤认为："'异化'概念不是马克思主义科学体系所特有的概念，更不是马克思主义的基本概念。"⑥郭立田认为，由于马克思早期异化概念的思辨性、片面性和肤浅性，异化概念只是马克思主义形成过程中的一个预备环节，放弃它则是马克思主义成熟的标志之一⑦。张文煜认为："在马克思的思想发展中，异化理论根本不是什么'一贯到底'的理论，异化理论与唯物主义历史观有着截然不同的性质。马克思抛弃和清算异化理论，是他与旧哲学彻底决裂、世界观

---

① 张森年. 对异化劳动的"四规定说"辨析[J]. 哲学动态, 2000, (8): 23-26.
② 陈先达. 马克思异化理论的两次转折[J]. 中国社会科学, 1982, (2): 3-4.
③ 张一兵. 马克思劳动异化理论的逻辑建构与解构[J]. 南京社会科学, 1994, (1): 16-24.
④ 王德峰. 论异化劳动学说对于历史唯物主义的奠基意义[J]. 复旦学报（社会科学版）, 1999, (5): 44-51.
⑤ 侯惠勤. 正确世界观、人生观的磨砺：马克思主义著作精要研究[M]. 南京：南京大学出版社, 2002: 91.
⑥ 转引自：郭国勋, 魏中军. 对马克思异化思想发展的考察——《手稿》、《形态》和《资本论》中异化思想的内在联系[J]. 社会科学辑刊, 1982, (3): 5-15.
⑦ 郭立田. 关于异化概念的几个问题——兼评重建异化理论的作法[J]. 求是学刊, 1984, (1): 38-40.

成熟的表现。"①仰海峰和任晓明认为:"马克思的异化劳动理论是对哲学、经济学与社会主义理论的一次尝试性整合。这既是一次伟大的理论创造,但也蕴含了内在理论悖论,正是这种理论的悖论决定了马克思必然要扬弃人本异化史观,创立科学的理论。"②陈仕伟认为:"异化不能称为理论,只能说是伴随私有制发展的负面现象,是描述人类社会负面影响的现象。"③

在相关论述中,比较有影响的是胡乔木的观点,其在《关于人道主义和异化问题》的演讲中认为,"对异化概念,要区别两种情况。一种是把异化作为基本范畴和基本规律,作为理论和方法;一种是把异化作为表述特定的历史中某些特定现象(包括某些规律性现象)的概念。马克思主义拒绝前一种异化概念,而只在后一种意义上使用这一概念,并且把它严格限制在阶级对抗的社会,特别是资本主义社会"④。并认为:"成熟时期的马克思认识到异化作为理论和方法是不能揭露事物本质的,他已经超越了这种理论和方法,而创造了辩证唯物主义和历史唯物主义的科学。他不再用异化理论说明历史而是用历史唯物主义科学地说明历史;他也不再用异化理论说明资本主义和资本主义制度下的劳动,而是用剩余价值学说来科学地说明它们。"④

应该说,马克思的异化理论是马克思主义理论的重要组成部分,是随着马克思对社会实践的不断深入而发展变化的。从 1844 年的《1844 年经济学哲学手稿》到1845 年的《关于费尔巴哈的提纲》及 1846 年的《德意志意识形态》,再到 1848 年的《共产党宣言》,直至《资本论》,在这一过程中,马克思的异化概念的外延不断扩大,内涵也不断丰富。马克思在《1844 年经济学哲学手稿》中初步完成了异化劳动理论,当时马克思尚处年轻时期,这一理论具有明显的过渡性。1845 年,马克思在《关于费尔巴哈的提纲》一文中对人的本质的认识明显有了升华,认识到人在本质上不仅具有劳动性,还具有一定的阶级性和社会性。1846 年,马克思在《德意志意识形态》中创立了历史唯物主义学说,这一学说是对异化劳动理论的超越,但也离不开这一理论的奠基作用。1848 年,马克思在《共产党宣言》中进一步对资本主义的异化现象进行了批判。尤其是在《资本论》中,马克思创立了剩余价值学说,对资本主义社会的异化劳动进行了彻底的揭露和批判。因而,异化理论在马克思主义的形成和发展中起着承前启后的作用,是马克思主义理论中的核心理论之一,与马克思的哲学、政治经济学及科学社会主义有着内在

① 张文煜. 马克思对异化理论的清算——《德意志意识形态》探讨[J]. 江淮论坛, 1984, (3): 54-59.
② 仰海峰, 任晓明. 马克思异化劳动理论的逻辑建构[J]. 南京政治学院学报, 1999, (1): 29-32.
③ 陈仕伟. 从异化理论到异化现象[J]. 湖南社会科学, 2004, (5): 20-22.
④ 胡乔木. 关于人道主义和异化问题论文集[M]. 北京: 人民出版社, 1984: 46-48.

的逻辑一致性，在马克思主义整个思想体系中既相对独立又不可分割。

四、异化产生的历史根源

马克思主义认为，异化具有历史性，它既不是从来就有的，也不会永恒存在；它是生产力发展到一定阶段才产生的，也会随着生产力的进一步发展而逐渐消亡。

1. 自然形成的分工造成了异化

马克思从人类劳动的历史出发，深刻考察了人类劳动所形成的分工。马克思把劳动与人的自由自觉的心理和活动联系起来，将分工划分为自愿的分工和自然形成的分工。他认为，在共产主义社会之前，人类社会的分工都局限于自发形成的分工，而只有到了共产主义社会，分工才成为自觉的。在1846 年完成的《德意志意识形态》中，马克思详细描述了自然形成的分工的过程。马克思认为，分工是由生产力发展引起的，并体现着生产力的发展水平。"一个民族的生产力发展的水平，最明显地表现于该民族分工的发展程度。任何新的生产力，只要它不是迄今已知的生产力单纯的量的扩大（例如，开垦土地），都会引起分工的进一步发展。"[1] "一个民族内部的分工，首先引起工商业劳动同农业劳动的分离，从而也引起城乡的分离和城乡利益的对立。分工的进一步发展导致商业劳动同工业劳动的分离。同时，由于这些不同部门内部的分工，共同从事某种劳动的个人之间又形成不同的分工。"[1]马克思认为，分工与所有制是相联系的，"分工的各个不同发展阶段，同时也就是所有制的各种不同形式"[1]。具体表现为，"第一种所有制形式是部落[stamm]所有制"[1]，"在这个阶段，分工还很不发达，仅限于家庭中现有的自然形成的分工的进一步扩大"[1]。"第二种所有制形式是古典古代的公社所有制和国家所有制"[1]，在这个阶段，"分工已经比较发达"[1]。"第三种形式是封建的或等级的所有制"[1]，但是，"在封建制度的繁荣时代，分工是很少的"[1]，"在城市里除有师傅、帮工、学徒以及后来的平民短工的划分之外，就再没有什么大的分工了"[1]，"在农业中，分工因土地的小块耕作而受到阻碍，与这种耕作方式同时产生的还有农民自己的家庭工业；在工业中，各手工业内部根本没有实行分工，而各手工业之间的分工也是非常少的。在比较老的城市中，工业和商业早就分工了；而在比较新的城市中，只是在后来当这些城市彼此发生了关系的时候，这样的分工才发展起来"[1]。

---

[1] 中共中央马克思、恩格斯、列宁、斯大林著作编译局. 马克思恩格斯文集（第 1 卷）[M]. 北京：人民出版社，2009：520-523.

从总体上来看，"分工起初只是性行为方面的分工，后来是由于天赋（例如体力）、需要、偶然性等等才自发地或'自然地'形成的分工"①，且"分工只是从物质劳动和精神劳动分离的时候起才真正成为分工"①。

马克思认为，分工造成了生产力、社会状况和意识之间的矛盾。"生产力、社会状况和意识，彼此之间可能而且一定会发生矛盾，因为分工使精神活动和物质活动、享受和劳动、生产和消费由不同的个人来分担这种情况成为可能，而且成为现实……"①

当物质劳动和精神劳动分离以后，从那时起，"意识才能摆脱世界而去构造'纯粹的'理论、神学、哲学、道德等等。但是，如果这种理论、神学、哲学、道德等等同现有的关系发生矛盾，那么，这仅仅是因为现存的社会关系同现存的生产力发生了矛盾"①。

马克思认为，分工促成了所有制的形成，"分工……是以家庭中自然形成的分工和以社会分裂为单个的、互相对立的家庭这一点为基础。与这种分工同时出现的还有分配，而且是劳动及其产品的不平等的分配（无论是在数量上还是质量上）；因而产生了所有制，它的萌芽和最初形式在家庭中已经出现，在那里妻子和儿女是丈夫的奴隶。家庭中这种诚然还非常原始和隐蔽的奴隶制，是最初的所有制，但就是这种所有制也完全符合现代经济学家所下的定义，即所有制是对他人劳动力的支配。其实，分工和私有制是相等的表达方式，对同一件事情，一个是就活动而言，另一个是就活动的产品而言"①。

马克思认为，分工造成了单个人或单个家庭的利益与共同利益之间的矛盾。"随着分工的发展也产生了单个人的利益或单个家庭的利益与所有互相交往的个人的共同利益之间的矛盾。"①"正是由于特殊利益和共同利益之间的这种矛盾，共同利益才采取国家这种与实际的单个利益和全体利益相脱离的独立形式……"①"正因为各个人所追求的仅仅是自己的特殊的、对他们来说是同他们的共同利益不相符的利益，所以他们认为，这种共同利益是'异己的'和'不依赖于'他们的，即仍旧是一种特殊的独特的'普遍'利益，或者说，他们本身必须在这种不一致的状况下活动，就像在民主制中一样。另一方面，这些始终真正地同共同利益和虚幻的共同利益相对抗的特殊利益所进行的实际斗争，使得通过国家这种虚幻的'普遍'利益来进行实际的干涉和约束成为必要。"①

马克思认为，只要分工是自然形成的，人本身的活动对于人来说就是一

---

① 中共中央马克思、恩格斯、列宁、斯大林著作编译局. 马克思恩格斯文集（第 1 卷）[M]. 北京：人民出版社，2009：534-537.

种异己的力量。"只要人们还处在自然形成的社会中，就是说，只要特殊利益和共同利益之间还有分裂，也就是说，只要分工还不是出于自愿，而是自然形成的，那么人本身的活动对人来说就成为一种异己的、同他对立的力量，这种力量压迫着人，而不是人驾驭着这种力量。原来，当分工一出现之后，任何人都有自己一定的特殊的活动范围，这个范围是强加于他的，他不能超出这个范围：他是一个猎人、渔夫或牧人，或者是一个批判的批判者，只要他不想失去生活资料，他就始终应该是这样的人。"[①] "受分工制约的不同个人的共同活动产生了一种社会力量，即成倍增长的生产力。因为共同活动本身不是自愿地而是自然形成的，所以这种社会力量在这些个人看来就不是他们自身的联合力量，而是某种异己的、在他们之外的强制力量。"[①]

2. 私有制增强了异化的力量

私有制和社会分工是密切相连的。马克思认为，分工最初主要体现在家庭内部的两性之间，且"与这种分工同时出现的还有分配，而且是劳动及其产品的不平等分配（无论在数量上或质量上）；因而产生了所有制，它的萌芽和最初形式在家庭中已经出现，在那里妻子和儿女是丈夫的奴隶。家庭中这种诚然还非常原始和隐蔽的奴隶制，是最初的所有制"[①]。这实际说明了私有制的最初起源，并且这一起源是由分工引起的。马克思进一步认为："其实，分工和私有制是相等的表达方式，对同一件事情，一件是就活动而言，另一个是就活动的产品而言。"[①] 分工导致了异化劳动，也导致了私有制，私有制作为分工这一活动的结果，那么异化劳动是分工这一活动的什么呢？实际上，异化劳动是分工与私有制之间的中间过程，因为分工是相对静态的，它通过异化劳动这一动态过程导致私有制。私有制产生以后加重了异化劳动的程度，正如吴俊雅在其著作《马克思异化理论新探》中所言："分工造成了一种异己的力量，使得分散的人们无法驾驭由他们相互之间的社会交往和社会联系所产生的巨大的生产力。而私有制则巩固了这种异化的力量，它使得这种力量在不同的所有者之间确定下来，从而形成更强大的异己力量。"[②] 并认为"异化作为全面的、普遍的社会现实，则是资本主义私有制发展的产物，因为正是在资本主义这一私有财产形式下，商品成为社会的普遍形式，私有制成为社会的普遍所有制形式，从而私有财产是异化劳动的结晶这一秘密才

---

① 中共中央马克思、恩格斯、列宁、斯大林著作编译局. 马克思恩格斯文集（第 1 卷）[M]. 北京：人民出版社，2009：535-538.

② 吴俊雅. 马克思异化理论新探[M]. 北京：中央编译出版社，2013：120.

得以充分体现出来"①。

从总体上看，根据马克思对社会分工的剖析，我们可以得出这样简明的结论：自然形成的分工导致了异化，也导致了私有制，异化（劳动）是分工（就活动而言）与私有制（就活动的产品而言）的中间过程。因而，这就为我们如何消除异化提供了一个思路：消灭自然形成的分工，消灭私有制。

五、异化的消除

1. 生产力的高度发展是基本前提

马克思认为，异化消除是以生产力的巨大增长和高度发展为前提的，其原因主要有以下几点：一是只有生产力高度发展了，才能消灭自然形成的分工，取而代之的是出于自愿的分工，而这只有在共产主义社会里才能实现。"在共产主义社会里，任何人都没有特殊的活动范围，而是都可以在任何部门内发展，社会调节着整个生产，因而使我有可能随着自己的兴趣今天干这事，明天干那事，上午打猎，下午捕鱼，傍明从事畜牧，晚饭后从事批判，这样就不会使我老是一个猎人、渔夫、牧人或批判者。"②二是只有生产力发展，才能造成一定的阶级对立，开展必要的阶级斗争。"要使这种异化为成一种'不堪忍受的'力量，即成为革命所要反对的力量，就必须让它把人类的大多数变成完全'没有财产'的人，同时这些人又同现存的有钱有教养的世界相对立……"②三是只有生产力发展，才能避免贫穷、极端贫困的普遍化。"如果没有这种发展，那就只会有贫穷、极端贫困的普遍化；而在极端贫困的情况下，必须重新开始争取必需品的斗争，全部陈腐污浊的东西又要死灰复燃。"②四是只有生产力发展，人们才能建立起普遍交往关系。"普遍交往，一方面，可以产生一切民族中同时都存在着'没有财产的'群众这一现象（普遍竞争），使每一民族都依赖于其他民族的变革；最后，地域性的个人为世界历史的、经验上普遍的个人所代替。"②

2. 私有制的消灭

与自然形成的分工一样，私有制也是生产力发展到一定阶段的产物，并随着生产力的高度发展而消亡。马克思认为，私有制在历史上有其存在的必要性，但随着历史的发展也必将消亡。"对于工业发展的一定阶段来说，私有制是必要的。在采掘工业中私有制和劳动还是完全一致的；在小工业以及到目前为止的整个农业中，所有制是现存生产工具的必然结果；在大工业中，

① 吴俊雅. 马克思异化理论新探[M]. 北京：中央编译出版社，2013：120.
② 中共中央马克思、恩格斯、列宁、斯大林著作编译局. 马克思恩格斯文集（第 1 卷）[M]. 北京：人民出版社，2009：537-538..

生产工具和私有制之间的矛盾才是大工业的产物，这种矛盾只有在大工业高度发达的情况下才会产生。因此，只有随着大工业的发展才有可能消灭私有制。"①私有制消亡是由生产力与生产关系之间的矛盾运动规律决定的。在资本主义社会，生产力获得了极大的发展，正如马克思所言："资产阶级在它的不到一百年的阶级统治中所创造的生产力，比过去一切世代创造的全部生产力还要多，还要大。"②随着资本主义生产力的高度发展，资本主义生产关系越来越不能适应生产力的进一步发展，并成为阻碍生产力发展的桎梏，"资产阶级的关系已经太狭窄了，再容纳不了它本身所造成的财富了"②，这种生产关系就要解体了，资本主义私有制要消亡了。"生产资料的集中和劳动的社会化，达到了同它们的资本主义外壳不能相容的地步。这个外壳就要炸毁了。资本主义私有制的丧钟就要响了。剥夺者就要被剥夺了。"③

3. 自然形成的分工的消灭

由于自然形成的分工造成了异化，所以要消除异化就必须消除自然形成的分工。正如马克思所言："个人力量（关系）由于分工而转化为物的力量这一现象，不能靠人们从头脑里抛开关于这一现象的一般观念的办法来消灭，而只能靠个人重新驾驭这些物的力量，靠消灭分工的办法来消灭。"①而要实现消灭分工，就必须要有各个人联合而成的真正的共同体。因为在这个共同体中，"它是各个人的这样一种联合（自然是以当时发达的生产力为前提的），这种联合把个人的自由发展和运动的条件置于他们的控制之下。而这些条件从前是受偶然性支配的，并且是作为某种独立的东西同单个人对立的。这正是由于他们作为个人是相互分离的，是由于分工使他们有了一种必然的联合，而这种联合又因为他们的相互分离而成了一种对他们来说是异己的联系"①。因而，"在真正的共同体的条件下，各个人在自己的联合中并通过这种联合获得自己的自由"①。

六、异化与应然、实然的关系

应然是一个哲学概念，顾名思义，就是"应当如此""应当这样"。"应

---

① 中共中央马克思、恩格斯、列宁、斯大林著作编译局. 马克思恩格斯文集（第 1 卷）[M]. 北京：人民出版社，2009：556-573.
② 中共中央马克思、恩格斯、列宁、斯大林著作编译局. 马克思恩格斯文集（第 2 集）[M]. 北京：人民出版社，2009：36-37.
③ 中共中央马克思、恩格斯、列宁、斯大林著作编译局. 马克思恩格斯文集（第 5 卷）[M]. 北京：人民出版社，2009：874.

然"不是从来就有的，只是在有了人类以后才有的，因为有了人才有意识。由于动物不把自己同自己的生命活动区别开来，所以它们的生命活动没有意识，它们没有"应然"。而"人则使自己的生命活动本身变成自己的意志和意识的对象"①，能把自己意识到的应然的内在尺度运用到对象上。应然具有实践性，具体表现为形成应然的意识能力是在实践中不断发展起来的；应然的具体内容即人的需要也是在实践中不断发展变化的；作为确定应然依据的实然是人类实践的唯一对象。实际上，应然就是人类在实践的基础上，从自身生存和发展的需要出发，去构建新的世界蓝图。应然的具体表现形式有目的、目标、计划、方案、规章制度、法律法规、理想、愿望等，涉及人类活动的所有领域和方面，具有普遍性。孙宏健将马克思实践应然观的基本内容概括为五个哲学命题：①"应然是从实然出发的否定和超越。"②"建构应然的最终根据是人类生存和发展的需要。"③"应然是对必然的利用。"④"认识的根本任务是对实然的应然建构。"⑤"应然实然化的基本途径是社会实践。"②

异化与应然、实然之间有着密切的关系。一个事物是否存在异化，它的判断标准是什么？实际上，异化是以人们所构建的应然图景为判断标准的，是因为人们所处的现实环境中存在的各种异化问题，才触动着人们去思考超越实然的没有异化的应然。也就是说，实然相对应然来说是异化的。换句话说，如果实然世界是美好的、不存在各种异化问题，那么人们就没有动力或没有必要再去构建一个应然世界。有研究认为，"马克思以高度完善化的人作为人的原型，以理想的社会状态作为未来社会的模式，异化是从这种原型和模式开始，异化的扬弃则是人向其原型和社会向其模式的复归"③。这实际上也说明马克思是"以高度完善的人""理想的社会状态"的应然作为判断现实的人、现实的社会状态是否存在异化的标准。

在这里需要注意的是，马克思创立异化理论，主要是用于剖析资本主义的异化劳动，我们在学习、运用这一理论时，如果生搬硬套用其分析我国社会主义的劳动，这显然是不合适的。因为资本主义社会是建立在生产资料私有制基础上的，资本与劳动之间的异化关系是对抗性的、不可调和的，是其自身无法克服的，要消除异化劳动就必须消灭资本主义私有制。而我国的社会主义社会是建立在生产资料公有制基础上的，各领域存在的异化问题并不具有对抗性，通过自身改革是完全可以克服和完善的。即使在我国存在一定的私有制经济成分，其中资本与劳动的关系，与资本主义社会的资本与劳动

---

① 中共中央马克思、恩格斯、列宁、斯大林著作编译局. 马克思恩格斯全集（第42卷）[M]. 北京：人民出版社，1979：97.

② 孙宏健. 论"应然"范畴的实践唯物主义意蕴[J]. 河南师范大学学报（哲学社会科学版），2003，（6）：7-8.

③ 张灵馨. 关于马克思异化理论研究的文献综述[J]. 学理论，2012，（34）：86-87.

的关系也不可同日而语，因为私有经济在我国所有制结构中不占有主体地位，不是矛盾的主要方面，其中资本与劳动的关系是非对抗性的，也是可以控制的。这样，我们学习运用马克思的异化理论，主要是学习运用这一理论在我们分析问题、解决问题时为我们所提供的新思维、新思路、新视角。许多领域的许多问题，如果从马克思的异化理论视角来看待，往往就会豁然开朗或茅塞顿开。

七、马克思异化理论研究的当代意义

马克思异化理论在当代仍然有着十分重要的作用。衣俊卿认为，马克思异化理论从根本上说是一种以人的生存方式为关注点、以人的解放为核心的批判性实践哲学，是 20 世纪发达工业社会条件下文化批判的重要依据。"甚至可以断言，异化理论在 20 世纪的意义要比任何时候都更突出。"[1]针对资本主义社会的异化现象，沙光学认为："新的异化现象在当代西方社会有继续深化的趋势，这与统治阶级的推波助澜是分不开的。他们更善于借助科学技术的'中介'，将异化当作一种统治人民、维护资产阶级利益的手段。在资本主义社会里，工人要获得真正的解放，就不能仅仅满足于劳动条件的改善、生活的富裕，而必须认清异化现象的危害及其深刻的根源，要寻找解放自己的途径。"[2]针对我国社会主义初级阶段出现的异化现象，叶汝贤在《剖析"社会主义异化论"》一文中指出，社会主义社会与资本主义社会是有着本质区别的，"这种本质区别的基本表现恰恰在于社会主义废除了私有制，废除了剥削和消灭劳动的异化性质"[3]。他还认为，社会主义初级阶段出现的各种异化现象，"有的是由于缺乏经验，或由于不认识客观规律而造成的工作上的失误；有的则是主观主义大发作，根本违反自然规律和社会主义的经济规律所致。这些问题有的是可以避免的，有的虽然难以避免，但随着人们经验的积累和对客观规律认识的深入，又可以逐步得到解决。就是说，这些问题并不是社会主义经济制度本身的产物，它的性质也根本不同于资本主义经济异化的对抗性质"[3]。

马克思的异化理论在当代中国仍然有着十分重要的意义，这种意义并不在于马克思所研究的异化劳动本身。在异化劳动中，资本与劳动之间的关系具有明显的对抗性，是不可调和的，这是因为这一关系是建立在资本主义私有制基础之上的。而在我国社会主义初级阶段，实行的是以公有制为主体的

---

① 衣俊卿. 20 世纪的文化批判：西方马克思主义的深层解读[M]. 北京：中央编译出版社，2003：52.
② 沙光学. 马克思劳动异化理论及当代意义探析[J]. 传承，2009，（3）：40-41.
③ 叶汝贤. 剖析"社会主义异化论"[J]. 学术研究，1984，（1）：5, 9-10.

多种经济成分并存的基本经济制度，虽然也有私有制经济成分，但它在所有制结构中并不占主导地位，这样，资本与劳动之间的关系并不具有对抗性，他们之间的关系是可控的。因而，再生搬硬套马克思所研究的异化劳动中的对抗性来研究我国当代社会中的资本与劳动之间的关系，显然是不合时宜的。那么马克思的异化理论在当代中国到底有什么重要意义呢？意义就是马克思的异化理论为我们研究我国社会主义初级阶段出现的各种社会问题提供了新的思路。具体地说，这一理论为我们分析问题提供了一种新的思维方式，并为我国解决问题提供了一种新的途径或手段。

第三节　大学基本功能异化

一、大学基本功能异化的内涵

"在当代社会，依赖着所谓的科技进步，异化现象更为严重了，甚至比以往任何时代都更为突出。异化不仅仅存在于经济领域，而且逐步扩散到了社会、文化、心理等各个领域，逐步从工人扩展到社会各阶层的人员，更加凸显了人类所面临的困境，人们生活在一个普遍异化的环境中。"这是学者李铭和左亚文在《当代异化理论与马克思异化理论的区别与联系》一文中就世界范围内的异化现象所做出的论述。①

目前，针对我国社会各领域存在的诸多社会问题，许多学者能够从马克思的异化理论视角进行阐述，提出了诸如"教育异化""科技异化""发展异化""消费异化"等概念。可以说，这些研究拓宽了人们解决问题的思路，并极大地丰富了马克思异化理论的内涵。这些研究成果有助于揭示大学基本功能异化的内涵。

关于教育异化概念，万作芳在《教育异化：概念及表现》一文中提出："教育异化是指在教育领域中，教育本身失去了它在本义上作为人培养下一代使之更好地改造自然和社会的手段而反过来操纵了下一代人，使人的发展成为达到教育目的的手段，人失去了其本来面目，被教育操纵，教育把人异化了。"②

关于科技异化的概念，李桂花在《"科技异化"释义》一文提出："所谓科技异化，就是指人们利用科学技术改变过、塑造过和实践过的对象物，或

---

① 李铭，左亚文. 当代异化理论与马克思异化理论的区别与联系[J]. 华中农业大学学报（社会科学版），2012，（4）：89-94.
② 万作芳. 教育异化：概念及表现[J]. 福建师范大学学报（哲学社会科学版），2003，（3）：115-121.

者人们利用科学技术创造出来的对象物，不但不是对实践主体和科技主体的本质力量及其过程的积极肯定，而是反过来压抑、束缚、报复和否定主体的本质力量，不利于人类的生存和发展的一种异己性力量，它不但不是'为我'的，而是'反我'的。"①梁丽和包国光在《试析技术异化的劳动异化根源》一文中提出："技术本是人类劳动实践的创造物，是为人类目标服务的。但在人类利用技术改造和控制自然而满足自己需要的过程中，技术以相应的力量反控制人类，给人类自身带来危害，这便是我们所说的技术异化。"②

关于学术评价制度异化的内涵，高军和迟爽认为："学术评价制度的发展违背了其推动学术发展、繁荣和创新的初衷，成为一种外在于学术人和学术机构的支配力量，从而在一定程度上阻碍了学术的发展、繁荣和创新进步。"③

关于发展异化的概念，杨建华认为："所谓发展异化就是将发展的主体与客体对立起来，将发展的目的与手段颠倒过来，割裂发展的本意并扭曲发展的本质，致使发展的重心错位，发展的价值失衡，最后将发展变成'无发展的增长'或'恶性发展'。"④

关于信息异化的概念，孙瑞英认为："所谓信息异化，是指人们创造了信息，但信息在生产、传播和利用等活动过程中受各种因素干扰，导致信息丧失原有内涵，反客为主演变成外在的异己力量，反过来变为支配、统治和控制人的力量。"⑤

关于媒介权力异化的概念，田大宪认为："媒介权力异化，意指新闻媒介在一定的条件下，向其对立方面转化，成为外在的异己力量。也就是说，媒介权力在运行过程中发生权力滥用、权力腐败等变异行为，损害了权力主体的根本利益。"⑥

关于网络文化异化的概念，方东华认为："所谓网络文化异化，指的是主体过度利用自身创造的网络文化，导致对网络文化的高度依赖。这种高度依赖使网络文化原有的内涵、目的与功能发生扭曲和颠覆，演化成为与主体相背离的异己力量，导致主体沉迷于网络文化的束缚而难以解脱，甚至受到伤害而缺乏理性自觉，最终反而使主体成为受制于网络文化的某些人，沦为被网络文化主宰的客体。"⑦

---

① 李桂花. "科技异化"释义[J]. 吉林师范大学学报（人文社会科学版），2007，（1）：13-18.
② 梁丽，包国光. 试析技术异化的劳动异化根源[J]. 东北大学学报（社会科学版），2008，（1）：21-25.
③ 高军，迟爽. 我国学术评价制度的异化研究[J].高等教育管理，2008，（2）：31-37.
④ 杨建华. 发展的异化与异化的反思[J]. 江苏行政学院学报，2002，（1）：68-74.
⑤ 孙瑞英. 信息异化问题的理性思考[J]. 情报科学，2007，（3）：340-341.
⑥ 田大宪. 媒介的权力及其异化[J]. 陕西师范大学学报（哲学社会科学版），2005，（6）：96-101.
⑦ 方东华. 网络文化异化现象研究[J]. 浙江社会科学，2012，（6）：145-149，162.

　　关于学校体育异化的概念，黄平波等认为："在学校体育环境下，原本是属于人的东西或人活动的结果，现在取得了独立性，并反过来成为制约人、统治人的力量。"[①]

　　从这些研究可以发现，异化概念的应用范围已相当广泛，涉及哲学、政治、经济、文化、教育、消费、技术、道德、心理等各个领域。异化的内涵也极为丰富，且当异化具体应用到每一个新的领域时，其内涵就会得到进一步丰富，并在该领域呈现出不同特征。考查各个领域的异化概念，我们仍可以发现它们具有一些共同的基本内涵，包括：这些异化都是人的创造物，而不是什么神创造出来的神秘物质；该创造物违背了人创造的初衷，即与人的美好愿望背道而驰；该创造物反过来压抑、控制和支配着人；该创造物成为一种独立于人的外在的力量。

　　通过以上对各领域异化概念的梳理，我们可以粗略地给大学基本功能异化下这样的定义：在大学发展到一定阶段以后，为了满足社会发展需要，大学基本功能逐步丧失了其产生时的初衷，成为一种独立于大学人的支配力量，从而阻碍、扭曲了大学基本功能作用的正常发挥，同时也促使大学通过不断改革和完善以消除这种力量。从这一定义可以看出，它区别于其他的异化概念，具有三个明显特点：一是强调社会性，大学基本功能的异化绝不仅仅是其自身原因引起的，在很大程度上是受到社会异化的影响。在当今世界，大学再也不是传统意义上的"象牙塔"，再也不是那种"两耳不闻窗外事，一心只读圣贤书"的场所，它已被牢牢绑在社会这列快速行驶的火车上，与社会各方面深度融合。大学在与社会发展的互相促进过程中，也会不可避免地受到社会各方面的消极因素的影响，使得在大学基本功能异化的很多方面都能看到社会各方面异化的身影。同时，这种社会性还表明，大学基本功能异化是受当时社会物质条件制约的，它的产生不是随意的或随机的，它的消除也不会凭着人们的一腔美好愿望就能实现，而是受所处的社会所能提供的物质条件限制。二是强调历史性，大学基本功能的异化是大学发展到一定阶段的产物，并随着大学发展到更高阶段而消亡。大学基本功能异化的根本性因素是社会生产力发展的结果，是社会生产力发展到一定阶段的产物，是社会生产力所决定的生产关系领域中表现出来的诸多异化现象之一。但是，这种异化并不是永恒存在的，它将随着社会生产力发展到一定的更高阶段而消亡。三是强调积极性，大学基本功能的异化对大学而言并非全都是消极影响，在某种程度上也具有积极意义，能够为大学的改革和发展找到突破口。大学基本功能的异化在大学发展中的影响和作用如同私有制在资本主

---

① 黄平波，安国彦，刘龙. 学校体育异化现象审视[J]. 体育文化导刊，2008，（2）：89-92.

义社会的存在，在一定历史时期内，它们的存在都是必要的。正如马克思在论及分工和所有制发展时，针对资本主义私有制的确立所指出的——"对于工业发展的一定阶段而言，私有制是必要的"[①]。

此外，这一定义还包含了应然与实然的辩证关系。人们在大学的人才培养、科学研究、社会服务和文化传承与创新这四大基本功能产生之时都抱有一个美好的初衷，即应然，也就是人们期望通过大学基本功能所达到的预期效果。然而，大学基本功能在实际的发挥过程中，逐步发展成为独立于大学人的支配力量，即实然，也就是，大学基本功能的现实状况与人们的初衷有所差异。当然，这种应然与实然不是静止不动的，为了实现应然，我们要不断对实然进行扬弃。在社会生产力发展的基础上，应然会在一定时间一定程度上变为现实，也就是应然实然化了，形成了新的实然；在这种新的实然基础上，人们又会形成新的应然要求；在实现这种新的应然要求过程中，往往又会产生新的异己的力量，又形成新的实然。如此往复，以至无穷。但每次新的应然和新的实然的产生都表明社会的发展进入新阶段，大学的发展也上了新台阶。当然，当社会生产力发展到一定的更高阶段，应然与实然之间的异化的力量将被彻底消除。

二、大学基本功能异化消除的根本途径

马克思认为，异化具有历史性，它既不是从来就有的，也不会永恒存在；它是当生产力发展到一定阶段才产生的，也会随着生产力的进一步发展而逐渐消亡。马克思从人类劳动的历史出发，深刻考察了人类劳动所形成的分工。马克思把劳动与人的自由自觉的心理和活动联系起来，将分工划分为自愿的分工和自然形成的分工，认为在共产主义社会之前，人类社会的分工都局限于自发形成的分工，而只有到了共产主义社会，分工才成为自觉的，并且，正是这种自然形成的分工造成了异化。因而，要从根本上消除异化，就必须从根本上消除自然形成的分工。"个人力量（关系）由于分工而转化为物的力量这一现象，不能靠人们从头脑里抛开关于这一现象的一般观念的办法来消灭，而只能靠个人重新驾驭这些物的力量，靠消灭分工的办法来消灭。"[①]当然，自然形成的分工的消除是建立在高度发达的生产力基础之上的。

这样，大学基本功能异化的根本原因是自然形成的分工，或者说是与自然形成的分工相近似的"分离""背离"等。而要从根本上消除大学基本功能

---

① 中共中央马克思、恩格斯、列宁、斯大林著作编译局. 马克思恩格斯文集（第 1 卷）[M]. 北京：人民出版社，2009：556-571.

的异化，需要随着生产力的进一步发展，逐步消除造成异化的自然形成的分工，或者说是消除与自然形成的分工相近似的"分离""背离"等。

三、大学基本功能异化问题研究的现实意义

第一，有助于拓宽我国大学异化问题研究的视角。本书从高等教育学、法学、社会学等视角对大学基本功能异化问题进行研究，是对当前我国大学异化问题研究多集中于单一的教育学或管理学视角的突破和丰富。

第二，有助于丰富我国大学异化问题研究的内容。本书紧紧围绕大学的人才培养、科学研究、社会服务和文化传承创新四大基本功能的异化进行研究，研究内容全面而系统，从而克服当前只对大学异化的局部现象进行研究的状况，避免了研究中只见树木不见森林的现象。

第三，有助于丰富我国高等教育理论。异化理论是教育理论的重要组成部分，长期以来是教育理论界研究的一个热点问题。随着高等教育进入大众化阶段，大学异化现象越来越严重，研究大学异化问题的学者越来越多，异化理论已成为高等教育理论的重要组成部分。本书以大学的基本功能异化为研究对象，有助于丰富高等教育的异化理论。

第四，有助于我国大学基本功能的回归。本书在分析大学基本功能异化各种现象的基础上，努力探索导致异化的各种原因尤其是根本原因，从而找到在现有条件下能够促使大学基本功能尽可能回归的方法或路径。

第二章　大学人才培养功能异化

人才培养是大学的四大基本功能之一，也是大学最初的、最根本的功能。可以说，大学的人才培养功能在其产生时就具有了。

第一节　大学人才培养功能异化概述

一、大学的产生与发展

目前，学界对于大学产生的标志或具有标志性大学的产生，并没有形成统一看法。从西方大学发展来看，大学的产生与发展大致经历了如下几个阶段。

1. 中世纪大学

西方大学最早起源于古希腊。在中世纪，古希腊独特的生活环境为大学的起源创造了条件。当时，古希腊尚未形成一个统一的政权，整个国家分裂为若干个城邦，没有统一的宗教控制。这样的政治环境有利于人员的自由流动和思想自由。有影响的教师可以在最自由的有利于探讨学问的地方讲学、招纳学生，并且教师和学生一起逐渐形成具有行会性质的学术共同体，在知识积累的基础上，根据专业知识逐步产生了各类别的专门学校，如哲学学校、教士学校、医生学校等。这些学校具有三个明显的特征：一是教师教学比较自由，往往根据自身的知识积累讲授教学内容；二是研究学问纯粹是教师个人的事，教师根据自己的兴趣自由地开展研究；三是通过教学传授知识以培养人才是这些学校的唯一职能。

2. 近代大学

经历了漫长的中世纪，随着人类认识世界的发展，在知识不断积累的基础上，学科分类越来越细。17 世纪以后，大学里逐渐出现了以某一学科为基础设立的专门学院或系，这样大学的组织越来越复杂，尤其是德国的洪堡在创立柏林大学时，明确提出大学应当开展科学研究，将科学研究作为大学的功能之一，并与大学的人才培养功能相结合，从而开创了大学的一种新模式。19 世纪后半叶，世界高等教育重心逐渐转移到美国。随着美国社会的发展，社会上各种势力越来越多地对大学提出了各种各样的需求，要求大学能够直接为他们提供服务，而不再满足于通过人才培养、科学研究等这些间接方式提供的服务。1862 年，美国国会通过了《莫雷尔法案》，要求各州以土地资助为条件，建立能够为农业、工业、军事提供直接服务的"赠地"学院。1904 年，美国威斯康星大学明确提出将为社会提供直接服务纳入其办学理念中，从而开创了一种新的大学办学模式。近代大学主要有以下三个特点：一是大学的基本功能随着社会的发展而逐步扩张，由最初的人才培养逐步扩张到科学研究和社会服务，但人才培养仍是最为基本的功能；二是教师的教学越来越细化，不能再像以前那样可以跨学科教授多门课程；三是科学研究也不是教师个人的事，与社会的需要越来越紧密地结合在一起，教师也不能完全按照自己的兴趣自由地开展研究，往往受到多种因素制约。

3. 现代大学

第二次世界大战以后，和平与发展逐渐成为世界的主题，这为世界各国教育事业的发展提供了契机，尤其是各国的较量逐渐转为以科技为核心的综合国力的竞争。而科技的发展离不开教育，尤其是离不开高等教育。因而，各国普遍比较重视高等教育发展，第三世界国家更是掀起了向欧美等发达国家的高等教育学习、模仿的高潮。从总体上看，现代大学有以下三个明显的特点。一是人们对高等教育的认识越来越深刻，对其发展规律把握得越来越准确，大学的基本功能继续扩张。2011 年，胡锦涛同志在庆祝清华大学建校 100 周年讲话中，明确提出大学的第四大基本功能，即文化传承与创新功能[①]。虽然这一功能尚未得到世界的普遍认可，但我们相信，随着我国文化强国战略的逐步实现，我国高等教育在世界上的影响会越来越大，大学的文化传承与创新功能会逐渐得到世界的普遍认可。二是大学的科学研究活动越来越复杂，一项科研活动往往涉及多个学科、多个部门，需要不同学术背景的多个教师合作才能完成，教师的研究工作很大程度上不再体现其自由意愿和兴趣，甚至有些教师从教学中分离出来，专门从事科学研究活动。三是大学再也不能像以前那样以"象牙塔"自居，而是从社会的边缘逐步走向社会的中心，成为社会发展的核心组织机构之一。

从大学的产生和发展过程可以看出，大学无论如何发展及发展到何种程

---

① 胡锦涛. 在庆祝清华大学建校 100 周年大会上的讲话. http：//www.gov.cn/ldhd/2011-04/24/content_1851436.htm. [2017-12-20].

度，人才培养始终是其最为基本的功能和中心任务。

二、大学人才培养功能异化的内涵

人才培养是大学的基本功能。根据大学基本功能异化的定义，人才培养功能的异化可以表述为：在大学发展到一定阶段以后，其人才培养功能逐步丧失了其产生的初衷，成为一种独立于大学人的支配力量，从而阻碍、扭曲了大学人才培养功能作用的正常发挥，同时也促使大学通过不断改革和完善以消除这种力量。这一定义同样强调了大学人才培养功能异化的社会性、历史性、积极性等特点。此外，这一定义也同样包含了应然与实然的辩证关系。人们在大学人才培养功能产生时都抱有一个美好的初衷，即应然，是人们期盼着通过大学人才培养功能所达到的预期效果。然而，大学人才培养功能在实际的发挥过程中，逐渐发展成为独立于大学人的支配力量，即实然，换言之，大学人才培养功能的现实状况与人们的初衷相异了。

人才培养是大学的中心工作，是大学最主要、最根本的功能。与大学的科学研究功能、社会服务功能及文化传承与创新功能相比较而言，人才培养功能是矛盾的主要方面，因而，人才培养功能异化是本书的重中之重。人才培养涉及大学工作的许多方面，如果仅从整体上对人才培养功能异化泛泛而谈，就会使研究很难深入下去，因而，这里根据大学人才培养主要涉及的问题，从人才培养的目标、课程、教学方法、师生关系、管理等方面探究大学人才培养功能的异化。

第二节　人才培养目标异化

一、大学人才培养目标概述

1. 大学人才培养目标的概念

所谓目标，即想要达到的境地或标准。人才培养目标，顾名思义，就是人才培养想要达到的境地或标准。目标在人们生活中属于一个高频使用词汇，诸如学习目标、工作目标、人生目标，我们在生活中经常用到，理解起来也不困难。然而，对于大学的人才培养目标，人们理解起来貌似简单，实际上则比较复杂。这主要是由于大学逐渐由社会的边缘走向社会的中心，大学与社会之间的关系变得错综复杂，再加上大学内部结构体系日益复杂，人们对大学人才培养目标的把握也越发困难。如在美国，不少大学因为争夺生源及迎合市场需求而逐步丧失了最初的使命感。"他们对自己的使命模糊了，搞不清如何灌输高等教育和社会借以生存的共同的价值观念。"① 在英国，大学人才培养的目标是"更有效地为经济服务"，学生能够"从事基础性的科学研究和人文、艺术方面的研究"，以及"与工业和商业更紧密地联系，提高对企业的挑战和机会的意识能力"。① 在日本，大学人才培养目标为培养具有宽广的胸怀、健康的体魄、丰富的创造力，以及自由、自律与公共精神的世界之中的日本人。① 从这几个国家对大学人才培养目标的表述中可以发现，人们对大学人才培养目标的内涵理解存在一定差异，但从总体上看，大学人才培养目标就是大学对人才培养质量和规格方面提出的要求。

2. 我国大学人才培养目标的历史演变

有研究认为，我国高等教育历史悠久，最早可追溯到殷商时期，因为出土的甲骨文中记载了当时已有"大学"这一说法，且在《礼记·王制》中记载有"小学在公宫南之左，大学的郊"，这说明当时就有"大学"和"小学"之分。② 当然这只是一家之言，即使当时确实已出现大学，但它与我们今天的大学在规模、组织结构、运行机制等方面都不可同日而语。我国现代大学的雏形应当始于晚清时期。

1）我国近代大学的人才培养目标

我国近代高等教育肇始于 1862 年 7 月清政府批准设立的京师同文馆。当时同文馆只有 2 名教师，只招收 10 名学生，目的就是为清政府培养翻译和外交人才。我国最早的一所新型大学是盛宣怀 1895 年在天津创办的北洋西学学堂，1896 年改名为北洋大学堂，系天津大学的前身。该校注重学习国外先进的科学技术，主要目标是培养高级工程技术人才，教授的课程包括几何学、格物学、外文翻译等基础课，以及工程学、电学、机器学等专业课。由于该校教育质量过硬，被誉为"我国第一所近代分科大学"③，在我国高等教育发展史上具有里程碑意义。1898 年 7 月，我国近代第一所国立大学京师大学堂诞生，该校设立时的目标是"中学为体，西学并用，观其会通"。1902年清政府颁布的《钦定京师大学堂章程》规定："京师大学堂之设，所以激发忠爱，开通智慧，振兴实业；谨遵此次谕旨，端正趋向，造就通才，为全学

---

① 国家教育发展与政策研究中心. 发达国家教育改革的动向和趋势（第二集）[C]. 北京：人民教育出版社，1987：38，452，676.
② 顾明远，梁忠义. 世界教育大系·高等教育[M]. 长春：吉林教育出版社，2000：470.
③ 高奇. 中国高等教育思想史[M]. 北京：人民出版社，1992：184.

之纲领。"1904 年清政府在《奏定大学章程》中，在"造就通才为宗旨"基础上，进一步提出"大学堂以各项学术艺能之人才足供任用为成效"。京师大学堂的课程最初分为普通科（所有学生必修）和专门科（由学生选取一门或两门）。1902 年开展分科制教学，将学校的预科分为政科和艺科。1904 年将师范生分为洋文、地理历史、理化算术和博物四类。1910 年，学校的分科大学开始招生，共设七科十三门，分科体系正式形成，这标志着"我国现代意义上的高等学府已屹立在世界东方"①。

2）北洋政府时期大学的人才培养目标

1912 年 10 月，北洋政府教育部就专门学校和大学分别颁布了《专门学校令》《大学令》。在《专门学校令》中规定，专门学校以教授高等学术、养成专门人才为宗旨。在《大学令》中规定，大学以教授高深学术、养成硕学闳材、应国家需要为宗旨。大学的学科分类更为齐全，有文科、工科、理科、法科、商科、医科、农科等。1913 年，教育部在《大学令》的基础上又颁布了更为细化的《大学规程》，如将文科细分为哲学、文学、历史、地理等，同时还规定了各科类的不同修业年限。在其后 1917 年颁布的《修正大学令》及 1924 年颁布的《国立大学校条例》中都强调了大学教授高深学术、养成硕学闳材、应国家需要的这一宗旨。根据教育部的要求，各大学根据自身情况提出了自己具体的人才培养目标。如 1914 年的《北京清华学校近章》中规定，学校以培植全才、增进国力为宗旨；1923 年的《国立北京农业大学组织大纲》中规定，学校以改进农业及农民生活、培养各种农业专门人才、期与农民通力合作蔚成农村立国为宗旨；1924 年的北京师范大学组织大纲中规定，学校以造就师范教师及教育行政人员并研究专门学术为宗旨；1926 年的《北京交通大学规章》中规定，学校以造就关于交通之专门人才为宗旨。

3）南京国民政府时期大学的人才培养目标

1929 年 7 月，南京国民政府颁布了《大学组织法》，规定大学以研究高深学术、养成专门人才为宗旨。1931 年 9 月，国民党中央执行委员会常务会议通过了《三民主义教育实施原则》，规定大学教育应以三民主义为中心，养成德、智、体、群、美兼备之人格。之后，南京国民政府教育部为实施通才教育，本着"注重基本训练，先注意学术广博基础之培养，文理法各科之基本学科，定为共同必修，然后去精一科，以求合于由博返约之道，使学生不因专门之研究而有偏固之弊"的原则，开始调整课程设置，陆续调整了文、理、农、工等共同必修课程。根据教育部的要求，各大学也相应提出了具体的人才培养目标。如 1929 年的《国立清华大学规程》中规定，学校以求中华

① 顾明远，梁忠义. 世界教育大系·高等教育[M]. 长春：吉林教育出版社，2000：477.

民族在学术上独立发展，而完成建设"新中国之使命"为宗旨；1930 年的《私立燕京大学组织大纲》中规定，学校以教授高深学术，发展才、德、体、力，养成国民领袖，应中华民国国家及社会需要为宗旨；1932 年的《国立北京大学组织大纲》中规定，学校以研究高深学术、养成专门人才、陶融健全品格为职志；1934 年的《国立北平大学组织大纲》中规定，学校以研究高深学术、培养专门人才为宗旨。

4）中华人民共和国成立初期至改革开放前大学的人才培养目标

中华人民共和国成立初期，国家对旧的高等教育进行了彻底的改造。教育界在改造思想上达成三点共识：一是要逐步改变中华人民共和国成立前高等教育各立门户、各自为政的无政府状态，实行中央政府统一领导，高校的布局和发展要做到有计划；二是改革教育内容，修改课程和教材；三是改进教学方法。1950 年 8 月，政务院颁布的《高等学校暂行规程》中规定，高校应培养具有高级文化水平、掌握现代科学与技术的成就、全心全意为人民服务的高级建设人才。具体地，就是要"培养通晓基本理论并能实际运用的专门人才，如工程师、教师、医师、农业技师、财政经济干部、语言与艺术工作者"。1951 年 8 月，政务院在《关于改革学制的决定》中，规定高校应在全面的普通的文化知识教育的基础上给学生以高级专门教育，为国家培养具有高级专门知识的建设人才。

1956 年，我国社会主义改造基本完成，开始转入全面的社会主义建设时期。相应地，我国旧的高等教育体制基本完成改造。1956 年 5 月，高等教育部颁布的《中华人民共和国高等学校章程草案》中规定，高校的基本任务是适应国家的社会主义建设需要，培养具有一定的马克思列宁主义水平、实际工作所必需的基本知识、掌握科学和技术的最新成就和理论联系实际的能力，并且身体健康、忠实于祖国、忠实于社会主义事业和准备随时保卫祖国的高级专门人才。该章程草案不仅规定了高校的基本任务，还明确了以校（院）长负责制为基础的社会主义高校内部管理体制。

1961 年，针对 1957 年开始的"反右派"斗争扩大化问题，有关部门开始对中华人民共和国成立以来高等教育工作的经验进行较为系统的总结。同年 9 月，中共中央批准试行的《教育部直属高等学校暂行工作条例（草案）》中明确规定，高等学校的人才培养目标是"具有爱国主义和国际主义精神，具有共产主义道德品质，拥护共产党的领导、拥护社会主义，愿为社会主义事业服务，为人民服务……掌握本专业所需要的基础理论、专业知识和实际技能，尽可能了解本专业范围内科学的新发展"。这一目标有利于凝聚人心，调动人们的积极性，将政治素质和业务素质高度统一起来，适应了社会主义建设初期特定的政治、经济和文化建设的需要。《教育部直属高等学校暂行工作条例（草案）》还规定高等学校的基本任务是贯彻执行教育为无产阶级的政治服务、教育与生产劳动相结合的方针，培养社会主义建设所需的各种专门人才。尤为重要的是，中共中央在批示中提出了高校应着重解决的问题：必须以教学为主，努力提高教学质量；正确执行党的知识分子政策；正确执行"百花齐放、百家争鸣"的方针，提高学术水平；实行党委领导下的以校长为首的校务委员会负责制；保证教学和生活的物质条件；改进党的领导方法和领导作风，加强思想政治工作。这些对我国高等教育的进一步发展发挥了积极作用。

5）改革开放初期大学的人才培养目标

改革开放是一场深刻的思想大解放运动，随之而来的是各方面体制、机制的深入改革。高校人才培养目标的改革也势在必行。邓小平指出："培养人，中心是把基础打好，然后干哪一行都行。"[①]这实际上就是要求培养出来的人才能够做到"一专多能"。这样，专业化就成为我国高校人才培养目标的一条主线。1978 年 10 月，教育部发布的《关于讨论和试行〈全国重点高等学校暂行工作条例〉（试行草案）的通知》中重申高校培养的是"专门人才"，并对培养规格提出新要求，即"培养分析问题、解决问题的能力，比较熟练地运用一种外国语阅读专门书刊"。1985 年 5 月，中共中央颁布了《中共中央关于教育体制改革的决定》，明确提出教育体制改革的目的是要"多出人才"，培养数以千万计的具有现代科学技术和经营管理知识，具有开拓能力的厂长、经理、工程师、农艺师、经济师、会计师、统计师和其他经济、技术工作人员……并且这些人才应该有理想、有道德、有文化、有纪律、热爱社会主义祖国和社会主义事业，具有为国家富强和人民富裕而艰苦奋斗的献身精神，应该不断追求新知识，具有实事求是、独立思考、勇于创造的科学精神。[②]1988 年 4 月，国家教委发布的《关于加强普通高等学校本科教育工作的意见》中，首次提出高校的人才培养目标是使受教育者在德育、智育、体育方面得到全面的发展，成为符合社会主义建设实际需要的高级专门人才。

6）20 世纪 90 年代以来大学的人才培养目标

进入 20 世纪 90 年代，随着我国社会主义市场经济体制的逐步建立，高等教育事业取得很大成绩，然而"专才"培养目标逐渐暴露出专业面较窄、职业适应性较差、可替代性较差等问题。为了适应中国特色社会主义市场经

---

① 中华人民共和国教育部，中共中央文献研究室. 毛泽东、邓小平、江泽民论教育[C]. 北京：中央文献出版社，2002：136，153.

② 何东昌. 中华人民共和国重要教育文献. 三卷本（1949—1997）[Z]. 海口：海南出版社，1998：2286.

济对人才的需要，必须丰富专门人才的内涵，高校的人才培养目标中逐步融入了经济目标，并逐步认识到提高教育质量和开展素质教育的重要性。1992年，国家教委在所印发的《全国教育事业十年规则划和"八五"计划要点》中提出，要"把坚定正确的政治方向放在第一位，以此作为学校的共同任务、学校各项工作的依据和出发点"，且要在"大力提高质量的基础上适度发展，积极为城乡经济、社会发展培养专门人才"①。可见，高等教育要为市场经济服务这一点已经很明确。同时，为了推动高等教育与市场经济相结合，1993年，国务院在转发的国家教委起草的《关于加快改革和积极发展普通高等教育的意见》中进一步提出了判断高等教育改革成效的三个"有利于"标准，即"有利于为以经济建设为中心的社会主义事业服务，促进经济和社会的全面发展；有利于调动学校的广大师生员工和社会各界的积极性；有利于全面贯彻党的教育方针，提高教育质量和办学效益，培养德智体全面发展的社会主义事业建设者和接班人"②。1994年7月，《国务院关于〈中国教育改革与发展纲要〉的实施意见》要求："本科教育要把重点放在提高质量上，硕士生、博士生的培养基本上要立足于国内。在培养基础学科人才的同时，要重视培养社会主义建设急需的高层次应用型和复合型人才。"①1998年，教育部在下发的《关于深化教学改革，培养适应21世纪需要的高质量人才的意见》中重申，高校的人才培养目标是使受教育者在德育、智育、体育等方面得到全面的发展，成为符合社会主义建设实际需要的高级专门人才，培养具有创新精神和实践能力的高级专门人才。1999年6月，为了全面推进素质教育，颁布了《中共中央国务院关于深化教育改革全面推进素质教育的决定》，要求"以培养学生的创新精神和实践能力为重点，造就'有理想、有道德、有文化、有纪律'的，德智体美全面发展的社会主义事业建设者和接班人"③。

从总体上看，改革开放以来，大学人才培养目标呈现多样化特征，具体表现为：人才培养的政治目标依然存在，必须把正确的政治方向放在第一位；人才培养的学术目标被确认下来，必须为社会主义现代化建设培养诸如科学家、工程师、教师、文艺工作者的学术人才；人才培养的经济目标逐渐凸显，必须培养能够熟悉现代市场经济运行规则、能够参与市场经济活动的实用性人才；人才培养的社会目标逐渐浮现，必须培养具有社会责任感、引领社会发展方向的大批兴业之士、治国之才和社会活动家。④与此同时，各高

---

① 何东昌. 中华人民共和国重要教育文献. 三卷本（1949-1997）[Z]. 海口：海南出版社，1998：3259, 3661.

② 郝维谦，龙正中. 高等教育史[M]. 海口：海南出版社，2000：480.

③ 刘志鹏，等. 20世纪的中国高等教育. 下册[M]. 北京：高等教育出版社，2006：725.

④ 郄海霞. 改革开放三十年我国高校人才培养目标的变迁[J]. 中国高教研究，2009，（3）：33-35.

校也相应地调整了自己的人才培养目标。例如，清华大学的人才培养目标为培养"高素质、高层次、多样化、创造性"的骨干人才和复合型人才，北京大学为培养复合型人才，复旦大学为培养通识人才，浙江大学为培养"重基础、宽口径、模块化、自主性"的创新人才，南开大学为培养经济、管理、法学方面的"复合型人才"，北京林业大学为培养"高素质、高水平、高层次、创造性"的"复合型人才"等。这些大学人才培养目标的关键词为"高素质"、"创新型"和"复合型"，体现出鲜明的时代特征。

二、大学人才培养目标异化的表现

1. 大学人才培养目标异化的判断标准

在探讨大学人才培养目标异化这一问题之前，我们首先应弄明白大学人才培养目标确定的依据。一个很明确的事实是，我国大学人才培养目标的确定依据是国家的法律法规及中央文件中规定的有关人才培养的目的、目标和规格。但需要进一步明确的是，国家的法律法规及中央文件中规定的有关人才培养的目的、目标和规格的依据又是什么。对于这一问题，从我国大学人才培养目标的演变过程可以清楚地得出答案，这就是依据国家和社会的需要。在中华人民共和国成立初期，由于国内外反动势力仍很猖獗，政治斗争和阶级斗争在一定时期一定范围内仍比较明显。在这样的背景下，国家在规定大学人才培养目标时，必须将正确的政治方向放在首位，因此，此时的大学人才培养目标被赋予强烈的政治色彩，并且这一做法在我国大学发展中作为优良传统被保留下来。许多国外大学在确定人才培养目标时似乎并不强调正确的政治方向，但实际情况是，只是它们做得比较隐晦，因为任何一个国家的大学都要为其统治阶级服务，完全摆脱或超越政治是不可能的。改革开放以后，随着"以经济建设为中心"基本路线的确定，以及社会主义市场经济的建立和完善，我国大学人才培养目标中逐渐增加了经济成分，即人才培养要为国家经济建设服务，要培养大批的企业家、金融家、营销专家、证券经纪人才、工商管理人才等。随着改革的深入，改革进入攻坚期和深水区。根据世界各国的发展经验，当人均 GDP 达到 1000～3000 美元时，社会发展往往面临两难境地，即一种是经济社会快速发展，进入所谓的"黄金发展期"，而另一种则是社会动荡不安，进入所谓的"矛盾凸显期"。在这一背景下，大学人才培养目标中逐渐增加了社会成分，即人才培养要为社会建设服务，培养大批能够处理各种复杂社会问题的人才。从总体上看，我国大学人才培养目标与国家的政治、经济、文化等发展是紧密相连的。

这样，由于大学人才培养目标确定的依据是国家的法律法规及中央文件中的相关规定，而国家的法律法规及中央文件规定的依据是国家和社会的需要，那么国家的法律法规及中央文件中关于大学人才培养目标的规定是否存在问题及是否会导致大学人才培养目标的异化，这就涉及教育的终极目的，即马克思主义关于人的学说。

马克思主义认为，人既是一种类存在物，又是一种社会及精神存在物。马克思认为："自由的有意识的活动恰恰就是人类的特性。"[①]这里的"自由的有意识的活动"实际上就是人们生产自己的生活资料，"这些个人把自己和动物区别开来的第一个历史行动不在于他们有思想，而在于他们开始生产自己的生活资料"[②]。也就是，马克思认为，物质生产劳动把人与动物区别开来，也是人的类本质的具体表现形式。马克思在研究人的本质时，将其置于应然和实然两种状态下进行论述。所谓人的应然本质是指人应当具有或应当如此的理想化本质，是马克思设想的理想状态中人性的表现形式。而人的实然本质则是指人必然具有或必然如此的现实性本质，是从人类产生到现在为止人类已具备的即存本质，且这种本质是我们认识分析人的问题的出发点。[③]马克思关于人的应然本质主要体现在其所设想的共产主义社会里，在那里每个人的自由全面发展的本质特征得到充分展示。"代替那存在阶级和阶级对立的资产阶级旧社会的，将是这样一个联合体，在那里，每个人的自由发展是一切人的自由发展的条件。"[④]而马克思关于人的实然本质主要体现在现实生活中人与人之间发生的经济、政治、文化、思想、交往等各种关系中，并且这些社会关系把人们结合成特定的社会群体。人的本质"不是单个人所固有的抽象物，在其现实性上，它是一切社会关系的总和"[⑤]。马克思关于人的应然本质论述，为我们指明了人的发展方向，是我们判断大学人才培养目标是否存在异化的根本性依据。

教育的目的是一个日久而弥新的话题。不少研究者将教育目的与教育目标混为一谈，也有研究者想努力把它们区分开来，但或语焉不详，或不能自圆其说。而钟启泉在其著作《现代课程论》中，对教育目的与教育目标关系的论述是比较科学可取的。他认为，"目的"含有"方向"的意味，表现普遍

---

① 中共中央马克思、恩格斯、列宁、斯大林著作编译局. 马克思恩格斯全集（第 3 卷）[M]. 北京：人民出版社，2002：273.

② 中共中央马克思、恩格斯、列宁、斯大林著作编译局. 马克思恩格斯选集（第 1 卷）[M]. 北京：人民出版社，1995：67.

③ 武天林. 实践生成论人学[M]. 北京：中国社会科学出版社，2005：115.

④ 中共中央马克思、恩格斯、列宁、斯大林著作编译局. 马克思恩格斯选集（第 1 卷）[M]. 北京：人民出版社，1972：273.

⑤ 中共中央马克思、恩格斯、列宁、斯大林著作编译局. 马克思恩格斯文集（第 1 卷）[M]. 北京：人民出版社，2009：501.

的、总体的、终极的价值；"目标"含有"里程"的意义，表现个别的（特殊的）、部分的、阶段的（具体的）价值；目的和目标，是表示对于教育的抽象的、一般的方向作用和更具体的方向作用的；教育目的决定教育目标的内容、状态和方向，同时教育目的是基于某种教育价值的选择的，它必然体现了一定的教育哲学的观点。①教育的对象是人，而人是能够自由有意识地活动的。教育的终极目的应是实现人的应然本质，即自由全面发展的本质，应让教育对象"使自身的自然中沉睡着的潜力发挥出来，并且使这种力和活动受到自己控制"②。也就是，教育的终极目的就是要表现马克思所设想的在共产主义社会里的应然本质。

这样，判断我国大学人才培养目标是否异化主要有两个层次的依据，第一层次的依据是，国家规定的大学人才培养目标（实然）是否与马克思设想的人的应然本质（应然）相符；第二层次的依据是，各大学自身确定的人才培养目标（实然）是否与国家、社会和个人的需要（应然）相符。

2. 国家规定的大学人才培养目标的异化

在这里，我国大学人才培养目标是否存在异化主要是以马克思设想的关于人的应然本质为判断依据，或者说是以教育的终极目的为判断依据的。

一方面，马克思所设想的共产主义社会里人的应然本质是自由发展的。在这一点上，我国大学人才培养目标显然远远没有达到这一要求。什么是自由？这一问题从来就是人类思想的主题，但也是人类思想中最难归宗如一的难题。③正如孟德斯鸠所言："没有一个词比自由有更多的含义，并在人们意识中留下更多不同的印象了。"④马克思主义经典作家认为，自由就是人的活动的一种自主状态。恩格斯将这种状态描述为："人们周围的至今统治着人们的生活条件，现在却受到人们的支配和控制，人们第一次成为自然界的自觉的真正的主人，因为他们已经成为自己的社会结合的主人了。人们自己的社会行动的规律，这些直到现在都如同异己的、统治着人们的自然规律一样而与人们相对立的规律。那时就将被人们熟练地运用起来，因而将服从他们的统治。"⑤那么，什么又是自由发展？"人的自由发展主要是指人按照自身所固有的内在本质的要求去支配自身的发展，而不是被动地从属于某种外在的

---

① 钟启泉. 现代课程论[M]. 上海：上海教育出版社，1989：295-296.

② 中共中央马克思、恩格斯、列宁、斯大林著作编译局. 马克思恩格斯全集（第 23 卷）[M]. 北京：人民出版社，1972：202.

③ 涂艳国. 试论"人的自由发展"的涵义[J]. 华中师范大学学报（哲学社会科学版），1997，（3）：70-76.

④ 孟德斯鸠. 论法的精神（上册）[M]. 张雁深译. 北京：商务印书馆，1995：153.

⑤ 中共中央马克思、恩格斯、列宁、斯大林著作编译局. 马克思恩格斯选集（第 3 卷）[M]. 北京：人民出版社，1972：441.

强制，使自身的发展偏离和压抑自己的内在本性。"[1]

2015 年修正后的《中华人民共和国教育法》规定：教育必须为社会主义现代化建设服务，为人民服务，必须与生产劳动和社会实践相结合，培养德、智、体、美等方面全面发展的社会主义建设者和接班人；教育应当坚持立德树人，对受教育者加强社会主义核心价值观教育，增强受教育者的社会责任感、创新精神和实践能力。这一人才培养目标对于保证我国大学人才培养的正确的政治方法及保证教育的基本质量起到了重要作用，但同时我们也应看到，相对于马克思所设想的在共产主义社会里人的自由发展的应然本质而言，这一人才培养目标也存在问题：一是忽视培养对象的主体性和主动性，把培养对象看作是静态的人；二是强调国家和社会对培养对象的单向需要，在一定程度上忽视了培养对象的个性特征和个性需要。从这两点看，我国大学人才培养目标未能实现培养对象的自由发展，在一定程度上产生了异化。如果学生学习的动机不是来自其自身的自由发展的需求，而是主要来自外部需要的刺激，这种刺激对于学生学习而言，往往是片面的、短暂的，容易使学生产生懈怠情绪甚至抵触情绪。尤其是，学习是一项艰苦的脑力活动，学生如果在学习中遇到困难和挫折，又不能及时、正确地去应对，可能有的人就会心灰意冷，严重者甚至半途而废。近年来，大学生辍学是一个值得关注的问题。根据教育部的数据，中国的大学生辍学率有 0.75%"[2]。当然，大学生辍学的原因有很多，大学生的自由发展的需要没有得到满足只是其中一个原因，对这些学生而言，大学所提供的教育不是学生所真正需要的。相反地，如果大学在设立人才培养目标时，能够充分尊重学生的主体地位，为他们提供合理的自由发展空间，那么学生学习的动力就会更多来自其自身的自由发展的需要，而较少地来自外部功利性刺激，那么学生在学习中遇到困难往往能积极主动克服，因为学习活动是基于他自主发展的需要，是他自主选择的结果。这种情况类似于马克思所说的，如果我们选择了最能为人类福利而劳动的职业，那么，重担就不能把我们压倒。当学生是基于自身发展需要而学习时，他们的学习热情、积极性可能会更高，他们的创造性也能更大程度地发挥出来。正如李培根院士所言："从学生的角度言，接受知识只是学习的低级层次，而只有成为学习的主体，真正地'主动学习'，才能使自己成为其'自己'，才能有自由发展，那就是学习的更高层次。"[3]这样，困扰教育界多年的学生动手能力不强、创新性不足等问题就会迎刃而解。

---

[1] 涂艳国. 试论"人的自由发展"的涵义[J]. 华中师范大学学报（哲学社会科学版），1997，（3）：70-76.

[2] 于康. 低辍学率的大学教育能走多远[EB/OL]. 2013. http：//www.eeo.com.cn/2013/0412/242461.shtml [2017-01-20].

[3] 李培根. 让学生自由发展——也谈教育的目的[J]. 高等教育研究，2010，（11）：1-3.

马克思所设想的在共产主义社会里人的应然本质是全面发展的。在这一点上，我国大学人才培养目标明显有进步，但仍显不足。什么是全面？全面与片面相对，是指能够辩证地、一分为二地看待事物，既能看到问题的此面，也能看到彼面。那什么是全面发展呢？人的全面发展就是"人以一种全面的方式，也就是说，作为一个完整的人，占有自己的全面的本质"①。其基本内涵包括以下几个方面：第一，人的活动的全面发展，其直接表现就是人的活动领域扩大了。正如马克思所设想的："在共产主义社会里，任何人都没有特殊的活动范围，而是都可以在任何部门内发展，社会调节着整个生产，因而使我有可能随自己的兴趣今天干这事，明天干那事，上午打猎，下午捕鱼，傍晚从事畜牧，晚饭后从事批判，这样就不会使我老是一个猎人、渔夫或批判者。"②第二，人的需要的全面发展，其直接表现就是需要层次的提高和需要样式的丰富。需要是人生存、发展的本能，是人活动的动力和目的。"任何人如果不同时为了自己的某种需要和为了这种需要的器官而做事，他就什么也不能做。"③第三，人的能力的全面发展，其直接表现就是人的体力和智力、潜力和现实能力、自然力和社会力、交往能力等都得到发展。人的能力的全面发展更有助于需要得到满足。第四，人的社会关系的全面发展，其直接表现就是"人们摆脱了以往个体、分工、地域、民族的狭隘局限性，形成了各方面、各个领域、各个层次的社会联系；人们的经济关系、政治关系、法律关系、伦理关系、宗教关系、文化关系等全面生成，由贫乏变得丰富，由封闭变得开放，由片面变得全面"④。人的社会关系的全面丰富是人的活动和人的能力的全面发展的直接体现。第五，人的本质的全面发展，其直接表现就是人的生理、心理、思想道德、科学文化等素质得到全面发展。第六，人的个性的全面发展，其直接表现就是"个性的模式化、同步化、标准化被消除，个性的单调化、定型化被打破，每个人都追求并保持着独特的人格、理想、社会形象和能力体系，显现着自己独特的存在，呈现出与众不同的差异性，即个人的唯一性、不可重复性、不可取代性"④。全面发展和自由发展的区别主要在于，"前者主要是就人的发展的完整性、统一性和和谐性而言的，后者主要是就人的发

① 中共中央马克思、恩格斯、列宁、斯大林著作编译局. 马克思恩格斯全集（第42卷）[M]. 北京：人民出版社，1979：123.
② 中共中央马克思、恩格斯、列宁、斯大林著作编译局. 马克思恩格斯选集（第1卷）[M]. 北京：人民出版社，1995：85.
③ 中共中央马克思、恩格斯、列宁、斯大林著作编译局. 马克思恩格斯全集（第3卷）[M]. 北京：人民出版社，1960：286.
④ 吴向东. 论马克思人的全面发展理论[J]. 马克思主义研究，2005，（1）：31-33.

展的自主性、独特性和个别性而言的"①。

从我国大学人才培养目标中能够看出，国家一直重视学生的全面发展。早在 1957 年，毛泽东在《关于正确处理人民内部矛盾的问题》中就提出"应该使受教育者在德育、智育、体育几方面都得到发展"②。1982 年，《中华人民共和国宪法》第四十六条规定："国家培养青年、少年儿童在德育、智育、体育等方面全面发展。"1986 年，《中华人民共和国义务教育法》第三条规定："使儿童、少年在品德、智力、体质等方面全面发展。"1993 年，国务院颁布的《中国教育改革和发展纲要》中提出，"培养德、智、体全面发展的建设者和接班人"。1995 年，《中华人民共和国教育法》第五条规定："培养德、智、体等全面发展的社会主义事业的建设者和接班人。"2001 年，《国务院关于基础教育改革与发展的决定》中指出："培养德智体美等全面发展的社会主义事业的建设者和接班人。"2012 年，党的十八大报告中提出："培养德智体美全面发展的社会主义建设者和接班人。"2014 年，《教育部关于全面深化课程改革，落实立德树人根本任务的意见》中提出："把对学生德智体美全面发展总体要求和社会主义核心价值观的有关内容具体化、细化。"2015 年，修正后的《中华人民共和国教育法》第五条规定："培养德智体美等方面全面发展的社会主义建设者和接班人。"从这些文件中可以看出我国重视学生全面发展的整体情况。就高等教育而言，1998 年，《中华人民共和国高等教育法》第四条规定，"使受教育者成为德、智、体等方面全面发展的社会主义事业的建设者和接班人"。而 2015 年，修正后的《中华人民共和国高等教育法》第四条规定，"使受教育者成为德、智、体、美等方面全面发展的社会主义建设者和接班人"。相比 1998 年的规定，这一规定多了一个"美"字，这一字变化反映了我们国家对大学生全面发展认识的深入。即使这样，我国大学人才培养目标与马克思所设想的在共产主义社会里人的全面发展的应然本质相比，仍有很大差距。这主要表现在以下两点：一是全面发展的内涵很丰富，并不是"德、智、体、美"能完全涵盖的，加了一个"等"字虽然能说明不止"德、智、体、美"这几个方面，由"德、智、体等"发展到"德、智、体、美等"也能说明我们对全面发展的内涵认识的不断深入。但我国大学人才培养目标，就当前存在的事实看，需要重视全面发展的一个重要方面——心理发展。当前学生心理问题频发，急需发展学生的心理健康素质，但我国大学人才培养目标显然没有对这一问题做出及时回应。二是就已提出的"德、智、体、美"这几个方面发展情况看，它们之间受重视程度及发展程度也不平衡，对"智"的重视程度超过对"德、体、美"的重视，对

---

① 扈中平. "人的全面发展"内涵新析[J]. 教育研究，2005，（5）：3-8.
② 中共中央文献研究室·毛泽东文集（第 7 卷）[M]. 北京：人民出版社，1999：226.

"智"的发展程度也超过对"德、体、美"的发展程度，最明显的例证是我们对"智"的考核形成了完备的制度，但对"德、体、美"的考核未形成完备制度，一个人从小学到大学，可以明显看到他的智力得到了很大发展，但他的品德、体质、审美情趣的发展却很难判断。从这两点看，我国大学人才培养目标还远远没有做到促进培养对象的全面发展这一应然本质特征，在一定程度上产生了异化。

其一，心理健康方面。受各种外部因素影响，当前学生的学习、就业压力很大，有的还受到人际关系的困扰等，一些学生的心理相对较脆弱，承受力不强，一旦学习上或生活上遇到困难，就心灰意冷，消极悲观，并采取消极方式回避这些问题，个别严重者甚至选择自杀。至于自杀的原因，有人分析为学习及就业压力大、情感受挫、性格孤僻、患有抑郁症等，还有人认为是社会的急剧变化引起的不安全感和焦虑。但无论何种原因，归根结底与学生自身的心理素质不过关有一定关系，学校在人才培养过程中要重视发展学生的心理素质。个别学生不是以自杀结束自己的生命，而是以他杀结束他人的生命。2004年发生了震惊全国的"马加爵事件"。据《中国青年报》报道，为揭开"马加爵何以成为杀人凶手"的谜底，犯罪心理学教授李玫瑾写出了上万字的《马加爵的犯罪心理分析报告》，指出真正决定马加爵犯罪的是心理问题，是他强烈、压抑的情绪特点，是他扭曲的人生观，还有"自我中心"的性格缺陷。类似的案例还有2013年发生在复旦大学的学生投毒事件、2007年发生的云南大学的"学生杀人碎尸案件"等。所有这些事件都暴露出这些学生存在心理缺陷，大学应更加重视学生的心理健康。

其二，道德品质方面。如在社会公德方面，一些学生的理想信念淡薄，尤其是理想物质化，把对物质的追求当作自己的理想追求；公共意识淡薄，采取事不关己、高高挂起的态度；社会责任感淡薄，意识不到自己应肩负的社会责任。在家庭道德方面，一些学生没有太强的家庭责任意识，缺乏赡养父母和抚养子女的责任感，对父母不是孝敬而是一味索取。在学习道德方面，一些学生学习态度不端正，上课迟到早退等；考试作弊，让别人替考或替别人考试，考试打小抄；学风浮躁，不认真研究学问，剽窃、抄袭他人研究成果。在情感道德方面，一些学生恋爱随意，目的不纯，在公共场合不顾及他人和环境的影响经常做出出格举动。

其三，个性化发展方面。对于智育，这是上至国家、下至学校和个人都极为重视的。一个人从小学到大学，其智力发展是很明显的，智力水平提高是显著的。应该说，我们的智育工作是卓有成效的，但即使如此，我们在促进学生智力发展方面还存在不少问题，其中最大的、最明显的问题是对学生的个性发展重视不够。实际上，不同的人所处的地域、家庭环境不同，即使是同一年龄段的人，其兴趣、爱好、知识积累也是不一样的，这就需要我们在教育中因材施教，针对不同学生不同的个性采取不同的教育方法。而当前我国大学人才培养目标或忽视了这点，或虽然已意识到这一问题，但却没有采取有针对性的措施。

3. 各大学自身确定的人才培养目标的异化

在这里，我国各大学自身确定的人才培养目标是否存在异化主要是以国家、社会和个人的需要（应然）为判断依据的。

当前，国家、社会和个人对大学人才培养目标的需要主要表现在能够根据不同地区、不同行业的发展水平提供不同层次的人才。我国幅员辽阔，东部与西部之间、南方和北方之间不但地理环境、气候、风土人情差异很大，而且经济社会发展也很不平衡。此外，我国各行各业发展水平也很不均衡，既存在高新技术产业，也存在传统产业；既存在大机器生产，也存在手工作坊。所有这些差异、不平衡、不均衡都要求大学所培养的人才具有差异性、层次性和特色化。具体地，这种差异性、层次性要求研究型、研究教学型、教学研究型、教学型等不同类型、层次的大学人才培养目标要有区别；同一类型或层次但不同地方的大学人才培养目标应不同；即使是同一类型或层次且同一地方的大学，由于各学校的办学历史、办学理念、学科优势等不同，其人才培养目标也应不同。此外，人才培养目标的特色化是指各大学在长期的人才培养过程中形成的比较持久的、稳定的、优良的、为社会所公认的特征，其要求体现在三个层次上：一是"人无我有"，即独特性或个性；二是"人有我优"，即杰出性或优质性；三是"人优我新"，即开拓性或创新性。[①]然而，由于各大学所确定的人才培养目标还存在诸多问题，其培养的人才在一定程度上还不能满足国家、社会和个人的需要。从这里可以看出，各大学人才培养目标在一定程度上存在着异化。异化的具体表现有以下几点。

其一，各大学人才培养目标缺乏个性特征，同质化现象较为严重。不同的大学有不同的历史传统、文化积淀、优势、特色等，这些不同应体现在大学的人才培养目标中。鲁迅曾说："北大是常为新的，改进的运动的先锋，要使中国向着好的，往上的道路走。"[②]所以，当我们谈到北京大学时，就会想到它的人才培养的"维新"气质和革新勇气。严修和张伯苓先生曾经提出南开大学的精神是"允公允能，日新月异"，这使我们在谈到南开大学时，就会

① 张兄武，陆丽，唐忠明. 中国大学本科人才培养目标的历史演进与发展趋势[J]. 现代教育管理，2011，(4)：66-69.

② 鲁迅. 鲁迅全集（第3卷）[M]. 北京：人民文学出版社，2014：422.

想到它救国于危难的使命。当前，我国部分大学人才培养目标并没有体现出自己的精神气质、文化传统、个性特征等，而表现出很大的雷同性，且同质化倾向明显。

其二，各大学人才培养目标就高不就低，拔高现象严重。我国高校行政化的重要表现之一就是提高学校的办学层次，高职高专院校热衷于"专升本"，而一般本科院校又力争硕士和博士学位授予点，实力稍微强一点的"211"院校努力晋升为"985"高校。这些院校热衷于升格的部分动力为办学层次越高所享有的国家改革支持尤其办学经费支持就越多。这种现象体现在学校的人才培养目标上就是提高人才培养的层次，将社会一直呼吁的培养高质量人才片面理解为培养高层次人才。这种做法的严重后果之一就是使学生就业遇到了很大困难。例如，先前一些很有特色的高职高专院校所培养的学生大多数都能找到与自己所学专业对口的工作，然而当这些院校升格为本科院校以后，其所培养的部分学生难以找到与自己所学专业对口的工作，甚至有的学生不得不到其他高职高专院校进行"回炉深造"。

其三，各个不同层次大学人才培养目标的层次区分度低。先前我国高等教育的办学层次大致可分为高职高专院校，一般本科院校、"211"院校、"985"院校等。这些办学层次不同的院校其人才培养目标上应有明显不同，表现出一定的区分度，而实际情况是，它们的人才培养目标趋同性较严重，如某一专业在不同层次的院校中，其教学计划相似度高，课程结构体系相差无几，使用的更是统一的"规划教材""推荐教材"等。又如，某些应用型人才与学术型人才走的是相似的甚至是相同的培养路径，这使得即使在人才培养目标上进行努力区分，所产生的实际效果相差并不大。

其四，部分大学人才培养目标片面化严重。由于先前长期受计划经济的影响，大学的人才培养也是按计划进行，人才培养规格的"大一统"特征明显；又由于近十多年来各大学的扩招，学生数量增加很多，这给学校的教学与管理带来了挑战，于是学校就采取了更简单、效果立竿见影的管理方式，就是用统一标准、统一规格管理所有学生，这就是教育界所称的"一把尺"管理。在人才培养的"大一统"和管理的"一把尺"影响下，各大学人才培养目标片面化了，对人才的培养在知识基础、能力水平和素质要求上趋向一致，并且倾向于理论型和研究型人才的培养，更注重学生基础理论学习，而忽视实践能力的培养；更注重学生知识的传授，而较少关注创新意识、创新思维和创新能力的培养；更注重学生专业素质的提高，而较少关注科学精神、人文精神的培养。

其五，部分大学人才培养目标泛化，价值导向作用弱化。大学人才培养目标是办学文化、精神、气质等的体现，对于团结全校师生员工为共同目标奋斗起着不可或缺的作用，具有很好的价值导向作用。而现实情况是，不少大学人才培养目标泛化，价值导向作用弱化。人才培养目标的泛化在很大程度上模糊了人才培养的焦点，使得人才培养目标的价值导向作用弱化了。

其六，部分大学人才培养目标缺乏稳定性，变化较大。大学人才培养目标体现着大学的历史文化积淀，具有价值导向作用，应当具有相对的稳定性。然而，一些大学在确定人才培养目标时，变化较大，缺乏稳定性。这种变化可能与当前我国提倡培养创新型人才的大背景有关，其表面意义是大学的人才培养目标符合了国家和社会的需要，但从另一方面看，短时间内调整人才培养目标也说明大学在确定人才培养目标时缺乏前瞻性。这就使得人才培养目标的价值导向作用进一步弱化，使得师生员工刚刚树立起来奋斗目标后不得不做出调整。

其七，部分大学人才培养目标确定得过于保守，缺乏世界眼光。我国自从加入 WTO 以后，比以往任何时候都需要精通外语、具有涉外知识、学有专长的复合型高级人才。我国大学应顺应国家和社会的这种需要，培养具有世界眼光的人才，这一点在大学的人才培养目标上应有所体现。考察世界一流大学可以发现，它们的人才培养目标往往具有世界眼光，如哈佛大学的人才培养目标是培养在全球范围内都大有作为的学科领导者；康奈尔大学的人才培养目标是培养学生追求不可预测的新思路，从而能够引起国内外的变革；宾夕法尼亚大学的人才培养目标是鼓励学生跟随自己的热情去追求与发现，并通过跨学科的方式解决世界上那些最具挑战性的问题。[①]相比之下，我国大部分大学的人才培养目标缺乏国际视野，过多地囿于本土。随着我国深度融入世界，根据这种缺乏世界眼光和国际视野的人才培养目标所培养出来的人才，在以后的职业生涯中很可能会遇到困难。

三、大学人才培养目标异化的原因

大学人才培养目标异化的原因可以分为根本原因和非根本原因。

1. 大学人才培养目标异化的根本原因

对这一问题的探讨，笔者仍以马克思的异化理论为指导。这一理论为我们提供了看待问题的角度和思路。马克思认为异化劳动产生的根本原因是"自然形成的分工"。据此，大学人才培养目标异化的根本原因会不会也是由

---

① 王严淞. 论我国一流大学本科人才培养目标[J]. 中国高教研究，2016，（8）：13-19.

某种与"分工"近似的诸如"分离"的因素造成的呢？认真考察世界高等教育发展史，我们可以清晰地发现，大学人才培养目标有两条主线，即以科学教育为主或以人文教育为主。

在近代教育史以前，相对于科学教育，古典人文教育一直占据绝对优势。然而进入近代教育史以后，科学教育逐渐兴起并占有重要地位。尤其是20世纪以后，由于各国的政治、经济、军事等竞争实质上是科技竞争，而科技竞争在很大程度上又取决于科学教育的竞争，于是各国对科学教育的重视前所未有。例如，在20世纪50年代英国就逐步改变了绅士教育传统，转而重视科学教育，时任首相艾登在1956年所做的一次演讲中指出："科学和技术使十几名当代人拥有了50年前数千人才拥有的力量。我们的科学家正在进行卓越的工作，但如果我们要充分利用我们所掌握的知识，我们就需要培养更多的科学家、工程师和技术员。"[①]

然而，20世纪末期，随着科学技术的发展，许多社会问题也暴露出来，如自然破坏、环境污染甚至战争威胁等。这些问题往往依靠科学技术和科学教育本身是难以解决的，这时人们对人文教育提出了复归要求。"人文教育之所以重要，是因为它告诉人们，人类的文明是怎样产生的？人类社会是怎样组织和发展的？人对自然，人对社会，人对他人，人对自己应该有什么态度？什么是正义，什么是邪恶？什么是高尚，什么是卑劣？什么应该捍卫，什么应该摒弃？总之，人文教育可以使人们了解世界，了解自己，了解人对社会的责任。"[①]爱因斯坦也认为对学生进行人文教育至关重要，他说："用专业知识教育人是不够的。通过专业教育，他可以成为一种有用的机器，但是不能成为一个和谐发展的人……他必须获得对美和道德上的鲜明的辨别力。否则，他——连同他的专业知识——就更像一只受过很好训练的狗，而不像一个和谐发展的人。"[②]我国院士杨叔子也直指缺失人文教育的弊端，他说："大学的主旋律应是'育人'，而非'制器'，是培养高级人才，而非制造高档器材。"[③]针对当前我国的高等教育，他提出"我们的大学是否在追求失去灵魂的卓越"[④]？

从这些可以看出，无论科学教育还是人文教育，它们对国家、社会及个人的发展都是非常重要的。然而，人们对这两种教育的重视程度却是不均衡的，在一定时期内，要么重视人文教育而忽视科学教育，要么重视科学教育

① 顾明远，梁忠义. 世界教育大系高等教育[M]. 长春：吉林教育出版社，2000：92-97.
② 爱因斯坦. 爱因斯坦自述[M]. 富强译. 北京：新世界出版社，2012：263.
③ 杨叔子. 是"育人"非"制器"——再谈人文教育的基础地位[J]. 高等教育研究，2001，（2）：7-10.
④ 杨叔子. 我国的大学是否在追求失去灵魂的卓越[N]. 中国教育报，2008-12-19.

而忽视人文教育。现在，科学教育与人文教育基本上处于一种分离状态。正是这种分离状态，使得教育的终极目的——人的自由而全面的发展，还很难实现。同时，也正是这种分离状态，使得各大学在确定人才培养目标时要么缺乏科学精神，要么缺乏人文精神，所以各大学人才培养目标的异化似乎是不可避免的。所以，科学教育与人文教育的分离是大学人才培养目标异化的根本原因之一。

2. 大学人才培养目标异化的非根本原因

大学人才培养目标异化的非根本原因是当前对大学确定人才培养目标产生直接影响的具体的现实的因素，受大学人才培养目标异化的根本原因所制约。当前，我国大学人才培养目标异化的非根本原因主要表现在理论、实践等方面。

其一，历史上的变革影响了大学对人才培养目标的探索。"严格意义上的中国现代高等教育产生于 19 世纪末 20 世纪初，至今已走过了整整一个世纪。"[①]我国大学办学历史短，在这一点上，与牛津大学、剑桥大学、哈佛大学动辄几百年的办学历史是不可同日而语的。即使在这一百年多一点的时间里，我国高等教育发展史上发生了两次重大事件，并对大学的办学体制产生了重大影响。一次是中华人民共和国的成立，各项建设事业都是在党的领导下进行的，高等教育事业也不例外。这样，在大学就逐步建立起了党委领导下的校长负责制，这一管理体制与中华人民共和国成立前的大学管理体制是截然不同的。这就使得大学在确定人才培养目标问题上必须重新探索，以使培养的人才更加符合国家和社会的需要。另一次是在改革开放以后，我国由计划经济体制逐步过渡到社会主义市场经济体制。在计划经济条件下，各大学处于一种被动地位，一切听从政府的行政命令。而在社会主义市场经济条件下，各大学的办学自主权得到扩大，大学的活力也得到增强，在此背景下，各大学开始重新审视自己的人才培养目标。从严格意义上说，我国大学积极主动地去探索人才培养目标是从改革开放以后开始的。从改革开放到现在只不过近 40 年时间，在这么短的时间内，大学很难透彻分析和总结国家和地方的经济社会发展实际，以及自身在办学上的优势和特色，因而要科学地确定自己的人才培养目标也确非易事。

其二，理论准备不足。中华人民共和国成立初期，百废待兴，高等教育事业也是如此，需要重新规划，重新布局。在规定大学人才培养目标问题上，是照搬欧美，还是效仿苏联，抑或自己开辟出一条新的道路？这些都需

---

① 田正平，商丽浩. 中国高等教育百年史论[M]. 北京：人民教育出版社，2006：1.

要认真思索。然而，在随后的计划经济体制下，政府包办了高校的一切，高校依靠政府实行"政策办学"。高校如何招生和就业、如何培养人才等，这些对于高校管理者和教师来说并不需要动太多的脑筋，只要按照国家法律法规的规定和中央文件精神执行就可以了。在人才培养目标方面，各大学也多是采取"拿来主义"，依据国家法律法规的规定和中央文件精神，再结合本校的某些或某方面特点稍微变动一下就可以了。改革开放以后，随着我国社会主义市场经济的建立和完善，政府开始"简政放权"，对高校内部事务的管理也明显减少，高校办学自主权有所扩大，自主办学意识也开始增强。高校的管理者和教师也开始更多地思考用什么样的理念办好学校、怎样使培养出来的人才既满足当前国家和社会的需要又能适应未来社会发展的需要等问题。20世纪 90 年代末，我国高校开始扩招。无论重点大学，还是一般大学及高职高专，都在扩大招生规模，在此基础上，还有一些学校努力上层次，高职高专上本科层次、一般本科上"211"或"985"高校层次。这时期我国高等教育事业蒸蒸日上，同时也暴露出一些问题，其中重要问题就是对高等教育是精英化教育还是大众化教育，是通才教育还是专业教育，是知识和能力教育还是素质教育，是理论教育还是应用教育，是共性教育还是个性教育等的抉择，对人才培养目标的确定也难以把握，这实际上暴露出我们在这一问题上理论准备不足。

其三，社会期望误导。社会长期以来形成的人才观在一定程度上误导了大学的人才培养目标。社会公众普遍认为拥有高学历就意味着掌握更多的知识和更高深的学问，这样的人才才是高素质的精英，而所有大学都应培养这样的人才。随着我国高等教育进入大众化阶段，这种传统的精英型人才观制约着社会公众对大学人才培养目标的认同。家长"望子成龙"心切，既然孩子已跨入大学的门，就希望他走出校门时是一个精英。而用人单位在选才用人标准上也是对学历要求就高不就低，存在着人才"高消费"现象。社会公众这种对人才的高规格、高层次的期望，在一定程度上潜移默化地影响着大学人才培养目标的确定。

四、大学人才培养目标异化的消除

根据大学人才培养目标异化产生的原因，其消除的途径可以分为根本途径和直接途径。

1. 大学人才培养目标异化消除的根本途径

既然大学人才培养目标异化的根本原因是科学教育与人文教育的分离，

那么其消除的根本途径就是使二者融为一体。实际上，在教育史上，既"没有纯粹的技术教育，也没有纯粹的人文教育，二者缺一不可"①，它们是"构成完整教育所不可缺少的部分，它们各有其价值，但又各有其局限性，抬高或贬低任何一方"②，都将造成大学人才培养目标的异化。一个理想的大学人才培养目标应是以科学教育为基础，以人文教育为导向。这就需要对科学教育与人文教育进行整合，这种整合"绝不是两种教育的简单相加，也不是一个简单的比例关系问题。而是在高层次上的结合，这种结合是人文教育和科学教育的有机整合，它力图使科学人文化，使人文建立在科学的基础之上，以人的全面发展为最高目标，而以科学教育的发展作为基础和实现目标的手段"②。这为科学教育与人文教育融为一体提供了原则和方向。具体来讲，科学教育和人文教育如何才能融为一体呢？这需要打破当前教育中存在的两种割裂状态：一是打破自然学科、专业与人文学科、专业之间的割裂状态；二是打破从事科学教育的教师与从事人文教育的教师之间的割裂状态。正是这两种割裂状态造成了科学教育与人之教育之间的冲突和不协调，并进而造成大学人才培养目标的异化。可以说，只要这两种割裂状态存在一天，那么有关是以科学教育为主还是以人文教育为主的争论就会存在一天。总之，大学人才培养目标异化消除的根本途径就是要打破自然学科、专业与人文学科、专业之间的割裂状态，并要求同一教师既能够从事科学教育又能够从事人文教育，最终使得科学教育与人文教育融为一体。而要做到这些，仍有很长的路要走。

2. 大学人才培养目标异化消除的直接途径

其一，继续探索自由教育。自由教育是一种古老的教育思想，不是一个简单的概念，而是由教育观念、教育方式和教育策略构成的一个概念体系。它最早由亚里士多德提出，他说："父辈对于诸子应该乐意他们受到一种既非必需亦无实用而毋宁是性属自由、本身内含美善的教育。"③当然，亚里士多德提出的自由教育思想发展到今天已经有了很大变化，但也存在着一些共同因素。"自由教育在不同的历史时期有着不同的意蕴，但在历史变迁中始终有一些未变的因素，即个体自由、个性发展及合理的知识结构三个基本因

---

① 国家教育发展与政策研究中心. 发达国家教育改革的动向和趋势（第二集）[C]. 北京：人民教育出版社，1987：105.
② 顾明远，梁忠义. 世界教育大系高等教育[M]. 长春：吉林教育出版社，2000：98-100.
③ 亚里士多德. 政治学[M]. 吴寿彭译. 北京：商务印书馆，1965：412.

素。"①进入 21 世纪,自由教育的特点是:"它寻求各种视角,跨越学科界限,从多元文化中汲取智慧,采用一系列教学策略。它发生在所有类型的学校,不只是在精英学院。它对所有的学生,无论是学习传统的艺术和科学的学生,还是学习专业课程的学生,都是有力量的。最后,它要求高的标准,但是并不强加标准化的解决办法。"②在我国继续探索自由教育,并在实践中努力实现自由教育,有助于培养学生的个性特征,提高学生的主体性,从而调动学生的主动性、积极性,进而激发学生的创新潜能,这些对于消除大学人才培养目标异化是有很大益处的。

其二,继续探索博雅教育。目前,国内大学开展博雅教育比较有特色、有成效的当属岭南大学和中山大学。顾名思义,"博"就是知识要广博,素质要全面,从单一专业向大专业、大学科转变,从培养"专才"向培养"通才"转变。早在 20 世纪 30 年代,著名教育家梅贻琦出任清华大学校长期间就主张应培养学生的全面素质,他认为,"大学阶段要重视各种基础课程的学习,知识面要广,以奠定进行专、深研究的基础;要对学生进行'智、德、体、美、群、劳'的'全人格'的教育和熏陶"③。在"博"的基础上还要"雅"。"雅"就是要求有正确的情感、高雅的品位,尤其要有鲜明的个性和丰富的创造力。为使培养的人才有鲜明的个性,各类型、层次的大学有必要重新调整自己的人才培养目标。"研究型大学以理论创新、科技创新为主,以为社会培养大量高层次拔尖创新的理论人才、学术型人才和原创性、基础性科学研究为主要职责;教学研究型大学是在大量培养专门应用人才基础上,重视高层次拔尖创新人才的培养;教学型高校则着重承担面向生产、管理、服务一线的应用专门人才的培养,致力于社会现实问题和生产实践问题的研究与探索;高职高专院校则主要承担职业技能型人才的培养。"④同时,对于大学所培养的人才,"仅有技术是没有用的,我们需要的是全人,他有三种能力,所谓'ABC',即适应能力(adaptability)、思考能力(brainpower)、创造力(creativity)。问题就是这三种能力不是学的,是没有课本的,是培养出来的"⑤。博雅教育既可以推动学生全面发展,又可以培养学生正确的情感、高雅的品位和丰富的创造力,这对于消除大学人才培养目标异化也是有很大益处的。

---

① 连进军,解德渤. 作为概念体系的自由发展及其发展脉络——兼与博雅教育、通识教育辨析[J]. 高等教育研究,2013,(1):25-31.
② 欧飞兵. 国内外大学人才培养目标探究[J]. 吉林广播电视大学学报,2009,(4):68-70.
③ 夏中义. 大学人文读本·人与自我[Z]. 南宁:广西师范大学出版社,2002:20.
④ 古天龙,魏银霞,磨玉峰. 教学型高校培养目标定位研究[J]. 中国高教研究,2009,(1):69-71.
⑤ 纪宝成. 与时俱进的中国人文社会科学[Z]. 北京:中国人民大学出版社,2002:71-72.

第三节 大学课程异化

一、大学课程内涵

1. 大学课程概念

大学课程是什么？这一问题是大学课程研究的起点，决定着大学课程研究的取向。目前，学者对于课程的概念，尚没有形成一个统一的、被广泛接受的认识。中外关于课程的概念总共不下百余种，使得"课程被赋予了多种多样的、难以理解甚至玄奥的内涵，使得课程本质内涵呈现出了模糊性和不确定性的特征"[①]。正如斯考特所指出的："课程是一个用得最普遍但却定义最差的教育术语。"[②]郝德永在《关于课程本质内涵的探讨》一文中比较详细地介绍了美国学者奥利费（Peter F. Oliva）对课程概念的归纳和总结："① 课程是在学校中所传授的东西；② 课程是一系列的学科；③ 课程是教材内容；④ 课程是学习计划；⑤ 课程是一系列的材料；⑥ 课程是科目顺序；⑦ 课程是一系列的行为目标；⑧ 课程是学习进程；⑨ 课程是在学校中所进行的各种活动，包括课外活动、辅导及人际交往；⑩ 课程是在学校指导下，在校内外所传授的东西；⑪ 课程是学校全体职工所设计的任何事情；⑫ 课程是个体学习者在学校教育中所获得的一系列经验；⑬ 课程是学习者在学校所经历的经验。"[①]还有学者认为，课程即系统体系，如潘懋元先生和王伟廉教授认为："大学课程是指学校按照一定的教育目的所建构的各学科和各种教育、教学活动的系统。"[③]王良志认为，课程即知识经验："大学课程是大学生在大学这个环境里所获得的全部知识经验，它是文化选择的结果，又是文化选择的过程。"[④]仔细研究这些概念可以发现，这些概念只是揭示了课程的目标、内容、功能、实施途径和结果等某一方面或几方面的特征。郝德永在《关于课程本质内涵的探讨》一文中比较科学地揭示了课程的本质内涵，认为："在学校教育环境中，旨在使学生获得的、促进其迁移的、进而促使学生全面发展的、具有教育性的经验的计划。"[①]此外，《世界教育大系·高等教育》一书中对课程所给出的概念是："所谓课程，是指学校按照一定的教

① 郝德永. 关于课程本质内涵的探讨[J]. 课程·教材·教法，1997，（8）：5-10.
② Scotter R D V. Others, foundations of education. Social Perspective，1979：272.
③ 潘懋元，王伟廉. 高等教育学[M]. 福州：福建教育出版社，1999：6.
④ 王良志. 大学课程的文化选择[J]. 江苏高教，1995，（4）：54-57.

育目的所建构的各学科和各种教育、教学活动的系统。"[①]应该说，这一概念是比较全面和科学的。

2. 大学课程特点

与小学、中学的课程相比，大学课程具有明显的特点。

其一，大学课程具有显而易见的专业性。这主要是由于大学的专业设置在很大程度上是依据社会的经济、政治、文化的发展需要，尤其是针对各行各业发展的具体需要。而大学的绝大多数课程又是根据具体的专业发展需要设置的。或者说，这些课程都能找到归口的专业。在大学里经常出现这种情况，当我们不熟悉或第一次听说某门课程时，首先想到的是这门课程是哪个专业开设的。当然，有些课程是大部分专业甚至是所有专业都要学习的，它们的专业性要淡化些。但总体上，专业性应是大学课程的本质属性。实际上，大学从诞生之时，其开设的课程就具有明显的专业性。例如，古希腊为培养军人、政治家及最高统治者，在大学中开设了语法、修辞、逻辑、算术、几何、天文学、音乐等"七艺"课程，其专业性很明显。目前，各个国家大学开设的课程种类繁多，分类也很细，但它们基本上都有预设的职业或行业领域，这决定了课程的专业属性。

其二，大学课程的内容具有明显的前沿性。这主要是由以下三个因素决定的：一是大学培养的是高层次专门人才，这就要求大学课程内容必须及时吸收科学研究的最新成果，使课程内容始终处于世界新科技发展的最前沿；二是大学科学研究的需要，科学研究是大学的基本功能之一，它的发展需要不断从课程教学中汲取营养，而课程也只有吸收最新的前沿性的研究成果才能满足这种需要；三是学生自身发展的需要，学生毕业以后最终要走向不同的岗位，为了适应未来的岗位，学生不仅要掌握自己专业领域的基本知识，更要具备运用基本的知识理论去解决实际工作中问题的能力，甚至有时要发展自己的领域，这就要求学生学习的课程必须具有前沿性，并且学生的生理、心理已比较成熟，有能力接受这种前沿性内容。

其三，大学课程内容更新快。这主要是由以下三个因素引起的：一是大学课程所具有的直接地、尽快地反映其所属专业领域最新研究成果的前沿性，要求其必须及时地更新内容；二是现代社会的政治、经济、文化等结构的变化很快，要求大学也必须做出相应的改革，反映在课程上，就是要求课程内容做出适时调整；三是现代科技发展很快，而科学技术是大学课程更新的重要动力，它的发展不但丰富了大学课程理论，而且改变了课程设置的技

---

① 顾明远，梁忠义. 世界教育大系·高等教育[M]. 长春：吉林教育出版社，2000：154.

术和方法。"现代大学课程更新的速度之快是惊人的，美国课程理论家赫佛林曾对 20 世纪 80 年代美国 110 所四年制学院的课程作了调查统计，他发现这些学院平均每年要淘汰 5%的旧课程，增加 9%的新课程。"[①]

3. 大学课程的历史演变

考察大学课程的历史演变，可以揭示课程的发展变革受哪些社会因素的影响或制约，进而可以揭示大学课程异化的过程和影响因素。

1）西方国家大学课程的历史演变

在古希腊，由于生产力水平低等因素，不可能产生具有现代意义的"大学"，它的高等教育只是相对于读、写、算等基础教育而言的。在很长一段时期内，"大学"的课程主要是语法、修辞、逻辑、算术、几何、天文、音乐等"七艺"，以及赛跑、跳跃、角力、投标枪、掷铁饼等五项技能。

14 世纪下半叶以后，西欧社会进入文艺复兴时期，在人文主义思潮下，大学的课程也发生了相应变化。例如，1321 年建立的佛罗伦萨大学，其开设的课程就有民法、教会法、医学讲座等，后来还陆续开设了修辞学、哲学、天文学等课程。文艺复兴后期，由于生产力，主要是工场手工业的迅速发展，以及自然科学的进步，在培根、笛卡儿等人所引起的新的哲学思潮影响下，大学课程变革日益高涨。1694 年建立的哈勒大学，其课程增设了地理、应用数学、物理、历史、政治学、法律学等，这一事件标志着大学课程走向近代科学主义。1829 年建立的伦敦大学国王学院将更多的近代科学引入大学课程，如它的课程中除古典语文、宗教与道德外，还开设了自然科学、哲学、伦理、商业等，还聘请著名的法律学者、医生到校教授相关课程。

在美国，1820 年以后，基于经济社会发展的需要及自然科学的迅速发展，大学课程发生了重要变革，即向实用主义转变。根据 1862 年美国国会通过的《莫里尔法案》，各州相继建立了"赠地学院"，这些学院主要是对学生进行农业和实用工艺方面的知识教育，讲授很实用的农业和机械工艺知识。

第二次世界大战以后，西方国家的高等教育发展迅速，大学课程也获得了进一步发展。课程的开设明显具有宽和深的特点。在宽方面，既重视本专业的基础知识，又重视不同学科、专业之间知识的相互渗透；在深方面，重视将具有前沿性的最新科研成果及时引进课程。这一时期课程所关心的已不再是学科知识的基本概念、内在逻辑和研究方法，而是学科知识对人的存在和发展所具有的普遍意义。[②]

---

① 顾明远，梁忠义. 世界教育大系：高等教育[M]. 长春：吉林教育出版社，2000：158-159.
② 姜国钧. 回归人性本位的大学课程[J]. 现代大学教育，2011，（3）：6-8.

　　有学者认为古代欧洲的大学课程是专业本位的，19 世纪初的课程是学科本位的，而 20 世纪中叶以后的课程是人性本位的[①]。

　　2）我国大学课程的历史演变

　　我国古代大学的课程主要是孔子所倡导的"六经"。"六经"所教授的内容和所能达到的效果是："其为人也，温柔、敦厚，《诗》教也。疏通、知远，《书》教也。广博、易良，《乐》教也。絜静、精微，《易》教也。恭俭、庄敬，《礼》教也。属辞、比事，《春秋》教也。故《诗》之失愚，《书》之失诬，《乐》之失奢，《易》之失贼，《礼》之失烦，《春秋》之失乱。其为人也，温柔、敦厚而不愚，则深于《诗》者也。疏通、知远而不诬，则深于《书》者也。广博、易良而不奢，则深于《乐》者也。絜静、精微而不贼，则深于《易》者也。恭俭、庄敬而不烦，则深于《礼》者也。属辞、比事而不乱，则深于《春秋》者也。"[②]从这可以看出，我国古代大学课程的重要特征是关注人性的完美和人格的完善。

　　鸦片战争以后，清政府开始兴办一些语言、技术类学校。这些大学的课程设置与传统的封建教育相比已经发生了很大变化。例如，1862 年设立的京师同文馆，开设的课程有数理启蒙、九章算法、代数学、几何原本、平三角、弧三角、格物入门、微积分、航海测算、天文测算、万国公法、富国策等。从总体上看，这些大学的课程以技术、语言教育为主要内容。这主要是由于当时中国逐步沦为半殖民地半封建社会，清政府在"师夷长技以制夷"的指导思想下，开始重视近代技术，强调大学课程的工具性，希望大学课程能够起到"经世致用"的作用。

　　维新运动到辛亥革命期间，大学课程在内容上涉及了更多的西方哲学、社会学、政治学等，不仅强调对"西艺"的学习，也重视对"西术"即西方先进的科学理念和方法的学习。例如，1898 年设立的京师大学堂，其课程分为普通学科和专门学科两类，其中普通学科课程有经学、理学、诸子学、逐级算学、初级政治学、初级地理学、文学、体操等；专门学科课程有高等算学、高等格致学、高等政治学、高等地理学、农学、矿学、商学、兵学、卫生学等。这一时期的大学课程设置明显地表现出对科学的重视，而不再单纯地重视技艺。

　　辛亥革命到抗日战争期间，大学课程的变革当以蔡元培任北京大学校长期间所做的改革为代表。蔡元培十分重视基础知识和基本理论的教学，强调学生应具备比较全面的知识，因而推行"选修制"，只要学生学满 80 单元就可毕业。在具体的课程内容上，他要求对"世界的科学取最新的成就"。尤

---

① 姜国钧. 回归人性本位的大学课程[J]. 现代大学教育，2011，（3）：6-8.
② 孙希旦. 礼记集解[M]. 北京：中华书局，1989：1254-1255.

为重要的是，他强调要结合本国的实际，保存和发扬自己的"特性"，主张对中西文化"兼收并蓄"。从总体上看，蔡元培在课程设置上奉行的是"以学术为中心"的思想，同时又注重课程的实用性。

抗日战争期间，中国共产党领导的抗日根据地实行的是"抗战教育"。毛泽东在《论新阶段》的报告中就提出"使教育为长期战争服务"。在这一思想指导下，中国共产党领导建立的大学，其开设的课程思想政治化明显。例如，中国人民抗日军政大学的课程主要有马克思列宁主义基本原理、政治经济学、哲学、中国革命、中国革命史、日本研究、战略学、战术学、游击战争、射击学等。[①]与此同时，在国民党统治区域内，大学课程也有所改革。例如，西南联合大学在"通识教育"思想指导下，课程主要由共同必修课、专业必修课和选修课组成，要求文理科学生对相关人文和自然科学知识都有广泛的涉猎，注重培养学生较扎实的基础理论知识、创造性思维和综合解决问题能力。

中华人民共和国成立之初，我们学习苏联的人才培养模式，按统一规格培养人才，在大学课程设置上取消了选修制，将课程分为公共课、基础理论课、专业基础课、专业课，即人们所称的"四板块"课程体系。这种课程结构是典型的计划经济产物，它预设每个学生将被安排到整个国家的经济社会体系的某一特定的功能性位置上。这种课程设置适应了当时国家建设的需要，但也在一定程度上阻碍了不同学科、专业之间的融合，不利于学生的全面发展。20 世纪 90 年代以后，素质教育理论逐渐兴起，人们对大学课程变革的要求越来越强烈，此时通识教育备受青睐。大学对课程进行了适时调整，将课程分为通识课程（或基础课程）、专业课程和选修课程。但是这种调整，早期步子迈得不大，主要表现是选修课程占总课程的比重还小，课程的专业化特征还是很明显。

有学者认为我国古代大学的课程是以人性为本位的，近代大学的课程是以学科为本位的，中华人民共和国成立以来的课程是以专业为本位的[②]。

二、大学课程异化的表现

1. 大学课程异化的判断标准

在探讨大学课程异化这一问题之前，首先应弄明白大学课程设置的依据是什么，或者说大学课程设置的初衷是什么。课程是教育的核心问题，是学

① 曲士培. 抗日战争时期解放区高等教育[M]. 北京：北京大学出版社，2005：21.
② 姜国钧. 回归人性本位的大学课程[J]. 现代大学教育，2011，（3）：6-8.

校一切教学活动得以展示的中介，是反映教育目的的具体内容和载体，是为实现教育目的服务的。因而，课程设置的依据是教育目的。而教育的终极目的是实现人的自由而全面的发展，因而课程的设置也应当有利于人的自由而全面的发展（应然），而课程设置的实际状况（实然）还存在各种问题，并且这些问题在现有的社会物质条件下短期内是无法克服的，这样，课程设置的实然与应然之间就产生了异化。

2. 大学课程异化的具体表现

其一，大学课程设置的逻辑起点颠倒。大学作为教育组织机构，是培养高级人才的场所。培养人才，首先要考察培养对象的实际情况，培养对象作为一个人，其活动是有意识的，其心理情感都是极其复杂的。相对于其他工作而言，培养人的工作要复杂得多、困难得多。因而，大学课程设置首先要设身处地从学生实际需要出发，要关注学生身心发展的多方面需要，要有利于学生的自由而全面的发展，在此基础之上，才能考虑社会和国家的需要。具体地，大学课程设置的出发点应从学生开始，树立以学生为本的理念，关注学生的兴趣、爱好、需要，关心学生的个性发展。进而，以此为出发点，大学课程设置还要反映社会的需要，因为学生最终要走出校园，融入社会，走向各行各业的工作岗位，这就要求大学课程设置既要满足个人需要，又要满足社会需要，如果失之偏颇，学生既难就业，各行各业也难觅人才。最后，大学课程设置还要满足国家发展战略的需要，因为教育事业是国家发展战略的重要组成部分，大学课程设置必须根据国家对人才的需要，体现出国家的意志。这样，我们就可以清楚地看到大学课程设置的逻辑应是：学生→社会→国家。然而，目前，我国大学课程设置的逻辑为国家→社会→学生。这种逻辑起点的颠倒，正是我国大学课程异化的重要表现形式之一。

其二，大学德育课程的泛政治化、同质化和显性化。德育工作对于一个国家和民族来说，是一项铸造灵魂的工程，对于国家和民族的持续发展至关重要。德育工作主要由学校承担，学校通过一系列有计划、有步骤的措施，以培养学生高尚的思想品德、与时俱进的精神风貌、坚强的意志、勇于探索的精神、真诚的感恩之心、强烈的社会责任感等。我国历来重视学校的德育工作，这是一个很好的传统。然而，由于多种因素影响，学校的德育工作存在一些问题。单就大学的德育课程而言，其中就存在着一些偏差。首先，大学在很大程度上把德育课程等同于政治课程，也就是用政治课程来代替德育课程。实际上，政治课程与德育课程是两类性质不同的课程，其教授的内容及采取的教学方法都是不一样的。而关于政治课程与德育课程的联系，政治课程培养学生的政治素质，是德育的一个方面，但不能完全代替德育课程，因为学生品质、品格等其他方面的素质还要通过德育课程来培养。其次，有的大学把德育课程视为普通的专业类课程，没有注意到它的铸造灵魂的特征，使得德育课程同质化，因而所采取的教学方法就是从书本到书本、从理论到理论、从课堂到课堂，很少在课堂外开展德育，忽视德育课程的实践性。由于学生对德育缺乏实践经验，长此以往，可能会对德育产生抵触性情绪，也会影响其将德育知识内化从而形成自觉的行动。最后，有的大学把德育课程完全看作是显性课程，使得课程显性化，而它在很大程度上是一种隐性课程。我们通常所说的课程往往是指显性课程，它是学校根据一定的教学目标，有计划、有步骤、有组织地实施的课程，而隐性课程是指学生在校园环境中在教风、学风、师生关系、文化氛围等的影响下所学到和形成的非预期性的知识、规范、态度、价值观念等。隐性的德育课程对学生的影响是潜移默化的，并且是持久的。我们平时所说的"身教重于言教"及"孟母三迁"的故事，都说明隐性教育课程的重要性。美国教育理论家柯尔伯格也曾指出，隐性课程在道德教育方面比正规课程来得更加有力①。然而，目前我们大学在德育方面往往更多地专注思想品德课等显性课程的开展，而较少关注校园隐性课程的开发和建设。当社会环境中同时存在一些消极因素时，学校德育工作的效果往往会事倍功半。因为当学生感觉到德育的理论与现实有较大差距时，就会对德育理论不自觉地产生怀疑心理。大学德育课程的泛政治化、同质化和显性化是大学课程异化的又一重要表现形式。

其三，大学课程设置的学科化。所谓课程设置的学科化是指课程的设置依某一学科的发展需要而定。目前大学的大部分课程往往围绕某一学科的发展需要而设置，存在着明显的学科本位现象。这种做法往往使我们陷入难以自拔的境地。这是因为科学的发展是无止境的，随之而产生的是，学科发展会越来越细化。如果学校的课程一味围绕这些细化了的学科而设置，必然会导致课程数量越来越多。改革开放以来，我国大学课程的数量也呈现不断膨胀的状态。为了使学生学习到更多的学科知识，学校不得不压缩每个课程的教学时间，这就使得不少课程的教学是蜻蜓点水式的，难以深入。一个学生从本科四年，到硕士三年，再到博士三年，即使花了十年时间学习，往往也很难穷尽某一学科的知识。另一方面，知识更新速度加快，长此以往，学生的学习任务会越来越重，这在无形中就压缩了学生自由活动的时间。"在马克思看来，时间是人的积极存在，它不仅是人的生命的尺度，而且是人的发展

① 黄甫全. 现代课程与教学论学程（上册）[M]. 北京：人民教育出版社，2006：302.

的空间。自由时间是使个人得到充分发展的空间。"①学生没有了属于自己的自由时间，就很难静下心来思考问题、发展自己的创新思维。此外，学科划分过细，且每门学科都在追求自身的逻辑体系和知识结构的完整性，势必造成不同学科之间的隔阂，而课程设置的学科化也势必阻碍知识的融合和新知识的增长，进而不利于学生创新能力的培养和全面发展。目前，人们已经认识到了这一点，"采取跨学科研究方法""从跨学科视角""培养跨学科人才"等问题越来越受重视。可以说，大学课程设置的学科化是大学课程异化的又一重要表现形式。

其四，大学课程设置的专门化。这一点从我国大学课程的历史演变中可以清楚地看到。20 世纪 50 年代，我国高等教育全面学习苏联模式，根据国家的农、林、矿、油、金融、邮电等行业，设置相应的行业类院校，在院校内部围绕某一行业设置相关的专业，而课程是以专业为轴心的，设置公共基础课—专业基础课—专业课这种递进式课程体系，即公共基础课为专业基础课服务，而专业基础课又为专业课服务，以培养符合行业需要的专门人才。可以说，这种课程设置的专门化在计划经济体制下，在国家一穷二白的情况下，在国家建设急迫需要大量人才的情况下是必要的，有利于迅速培养对口人才。但是，随着我国社会主义市场经济体制的建立和完善，这种课程设置的专业化弊端也逐渐暴露出来。这其中的主要问题就是，学生的知识面过窄，课程设置限制了学生的视野，增大了专业间流动的难度，使得学生只能沿着一个专业方向"一条道跑到黑"。进而产生的结果是"过弱的文化陶冶，使学生的人文素质不高，过窄的专业教育，使学生的学术视野与学术基础不宽……过强的共性制约，使学生的个性发展不足"②。可以说，大学课程设置的专门化是大学课程异化的重要表现形式之一。

其五，大学课程教学的片面化。这主要是指大学课程在教学中更注重知识的传授，而对思维能力的培养重视不够。在"知识就是力量"的口号下，似乎传授知识永远都是对的。然而知识转化为力量是有条件的，那就是对知识要能够活学活用，而要做到这些，较强的科学思维能力是必不可少的。而目前，大学的课程教学大多还是更注重知识的传授，"授之以鱼"，而不是"授之以渔"。结果是，学生学习到很多知识，但科学的思维能力没有得到训练，当所学的知识面临新的问题时，知识无法被充分调动起来，影响新问题的解决。就实际情况而言，学生在大学里学习了大量知识，当他们走上工作岗位以后，发现许多知识是用不上的甚至有些知识是无用的，对他们更加有

---

① 吴向东. 论马克思人的全面发展理论[J]. 马克思主义研究，2005，（1）：31-33.
② 朱永新，徐亚东. 中国教育家展望 21 世纪[M]. 太原：山西教育出版社，1999：256.

用的、受益终身的是科学的思维能力。在某种程度上，在大学里掌握学习方法即学会学习，掌握科学的思维方法即学会动脑，比单纯地死记硬背一些知识要重要得多。可以说，大学课程教学的片面化也是大学课程异化的重要表现形式之一。

三、大学课程异化的原因

大学课程异化的原因可以分为根本原因和非根本原因。

1. 大学课程异化的根本原因

对这一问题的探讨，我们仍以马克思的异化理论为指导，尤其是借助这一理论给我们提供的看待问题的角度和思路。马克思认为异化劳动产生的根本原因是"自然形成的分工"。那么大学课程异化会不会也是某种与"分工"近似的诸如"分离"的因素造成的呢？认真考察中华人民共和国成立以来的课程发展史，可以清晰地发现，大学课程的设置从国家需要与个人需要的高度统一逐渐转变为国家需要与个人需要相分离。

中华人民共和国成立以后，我国实行的是计划经济体制，所有国家事务都是按照国家指令行事。教育如何发展，大学的专业、课程如何设置等，都是按照国家的指令进行。在计划经济体制下，国家利益高于一切，国家的需要就是个人的需要，或者说国家的需要与个人的需要是合而为一的。这样，我们可以看到，在大学课程设置上，国家需要与个人需要不存在分歧，大学用政治理论课来代表德育课，围绕学科和专业来设置课程，主要以灌输方式来传授知识等。没有哪个人会从自己的角度来审视这种设置的科学性和合理性，而都是从国家的角度来解释这种设置的科学性和合理性。因而，似乎可以得出这样的结论：在计划经济体制下，我国大学课程是不存在异化的。虽然这种课程体系不存在异化，但并不值得向往和推崇，因为它是建立在相对低下的生产力基础之上的。

改革开放以后，情况发生很大变化，计划经济体制逐渐过渡到社会主义市场经济体制。人们的思想获得了空前大解放，价值观多元化了，个人的主体意识得到增强，尤其是人们的需要也多样化了。在大学课程设置方面，国家是从长远的战略角度考虑问题，而个人是从眼前的满足自己个性发展的角度考虑问题。国家与个人的出发点不一样，需要不一样，这样，大学课程的异化就不可避免地产生了。只要当前的社会物质条件没有改变，国家对大学课程的需要与个人的需要就不可能统一，这样，大学课程的异化就会一直存在下去。

2. 大学课程异化的非根本原因

大学课程异化的非根本原因是指对大学课程设置产生直接影响的具体的因素，实际上它受到课程异化的根本原因制约。当前，我国大学课程异化的非根本原因主要是实践探索时间短、思想观念落后等。

其一，实践探索时间短。在我国高等教育发展史上，具有现代意义的大学仅仅出现于20世纪初，至今才走过100年左右的路程，并且是风风雨雨的路程。20世纪初，在国强民富、抵制外辱的强烈愿望下，人们打着反封建的旗号，抛弃中华民族几千年的优秀传统文化，推崇西方文化，急功近利地全面向西方学习，造成了毛泽东所批评的"言必称希腊"的局面。在教育方向，抛弃了注重人性培养的优良传统，改为全面的知识和技能的学习。所开设的课程，反映中国传统文化的少了，而反映西方学科知识的多了。中华人民共和国成立以后，又全面效仿苏联，把高等教育事业纳入计划经济体制管理，赋予大学强烈的政治色彩，以苏联的教学计划、教学大纲和教材体系为范本，实施专才教育。在课程设置方面，以政治理论课代替德育课。改革开放以后，在社会主义市场经济影响下，科学技术在国民经济中的地位和作用日益受到重视。这一点反映在大学里，就是理科受到重视，文科遭到冷落。社会上还一度流行"学好数理化，走遍全天下"的观点。这种重理轻文的思想在一定程度上左右着大学课程的设置。目前，许多大学已意识到这一问题，增设了不少公共选修课，特别是中国传统文化方面的选修课，以提高学生的人文修养。从总体上看，我国现代意义上的大学发展历史短，再加上一些大的社会变革，导致实践探索相对不足，在课程建设方面存在这样或那样的问题是不可避免的。

其二，思想观念落后。改革开放以来，我国高等教育事业取得了很大发展，然而不少教学管理者和教师的思想观念却跟不上形势发展要求。在大学课程方面，有的人缺乏现代大学课程观念，还固守着传统的、过时的课程观念。在现实中具体表现为以下几个方面。一是认为课程主要的、单一的任务就是传授知识，仅仅把课程看作是传授知识的介质，把基本知识和基础技能看作是课程的核心，认为学生只要掌握这"双基"，其创新能力和综合素质自然就会提高。在这种错误观念指导下，有的教师认为应尽量多地向学生传授知识，结果课程数量呈膨胀失控之势，教材越编越厚，内容越来越多。二是认为学科知识是大学课程的唯一源泉和课程划分的依据，所有课程应依据学科的逻辑和结构展开，而课程自身也应具有完整的逻辑体系。在这种错误观念的影响下，有的教师在传授课程知识时，尽力将课程的历史、现实及未来，以及概念、基本理论、应用价值等全盘托出，力图传授知识的完整性，似乎某一方面没讲授到就会留下很大缺憾。这种过分注重课程知识的完整性却很容易忽视不同课程知识间的相互渗透。三是认为所授课程必须直接有益于学生的未来职业。这种以职业为导向的课程，具有明显的功利性，过多地关注学生的职业发展利益，只注重知识的传授和技能的培养，而忽视学生的长远利益，如忽视可以使学生终身受益的包括人文素质在内的综合素质的培养。

四、大学课程异化的消除

根据大学课程异化产生的原因，其消除的途径可以分为根本途径和直接途径。

1. 大学课程异化消除的根本途径

既然大学课程异化的根本原因是国家对课程的需要与个人的需要相分离，那么其消除的根本途径就是使二者统一起来。而要使二者统一起来，就离不开社会生产力的进一步发展。这是因为国家对课程需要的出发点是希望个人掌握更多的知识技能，全面提高素质，尤其是精神境界，能够为国家做出更多的贡献，并实现全面发展。而个人需要的出发点是把物质利益放在第一位，希望能获得更多的物质利益，这一点在我国社会主义市场经济建立初期表现得最为明显，人们往往以是否能获取更多的物质利益作为自己行为得失的判断标准。随着社会生产力的不断发展，当社会物质财富极大丰富时，人们往往会有更高的精神追求，个人需要与国家需要更容易统一。尤其是，我国实行的是社会主义生产资料公有制，国家和个人的利益在本质上是一致的，因而，随着社会生产力的不断发展，国家对课程的需要与个人的需要必将统一起来。当大学课程的设置实现了国家需要与个人需要的相统一，那么大学课程设置的逻辑起点颠倒、学科化、专门化、德育课程的泛政治化、课程教学的片面化等各种异化现象也就会从根本上得以消除。

2. 大学课程异化消除的直接途径

1）继续加强通识教育

随着社会主义各项建设事业的发展，高等教育事业在经济社会发展中的地位越来越高，人们对高等教育寄予了更高的期望，同时对高等教育变革的呼声也越来越强烈。其中呼声比较强烈的是要求改变传统的专业教育，而实施通识教育。通识教育不再以专业的学科知识体系为核心，而是以培养学生的全面的综合素质为目标。在课程方面，它强调有利于学生全面的综合素质提高的共同基础课设置，关注的焦点是有助于学生当前和未来发展所必需的各个领域的基础知识和基本技能，是长远的、非专业性的、非职业性的和非眼前利益的。当前，大学应继续加强通识教育，拓展基础课程的面，拓宽专业课程的口径，使二者结构更加科学、合理，衔接得更加无缝、牢固。

2）推动课程综合化发展

课程综合化是最近几年教育改革的一个热点。所谓课程综合化，就是在课程体系设置上，强调破除现有的学科之间的知识壁垒，将相近的学科知识内容进行整合，以形成新的课程体系。课程综合化强调不同学科之间的相互渗透和融合，这就克服了学科发展越来越细化所造成的课程设置越来越多的尴尬局面。课程数量的减少有助于减轻学生学习负担，这样学生就可拥有更多的自由时间。当学生有更多的可供自己支配的时间时，他就可以选择做自己感兴趣的事，如他可以思考一些学术问题，这对培养创新素质是很有益的。正如苏霍姆林斯基所言："只有当孩子每天按自己的愿望随意使用 5～7 个小时的空余时间，才有可能培养出聪明的、全面发展的人来。离开这一点去谈论全面发展，谈论培养素质、爱好和天赋才能，只不过是一些空话而已。"[①]此外，课程综合化可以扩大学生的知识视野，这对培养学生的创新思维能力同样是有益的。

3）加大选修课程建设力度

设置选修课主要是基于满足学生的个性发展需要，以更好地发挥学生的不同才能，因而学生的需要和兴趣爱好就成为设置选修课的重要标准。近年来，我国已进入高等教育大众化阶段，学生数量增加了很多，学生的个性差异也很大，大学现有课程难以满足学生个性发展需要，而选修课程作为培养学生个性的有效载体，越来越受到重视。哈佛大学前校长埃利奥特（William Eliot）认为，"每个学生天生的爱好和特殊的才能，都应当在教育中受到尊重；只有充分发挥学生独特才能的课程，才是具有价值的课程。只开设必修课是传统的呆板的教学模式，只能培养庸才；而选修课则能满足学生个人的不同兴趣，把学生的动机从外加的转变为内发的，从而能够最大限度地提高学习质量"[②]。从国外视角看，发达国家一般比较重视选修课程建设，甚至有

---

① B. A. 苏霍姆林斯基. 帕夫雷什中学[M]. 赵玮，王义高，蔡兴文等译. 北京：教育科学出版社，1983：179.

② 转引自：赵长林，董泉增. 哈佛大学的课程改革及其启示[J]. 清华大学教育研究，2000，（1）：112-120.

些国家的大学课程中选修课程数约占到总课程数的 1/2。例如，哈佛大学的本科课程体系中，学生需修满 32 门课程方可毕业，这些课程中核心课程和选修课程约占到总课程数的 50%以上[①]。又如，英国牛津大学的本科计算机科学专业课程，选修课从第二年开始，占该年总课程的 50%，第三年和第四年选修课占到 67%[②]。有研究者统计了清华大学、北京大学等 13 所大学的选修课程设置情况，发现这些大学中选修课程比例最高的为 37%，而最低的仅为 7.9%，因而建议将我国大学选修课的比例提高到 30%左右[③]。从总体上看，加大选修课程建设力度应是我国大学课程改革的一个重要方向。

4）推动课程现代化建设

教育必须面向世界、面向未来、面向现代化。大学课程建设也必须面向现代化，摆脱落后的课程观念和课程体系，在社会主义市场经济体制下，建立与政治、经济、文化等的发展需要相适应的课程体系。有研究者认为，大学课程现代化应具有开放性、灵活性、整体性和可测性的特征[④]。首先，大学课程现代化要求其应是开放的。只有开放，大学才能与外界顺利交流课程建设的相关信息，才能实现不同国家、不同地域及不同大学之间的文化与亚文化的相互融合。目前，我们应保持近代以来形成的在发展高等教育事业方面向国外学习的好的传统，在课程建设方面，尤其注重向国外学习先进经验，紧跟世界大学课程建设水平，及时将国外优质课程引入国内。其次，大学课程现代化要求其具有灵活性，具备自我调节机制，能够对不断变化的社会需要及时做出反应。改变从前课程的呆板性，摆脱一本教材可以用十多年而不变的状况。课程建设的灵活性实际就是要求有前瞻性，在遇到各种复杂情况时留有足够的应付各种冲击的回旋余地。再次，大学课程现代化要求其具有整体性，不但要求课程的目标、内容，教学的方式方法，教学评价、反馈等各个环节的整体性，还要求各学科、各类型课程、各种教育教学活动与方法之间的协调一致性。目前，在学科越分越细和课程越设置越多的情况下，在强调通识教育的重要性和提高选修课程比例的要求下，课程建设要做到整体性是很不容易的。最后，大学课程现代化要求其具有可测性，要对课程建设中可能出现的情况及遇到的问题做出科学准确的预测，从而可以事先采取有针对性的控制措施，从而摆脱传统的课程建设中仅凭经验获得反馈信息而无法做出科学准确预测的弊端。可以说，在课程建设迈向现代化的过程中，课程可测性越高，可控性就越强，所体现的现

①陈明. 中美综合性大学课程体系特色比较研究——以哈佛大学和北京大学为例[J]. 当代教育论坛，2008，（10）：110-111.

②陈彩燕. 当代英国大学课程改革与启示[J]. 高教探索，2010，（2）：65-69.

③张忠华. 关于大学课程设置的三个问题[J]. 大学教育科学，2001，（6）：30-34.

④王伟廉. 高校课程体系现代化的基本特征[J]. 上海高教研究，1997，（4）：7-9.

代化水平就越高。

第四节　大学教学方法异化

一、大学教学方法概述

1. 大学教学方法概念

与大学课程的概念相比，人们对大学教学方法的概念似乎并没有什么争议，基本上形成了一致看法。有研究认为，教学方法是"为完成一定的教学任务，师生在共同活动中采用的途径、手段和工具"[①]。也有研究认为，所谓教学方法，是指"在教学过程中师生双方为了完成教学任务，达到教学目的而共同进行认识和实践活动的途径、手段和活动方式的总和"[②]。还有研究认为，教学方法是"为了达到教学目的而进行的一种有秩序的活动方式，是教师与学生共同达到教学目的、完成教学任务的途径和方法，包括教师教的方法和学生学的方法，是教师引导学生掌握知识技能、获得身心发展而共同活动的方法"[③]。这三个概念虽然表述越来越丰富，但并没有实质区别，都强调了师生关系。有人详细概括了大学教学方法的基本内涵，即"是能够'激活师生思想、情感、潜能、智慧，发挥师生积极性、主动性、创造性'的教学方法；是'摒弃无视受教育主体性，漠视受教育者的生活世界与现实社会的价值冲突、教育教学与现实世界的有机联系，忽视对受教育者的理性精神培养、自由思考与独立探索精神培育'的教学方法；是构建'追求真理、崇尚学术、严谨求是、合理扬弃、正确引导'的大学文化的教学方法；是铸就'科学与人文并举、传统与现代相融、国内与国际相联、求实与求新互应、爱校与爱国相通'的大学精神的教学方法"[④]。

2. 大学教学方法特点

大学教学方法的特点是与小学、中学教学方法相比较而言的。由于小学、中学属于基础性教育，而大学教育要培养高级人才，所以两者的培养目标、教学任务、教学内容等截然不同，这就决定了大学教学方法有着自己的特点。这些特点具体表现在以下几个方面。

---

① 冷余生. 大学教学方法若干基本问题简论[J]. 高等教育研究，1993，（3）：28-34.
② 顾明远，梁忠义. 世界教育大系：高等教育[M]. 长春：吉林教育出版社，2000：210.
③ 周密. 大学教学方法的历史考察与现状反思[J]. 文教资料，2009，（19）：214-215.
④ 邓军，李菊英，谢自芳. 浅论现代大学教学方法[J]. 大学教育科学，2007，（1）：68-70.

其一，自学性。这是大学教学方法的一个显著特点。相比小学生、中学生在教学中的地位而言，大学生的主体性地位得到很大提高，他们不再完全被动地接受知识，而是能够主动地去探索、发现知识。在教学中，大学教师也完全不像小学、中学教师那样整天围着学生转，看管学生学习，而主要是指导学生学习。而学生在很大程度上也是通过自学来获得知识，并摸索着学习处理各种人际关系。可见，在大学教学中，教与学的关系发生了很大变化，教师教的成分降低了，而学生自学的成分增加了。

其二，研究性。这是大学教学方法的又一显著特点。小学生、中学生在教学中的任务就是学习、掌握已有的知识，并且这些知识是以后进一步学习的基础，或者是以后生活、工作中需要的最基本的、长时间相对稳定的知识。而大学生在教学中的任务不仅是学习、掌握已有的知识，更为重要的是，要探索新知识，或者说至少应掌握探索新知识的方法，即各种研究方法。因为大学培养的是高级人才，他们最终将走向技术含量较高的工作岗位。这些岗位会经常出现新问题，如果不掌握科学的研究方法，就无法解决这些新问题。因而大学更重要的是培养大学生掌握学习方法和研究方法，以及独立进行研究、探索的习惯和能力。

其三，实践性。这是大学教学与小学、中学的教学又一明显不同之处。小学生、中学生虽然努力学习知识，但他们在很大程度上并不关心这些知识的实用性，他们的最大愿望就是能够获得比较理想的分数。而大学生就不一样了，他们并不十分注重分数有多高，而更多关心这些知识的实用性，即这些知识在未来职业生涯中有没有用或有多大用。他们必须经常试着将知识应用于实践，培养和锻炼自己的知识迁移能力，并积极参与学校组织的各项社会实践活动，甚至利用假期自己主动深入社会，了解民风民俗，在实践中培养自己的社会适应能力。因而，在大学里，学校重视培养学生的实践能力，学生比较重视各种实践锻炼机会。

其四，多样性。相比小学、中学的教学，大学的教学方法呈现出多样性。在小学、中学，通过一支粉笔、一块黑板，教师往往就能达到很好的教学效果，即使是物理、化学、生物等课程的实验，也多是简单的验证性实验。而在大学，由于教学对象各具特性，教学内容很丰富，教学技术手段较先进，教学环境比较复杂等，教学方法也必然呈现出多样性。尤其是，目前社会普遍呼吁实施个性化教育，而大学要达到个性化教育效果，就必须做到因人而教，因时而教，因地而教等，这就必然要求教学方法的多样性。

其五，层次性。与多样性相关，大学教学方法还表现出一定的层次性。从科学方法论角度看，大学教学的各种方法在教学中所处的地位和所起的作用是不一样的，它们体现了一定的层次性。首先是具有哲学意义和高度的方法论方法，它是依据辩证唯物主义和唯物辩证法的基本原理，一切从大学教学的实际情况出发，实事求是地揭示"教"与"学"中的基本矛盾。这种方法论方法不单单是一种方法，还具有世界观的意蕴，涉及一定的价值判断，如教学的目的是什么、学生在教学中的地位怎样等。其次是针对一定范围内存在的具有一定共性的问题而采取的一般教学方法，它主要依据的是学校的类型、学科和专业的性质、课程的内容，实际上是教学中应遵循的具体原则，如理论与实践相结合、课内与课外相结合、学校与家庭相结合等。最后是针对具体的教学对象而采取的个性化教学方法，如针对学生不同年龄、心理、性格、能力等而采取的灌输、启发、研究等教学方法。

其六，发展性。大学的教学方法始终处于一个不断发展的状态中。小学、中学的教学方法发展比较缓慢，而大学的教学方法往往变化较大。这一方面是科学不断发展，学科知识增长很快，这就促使教学方法不断发展，以适应学科发展的需要；另一方面，是各国对教育的日益重视，努力将最新的科学技术手段用于教学中，以促进教学方法的改进。因而，内部因素和外部因素共同作用促进了教学方法的发展。

3. 大学教学方法的历史演变

大学是随着社会的发展而不断发展的。例如，大学最初的基本功能就是人才培养，以后又陆续增加了科学研究、社会服务及文化传承与创新等基本功能。又如，随着科学的迅速发展，学科划分越来越细，大学的专业、课程设置的数量也越来越多。诸如此类的变化，都引起大学教学方法的变化和发展。

大学产生于中世纪的欧洲，那时由于课本十分缺乏，以及教学内容主要是神学、哲学等人文知识，最经济、最有效的教学方法就是讲授法和讨论法。讲授主要是给学生讲解经典知识。例如，对亚里士多德著作的学习，采取的主要方法就是由教师读并做出解释，而由学生听并记下来。讲授法是一种最古老，也是一种最基本、最有效的传授知识的方法。直至今日，大学教学方法呈现出多样性特点，但没有哪一种方法能代替讲授法。讨论法主要是培养学生灵活运用知识的能力，并培养学生的思辨能力。中世纪大学十分重视讨论教学方法，每周都要组织讨论。学生也必须参加讨论。具体讨论时，先由教师根据学习内容提出一个论题，然后学生之间、师生之间互相辩论，提出自己的见解。这种讨论法不仅仅促进了学生对所学知识的消化、理解，更重要的是培养了学生的批判性思维及敢于怀疑的精神。因而，直至今日，讨论法仍为各大学所推崇。

到了 18 世纪德国的哈勒大学创建时，大学的教学方法出现了一些变化，讲授法不再囿于解读经典著作，而更多地用于传授其他有系统的知识；讨论法的组织形式也发生了变化，因为当时的大学研究班逐渐兴起。到了 19 世纪，德国的柏林大学创立。由于创立者十分重视大学的科学研究，主张将科学研究作为大学的第二大基本功能，这样实验法就应运而生，它是典型的具有研究性质的教学方法。1862 年以后，美国各州相继建立了有关农业和工艺的学院，这些学院的直接目的就是要为美国农业服务，因而大量与农业有关的实用科目进入大学课堂，这样实习法就应运而生，它是典型的培养学生实用技能的教学方法。

大学教学方法发展到今天，已呈现出多样性特点，诸如程序法、问题法、案例法、调查法、参观法。这些方法实际上都是由讲授法、讨论法、实验法和实习法衍生出来的，在实际运用中很难将它们截然分开，要达到预期教学效果，必须根据教学目标、教学内容等综合运用各种方法。

我国改革开放以后，关于"教师如何教，学生如何学"的讨论一直没有停止过。尤其是我国高等教育进入大众化阶段以后，这一讨论就日益激烈。1995 年国家启动了"面向 21 世纪教学内容和课程体系改革计划"，其目标是：改革教育思想和教育理念，改革人才培养模式，实现教育内容、课程体系、教学方法与手段的现代化，形成和建立有中国特色的高等教育的教学内容和课程体系。全国各高校以不同的形式参与了这项计划，到 1996 年 9 月，国家教委先后批准了 221 项大的立项项目，其中包括 985 个子项目，有 300 多所高校 10 000 多位教师、教学管理人员和研究人员承担了这些项目的改革与实践。这项计划实施取得的显著成果之一就是，在教学手段和教学方法上有所创新，如编制了大量的课程 CAI 软件。1998 年，教育部在《关于深化教学改革，培养适应 21 世纪需要的高质量人才的意见》中提出"改革教学方法是深化教学改革的重要内容"，"要根据学生的特点和需要，因材施教。要改革'灌输式'以及在教学中过分偏重讲授的教学方法，积极实践启发式、讨论式、研究式等生动活泼的教学方法"。2000 年，教育部提出实施"新世纪高等教育教学改革工程"，该工程以培养适应新世纪我国现代化建设需要的具有创新精神、实践能力和创业精神的高素质人才为宗旨，对高校人才培养模式、课程体系、教学内容、教学方法等进行综合改革研究与实践，推动教学改革向纵深发展。目前该工程仍在继续推行，取得了良好效果。

从大学教学方法的历史演变过程可以看出，教学方法的演变主要受以下几个因素影响：一是社会对人才质量要求的变化。当社会所需要的人才由知识型向能力型转变时、由共性型向个性型转变时、由片面发展型向全面发展型转变时，必然要求大学改变教学方法以培养相应类型的人才。二是科学技术发展所引起的知识量的变化，由于科学技术的发展，学科划分越来越细，学科知识量也越积越多，而学生在学校的时间是固定不变的，为了让学生尽可能多地、比较全面地了解和掌握这些知识，就必须改变以往旧的教学方法。三是科学技术的发展所引起的教学物质条件的变化。计算机、新的仪器设备等进入课堂必然引起教学方法的变化。四是教育实践发展所引起的教育理论的变化。新的教育理论为教学方法变革提供了新的理论依据，并通过新的教学方法体现出来。

二、大学教学方法异化的表现

1. 大学教学方法异化的判断标准

在探讨大学教学方法异化这一问题之前，首先应弄明白大学教学方法采取的依据是什么？或者说，大学教学方法采取的初衷是什么？教学方法是学校一切教学活动得以展开的手段，是基于一定课程而反映教学目的的手段，是为达到教学目的服务的。因而，教学方法选择的依据是教学目的。而教学的目的就是要实现教师把知识传授给学生，并实现学生能力和素质的提高。因而，教学方法的采取也应当有利于实现教师把知识传授给学生，并有利于实现学生能力和素质的提高（应然），而教学方法采取的实际状况（实然）还存在许多问题，并且，这些问题在现有的社会物质条件下短期内是无法克服的，这样，教学方法采取的实然与应然之间就产生了异化。

2. 大学教学方法异化的具体表现

其一，以注入式教学为主。在各种教学方法中，我国大学一直将注入式作为主要的教学方法。注入式教学的重要特征就是在教学过程中，教师地位被中心化及权威被绝对化，而学生的地位被边缘化，忽视对学生积极性的调动，以及缺少对学生独立学习活动的组织和学习方法的指导，学生被视为被动接受知识的存储器，采取单向的"填鸭式"的灌输。这种教学方法的最大优点就是简单、成本低、省力和省时。当然，这种优点仅仅是从学校方面和教师角度来看的。如果从学生角度来看，这种教学方法缺点较多，即学生的积极性、主动性被压抑，创造性被忽视。注入式教学方法之所以在我国大学盛行，既有历史因素，也有现实因素。从历史角度看，100多年来，由于国家贫弱，对教育投入不足，教育发展的物质基础不是太坚实，与这种物质基础相适应的，或者说由这种物质基础所决定的教学方法就是低成本的注入式教学方法。从现实角度看，近十多年来，由于各大学开展扩招，学生数量增长很快，而教师数量明显不足，这就导致学校必须采取大班制授课，而在这种大班制课堂中，教师无法有效开展具有启发性的研讨式教学，而只能采取省力、省时的注入式教学方法。总之，历史和现实因素造成了我国大学的注入式教学方法经久不衰，人们或者认为大学采取注入式教学方法是自然而然的，没有什么不好。或者意识到这种教学方法存在问题，但在目前的情况下短期内又是难以改变的。总之，注入式教学方法是我国大学教学方法异化的主要表现形式。

其二，重教轻学现象严重。大学教学是一项复杂的创造性活动，这一活动过程既包括教的方面也包括学的方面，二者在活动过程中应当拥有平等的地位，教师是"教"的主体，而学生是"学"的主体。教师和学生在教学过程中同样都需要发挥积极性和主动性，而不是消极被动地教和消极被动地学。二者应紧密配合才能圆满完成教学任务。而实际情况是，两者是分裂的或者是互相抵触的。从"教"的活动来看，教师的主体性地位很突出，享有很高的权威，教什么、如何教，往往由教师单方面做出决定。教师的积极性、主动性没有充分发挥出来，虽然各项教学目标完成较好，但教师在执行时往往会打折扣，仅注重完成知识目标，在课堂教学中堆积大量的概念、定义、定律、规律、公式等，用抽象枯燥的语言进行推理、归纳、演绎等，而忽视使学生端正学习态度、养成良好的学习习惯、锻炼科学的思维方式、提高创新素质等。学校虽然重视科学研究，但较少有教师将科研成果引入课堂，学生的视阈受到限制。近些年来，虽然国家在努力倡导启发式、自主式、讨论式或探究式等教学方法，但教师在教学中较少运用这些方法，这些方法只是作为传统的教学方法的辅助方法，未形成主流。从"学"的活动看，学生的主体性地位远没有表现出来，学习的积极性、主动性没有被调动起来。在学习中，学生"不挑食"，无论老师教什么，都会毫无怨言地、囫囵吞枣式地接受。在具体学习方法上，学生延续着小学、中学养成的习惯，上课记笔记，考试前背笔记，习惯于单向的"填鸭式"的教学方法，对老师的创新性的教学方法往往持抵触心理。从总体上看，在教和学中，教师和学生的地位明显不平等，二者之间主要体现为一种权威—依存关系，缺乏民主的对话、交流、互动和合作，这就强化了注入式教学，无形中阻碍了大学教学方法的创新，减弱了教学方法的多样性和丰富性，进而导致教学过程中的机械化和僵化。可以说，重教轻学是我国大学教学方法异化的重要表现形式。

其三，忽视学习方法的传授。当前，教师在教学中仍然偏重对知识的传授，而忽视对学习方法的传授。在"知识就是力量"的思想指导下，许多教师片面地认为，教学就是为了传授知识，并且传授的知识越多越好，存在着传授知识就是尽了职责、传授知识越多越是尽职表现的心理。而现实情况是，由于科学的迅猛发展，学科知识分化得越来越细，积累的知识越来越多，知识已经呈爆炸式发展。面对这种形势，无论是教师还是学生，往往都是措手不及，教师有教不完的知识，而学生有学不完的知识，并且知识的更新也很快，几年前的学科前沿知识现在可能已经没有用了。为了适应这种形势，唯一的办法就是教师应重视学习方法的传授，即教学生学会学习。而学生只有学会学习，即掌握了学习方法，才能在未来的职业生涯中，面对新知识的增长时从容不迫，以不变应万变，在最大程度上降低"本领恐慌"心理。可以说，忽视学习方法的传授是我国大学教学方法异化的又一重要表现形式。

其四，教学评价偏执一端。首先，教学评价偏执于教师的"教"，而不注重对学生的"学"的评价。评价中往往对教师的精神状态、态度、仪表、普通话水平、讲授内容、讲课的逻辑性和条理性、讲课方法和手段的多样性、现代教学技术的运用等制定严格的评判标准，而对学生的"学"则缺乏相应的评判标准，没有关注学生的学习态度、精神状态、课堂仪表和发言、学习方法等，主要是通过学生的考试分数来判断学习效果。而考试分数又受老师的主观判断影响，因而这就加重了学生对老师的依附，一味地顺从、取悦老师，没有质疑、没有辩论，这如何培养创新思维呢？其次，教学评价偏执于结果，而不注重对过程的评价。对教师的评价侧重于是否如期完成授课任务，而且对授课任务的评价也主要是针对授课内容，至于采取何种方法授课，则不在评价范围之内，或即使在评价范围之内，也只是老师提供书面说明，没有人会到课堂上去验证。对学生的评价侧重于一张试卷，看是否及格及分数高低，至于在学习过程中采取了何种方法则不在评价范围之内。最后，教学评价偏执于数量，而不注重对质量的评价。对教师的评价侧重于完成了多少课时、给多少学生授课、完成多少科研成果等，而不注重对授课质量、科研成果的运用效果等进行分析。对学生的评价侧重于上课出勤率、参加多少次社会实践活动、参加多少次科技竞赛等，而不注重考察学生的课堂表现、在各种活动中所起的作用等。总之，这些教学评价偏执一端，导致教师的教和学生的学都处于一种懈怠状态，双方的积极性和主动性都没有被调动起来，所谓创新，也多是追求形式上的变换花样，而并无多少实质性内容。可以说，教学评价偏执一端是我国大学教学方法异化的又一重要表现形式。

三、大学教学方法异化的原因

大学教学方法异化的原因可以分为根本原因和非根本原因。

1. 大学教学方法异化的根本原因

对这一问题的探讨，我们仍以马克思的异化理论为指导。马克思认为，异化劳动产生的根本原因是"自然形成的分工"。那么大学教学方法异化会不会也是某种与"分工"近似的诸如"分离"的因素造成的呢？认真考察世界大学教学方法的历史，我们可以发现，现代科学技术在大学教学中的运用使得教学方法正在与教学目的相背离，或者说，具有现代科学技术特征的大学教学方法不再能很好地为教学目的服务。正如前文所述，教学的目的就是要实现教师把知识传授给学生，并实现学生能力和素质的提高。同时要注意的是，教学也是一种创造性活动，离不开教师和学生的积极的心理活动，因而，知识传授过程同时也是教师和学生的积极的情感交流过程。审视当前的大学教学方法，无论是讲授法、实验法，还是调查法、参观法，在现实中都明显地缺乏师生之间的情感交流，即使是表面看起来比较热烈的讨论法，也是就事论事，很少涉及师生之间的情感交流。尤其是现代科学技术在教学中的使用，似乎使师生之间的情感交流更加困难，如 PPT 的广泛使用，教师只是读或讲解，学生只是记录，师生之间的情感交流已降低到极限。这样的教学方法，因缺乏师生之间的情感交流而使得教学活动丧失了创造性，自然无法很好地为教学目的服务。因而，"不应当允许任何形式的技术成果在教师和学生之间设置屏障，不允许限制创造性的思想，不允许阻碍人与人之间思想的自由交流"[①]。可见，具有现代科学技术特征的大学教学方法与教学目的相背离可能是其异化的根本原因。

2. 大学教学方法异化的非根本原因

大学教学方法异化的非根本原因是指对大学教学方法产生直接影响的具体的因素，实际上它受到大学教学方法异化的根本原因的制约。当前，我国大学教学方法异化的非根本原因主要是历史传统根深蒂固、有关制度存在缺陷、规模扩张带来各种不适应、现代技术手段的运用还比较肤浅等。

1）历史传统根深蒂固

在我国古代历史上，因长期实施的"八股取士"，其采取的是典型的

---

① 厄内斯特·博耶. 大学——美国大学生的就读经验[M]. 徐芃，李长兰，丁申桃等译. 北京：北京师范大学出版社，1993：156.

"填鸭式"的教学方法，不需要理解，不需要运用，只要能在科举考试中取得好的名次就算成功。这种教和学的方法对我们当今的教学方法的影响是巨大的和深远的。中华人民共和国成立以后，我国引进了凯洛夫的《教育学》一书，该书详细阐述了感知教材—理解教材—巩固知识—运用知识的"四段教学模式"，这种模式在本质上也是一种"填鸭式"的教学方法，并与我国历史上的"八股取士"教学方法不谋而合，因而能够在我国各级各类学校迅速得到普及，其对我国课堂教学的影响也是根深蒂固的。可见，这种以知识传授为主的"填鸭式"教学方法在我国有着深厚的历史根基，要想改变绝不是一蹴而就的事。从教师角度看，教师当前所采用的教学方法，也是他在小学、中学直至大学期间，从他的教师那里受到潜移默化的影响，自然而然地习得的。他对这种教学方法很熟悉，并能熟练地运用它，最为关键的是，他在心里是认同这种教学方法的价值的，因而他是不会轻易改变或抛弃这种教学方法的。这就在很大程度上阻碍了教学方法的创新。从学生角度而言，学生从小学、中学到大学，已完全习惯了这种被动地接受知识的学习方法，认为这种学习方法是最省时省力，而对教师所采取的研讨式等新的教学方法明显不适应，有时甚至抱着抵触心理。这在一定程度上也阻碍了教学方法的创新。

2）有关政策制度存在缺陷

许多大学已意识到现有教学方法的弊端，并出台一些办法鼓励教学方法的创新。然而，鼓励教学方法创新的思想仍多停留在口头上、会议上或文件里，并没有多少在实践中真正执行。相反地，在实践中执行的有关政策制度在有形中或无形中是对原有教学方法的巩固。第一，在课堂教学中，由于过分强调教学内容的系统性和逻辑性，教师必须按照课程的知识体系，由浅入深、循序渐进地踩着知识要点，一个一个地进行，一步一步地推进，担心因为稍有疏忽落了某个知识点而遭到批评。教师在这样的管理制度下，哪还有心思进行教学方法创新，只能沿袭原先的、保守的但最安全的教学方法。第二，多媒体教学是一个新鲜事物，也是一种创新的教学手段，许多大学不考虑实际情况，要求所有专业、所有课堂教学都应采用多媒体，如果教师不采用就会被扣上"教学方法无创新"的帽子，相应地，教学评价就不会好。有些教师为了应付，不得不采用 PPT 形式，这只是形式上的创新，而实际上对教学方法并无实质改变，原先是"教师讲，学生记"，现在变成"教师读，学生抄"，这对教师和学生而言反而更省时、省力，无形中增加了教师和学生的惰性，教学效果不但没有改善，反而略有下降。第三，很多大学都认为学校的中心工作应是教学，但实际上又将工作的重心放在科研上。目前，各种大学排行榜盛行，但这些排行榜主要是把科研实力（包括科研项目数量、科研项目的级别、科研获奖的层次等）作为主要指标，而教学指标在排行榜中被边缘化了，其隐含的意思就是如果一所大学的科研实力强，则它的教学水平就不会差。基于此，许多大学采取各种鼓励甚至惩罚措施促进本校科研水平的提高。在教师的年终考核及职称评定中，主要看科研成果，这是硬指标；而教学状况只要在数量上达到最低要求即可，是软指标。谁的科研成果数量多、级别高就可获得更多的奖励和更多的职称晋升机会。而如果哪位教师没有科研成果，作为惩罚，可能会被调离教学岗位。有研究者详细介绍了美国学者 Nerlove 关于教学与科研关系的研究成果，即"如果以科研为横坐标而以教学为纵坐标，二者的关系类似于一个右倾的抛物线，科研教学的相互补充或替代的关系到达一定的点后是相互转换的。在较低的科研水平上，科研的增长（由于智力的支持和激励）会导致教学质量上的上升，二者是互补的关系；但是学校进行过多的科研会导致较高的要求和较多的时间、资源投入，而科研对时间和资源的要求是无止境的，所以科研的增加会导致教学质量的下降，这时二者是一种替代的关系；在教学的低水平上，科研与教学又重新具有互补的关系，这种互补是一种反方向的，因为学生天真的提问和从事低级的科研活动对科研并没有什么大的益处"[1]。总之，在现有的政策制度安排下，较少教师能够定下心来认真研究和改进教学方法，大学教学方法的异化是不可避免的。

3）规模扩张带来各种不适应

20 世纪 90 年代以来，我国大学进入快速发展期，规模得到很大扩张，成为名副其实的高等教育大国。但是这种规模扩张也带来各种不适应。首先，学生规模扩张带来教学资源的紧张。学生数量激增，而学校的教室及教师数量增加跟不上，所以只能采取大班形式授课，教师拿着麦克风讲话。这样，教师和学生的距离变远了，双方只有单纯的知识流动，而没有心灵的沟通和情感的交流。在这种情况下，就无法开展研讨式等教学方法，只能墨守成规，采取单向的"填鸭式"教学方法。其次，教师规模扩张带来教师队伍教育专业素养下降。随着学生规模的扩张，教师规模也有明显扩张，大量青年教师涌入大学任教，在教师总量中的比重明显增加。但是许多青年教师属于非师范类专业的毕业生，缺乏基本的教育教学理论，甚至连一点教育学科的知识都没有，即使从教后接受了一些培训，也可能成效有限。这就使他们缺乏基本的教学技能，教学艺术素养较差。在这种情况下，他们较少能开展具有原创性的教学方法的变革，只能采取以前从老师那里学来的"填鸭式"

---

① 代蕊华. 高校的教学、科研及其评价[J]. 高等教育研究，2000，（1）：94-98.

教学方法。最后，课程规模扩张带来师生自由时间的减少。随着科学的迅速发展，学科知识也迅速膨胀，而以学科为依据设置的课程数量也迅速增加。而我国大学在教学中很注重学科知识的逻辑性、系统性和完善性，要使学生在有限的四年时间里全部掌握这些知识，教师只能采取"蜻蜓点水式"的"填鸭式"的教学方法。因而，课程规模扩张所导致的师生自由时间减少，使得教师和学生都无暇顾及教学方法的创新。

4）现代技术手段在教学中的运用还比较肤浅

现代技术手段作为一种先进的工具，如果在教学中得到充分运用，将有助于教学方法的变革，大大增强教学的效果。从世界教育发展史看，一项新的技术手段一旦运用到教学领域，都会促进教学方法改革，为教学活动提供新的发展空间，极大地丰富了教学活动。在当代，以电脑、网络、多媒体等为代表的先进技术在教学中的运用也将有助于我国大学传统教学方法的变革，从而大大增强教学效果。这些技术将有助于打破现有的课堂局限于教室的这种空间限制，将课堂延伸到教室之外，从而弥补大班授课方式的缺陷；有助于打破课堂仅有的固定时间限制，使教学活动可以在任何空闲时间进行。不过，当前，我国大学对这些技术的运用还比较肤浅。有些先进的技术和工具在我国教学中没有得到充分运用，其原因不在于教师没有认识到这些技术和工具的重要性，而在于有些教师根本就不想深入地、充分地运用这些技术和工具。这是创新教学方法的一大桎梏。

四、大学教学方法异化的消除

根据大学教学方法异化产生的原因，其消除的途径可以分为根本途径和直接途径。

1. 大学教学方法异化消除的根本途径

既然具有现代科学技术特征的大学教学方法与教学目的相背离是其异化的根本原因，那么其消除的根本途径就是要全面地、充分地发挥科学技术在教学中的作用，使教学方法更好地为教学目的服务。而要做到这一点，就需要进一步发展社会生产力，这是因为社会生产力的发展将实现现代科学技术在教学中的运用，但是受到现存的社会物质条件制约，这种运用还很不全面、很不充分，从而造成教学方法的各种异化现象。因而，只有进一步发展社会生产力，改善现有的社会物质条件，才能使现代科学技术在教学中得到全面、充分的运用，从而在根本上消除大学教学方法的各种异化现象。例如，受益于现代科学技术在大学教学中的运用，最近流行起来的慕课

（MOOC），使得教学组织形式、教学方法等都发生了很大变化。随着社会生产力的发展，新的科学技术在教学中将不断得到全面、充分的运用，新的教学组织形式、教学方法等将不断出现，这对于消除大学教学方法中存在的各种异化现象将起到根本性作用。

2. 大学教学方法异化消除的直接途径

对于教学方法，我国著名教育家、物理化学家卢嘉锡于 1995 年提出：在教学方法上，我国的教学方法注重演绎、推理、按部就班，严谨认真；美国的教学方法则重归纳、分析、渗透和综合。中美双方教育传统的长短是可以互补的，若能将两者和谐统一起来，将是一个有意义的突破。这为我们消除大学教学方法的异化指出了一个突破口。

1）教会学生学习方法，引导学生自主学习

教师在教学中不但要"授之以鱼"，向学生传授知识，还要"授之以渔"，教给学生学习的方法，使学生能够自主地获取知识。正如朱熹所言："读书是自家读书，为学是自家为学。"他认为自己只是个引路人，要求学生"自去理会，自去体察，自去涵养"。从学生长远发展角度看，掌握获取知识的方法比获取知识本身更重要。学生只有掌握了学习方法，才能有效地开展自主学习。教师只有引导学生自主学习，才能完成大学复杂的教学任务。相比小学、中学而言，大学的教学任务要复杂得多、繁重得多，如果还像以往那样，学生又是被动地学习，那么教学任务就不会很好地完成。只有引导学生自主学习，才能发挥学生的主观能动性，调动学生学习的主动性、积极性。这样学生才能掌握更多的知识，培养各方面的能力，并可能摸索出适合自己的新的学习方法，即使学习任务再重，也能够以积极的心态面对，而不是疲于应付。

2）采取合作式教学方法

合作式教学方法是西方现代大学普遍采用的一种教学形式。但这种方法在我国大学教学中却很少被用到。在我国大学的大多数课堂教学中，学生学习的个性特征很明显，在课前主要是自己预习，在课堂上主要是听老师讲，在课后主要是自己复习。也就是说，一个学生的学习似乎是个人的私事，学习的好与坏完全与其他人没有关系。显然，这种个性化的学习既不利于学生认知的发展，也不利于学生情感的发展，更不利于学生交往能力的提高。而合作式教学却能克服这些弊端。合作式教学在本质上就是把教学看作是一个集体活动，教师和学生都是集体中的一员，不但教师和学生之间有联系，而且学生与学生之间也有密切的联系，每一个学生从自己的角度提出问题，其他学生参与讨论，并且在讨论中能够容忍异己观点，学会尊重他人、理解他人、包容他人。这样，合作式教学既有利于学生认知的发展，也有利于学生情感的发展，更有利于学生交往能力的提高，这对于消除我国大学教学方法的异化而言，是一个很好的途径。

3）大力加强教师培训力度

一是要加强教师基本教育理论培训，让教师掌握基本的教育教学规律，以及主要的现代的教学方法论，努力提高教师的教育理论素养。二是要加强教师的现代教学技术培训，使教师掌握以电脑、网络、多媒体等现代教学技术。在具体培训方式上，应根据培训内容的不同，或者采取老教师带领、指导新教师，发挥"传帮带"的作用；或者采取培训班形式，开展课堂授课；或者采取自学与观摩相结合的形式。目前，许多大学几乎每年都会组织这样的培训，但培训效果却不尽如人意。究其缘由，培训多是走马观花、敷衍了事，学校和教师没有从意识深处认识到培训的重要性和紧迫性。因而，要使培训切实达到预期效果，就必须加强和改进对培训的考核，把考核的标准提高到学生学习专业课要求的高度，采取书面考试、现场观摩等形式，对于考核不合格的，要再次组织培训，对于多次考核不合格的，要坚决予以转岗或辞退。只有这样严格要求，才能促使每位教师在教学中所采取的方法更加科学、有效，从而有助于消除我国大教学方法的异化。

4）建立科学的教学评价机制

评价机制就是一个指挥棒，指引教师和学生的教学活动重点，并蕴含活动的价值取向。当前，在教学评价中要注意扭转两种倾向：一是重科研轻教学，二是重教学内容轻教学方法。在具体评价时，应设置科学合理的评价指标，尤其是各指标的权重应重点予以考虑，因为它会引导教师和学生的活动重点和价值取向。对于科研和教学，科研的权重绝不能超过教学的权重，这样才能把教师的注意力和主要精力引入教学，从而有助于教学方法的创新，即使对科研的考察，也应重点考察教师是否将科研成果引入教学中，是否有助于促进教学，而不是只看科研成果的数量而不重视质量及其应用价值。对于教学内容和教学方法，应改变传统的只注重考察教学内容，而把对教学方法的考察看作是可有可无的事。应适当提高教学方法在指标体系中的权重，引导和鼓励教师和学生开展教学方法创新。当然，对于教学方法创新的要求，不能采取教条化的管理方式，不能要求所有课程的教学都必须采取 PPT 等形式。而对于某些课程需要采取 PPT 等形式的，也不能只看是否有 PPT 等，而应着重考察 PPT 等的制作质量。这样，只有建立科学的教学评价机制，才能比较顺利地消除我国大学教学方法的异化。

第五节　大学师生关系异化

一、大学师生关系概述

1. 大学师生关系概念

大学师生关系的状况直接影响和决定高等教育的成效，良好的师生关系是学校各项教育活动取得预期效果的必要保证。正如苏联教育家克鲁普斯卡娅所言：教育的本质就在于建立个人与集体和社会这种实际联系的关系和体系，以保证个人的社会化。也就是说，教育的基本职能就是要构建一种有利于学生愉快、健康成长的师生关系。对于师生关系的概念，其本身并不复杂，教育界对这一概念的理解基本上是一致的。例如，李瑾瑜认为，师生关系是教育活动中最基本、最重要同时也是最活跃的人际关系系统①。杨德广和谢安轩认为："高校教师和学生的关系是在教学和科研活动中最基本、最重要的，也是直接影响学校教学和科研成果的一种人际关系。"②闵容和罗嘉文认为："师生关系是教师和学生为实现教育目标，以其独特的身份和主体地位通过教与学的直接交流活动而形成的多性质、多层次的关系体系。"③从这些表述中可以发现，这些研究者对师生关系概念的理解并没有什么争议，基本上认为师生关系包含两层关系，首先是一种人际关系，其次是一种教育关系。

虽然师生关系概念本身并不复杂，但师生关系的内涵却很丰富且比较复杂。如有研究认为，从存在形态角度看，师生关系可分为自然形态、经验形态和体验形态④；从价值评定角度看，师生关系可分为功能性和存在性⑤。还有研究认为，研究生教育阶段的师生关系主要包括四个层次：一是制度意义上的负责与被负责关系；二是传统意义上的师傅与徒弟关系；三是伦理意义上的长辈与晚辈关系；四是组织意义上的团队合作关系⑥。从总体上看，大学师生关系是整个社会关系的一部分，折射出一定社会的政治、经济、文化、生态、道德等内容，并与一定的科学技术及生产力发展水平相适应。

① 李瑾瑜. 关于师生关系本质的认识[J]. 教育评论，1998，（4）：34-36.
② 杨德广，谢安轩. 高等教育学[M]. 北京：高等教育出版社，2009：259.
③ 闵容，罗嘉文. 师生关系研究综述[J]. 教学研究，2006，（1）：26-29.
④ 孙俊三，谢丽玲. 我国当代师生关系研究范式的扬弃和超越[J]. 中国教育学刊，2004，（4）：44-47.
⑤ 刘建. 关于课堂教学中师生关系的哲学思考[J]. 当代教育科学，2010，（13）：27-29.
⑥ 方华梁，李忠云. 导师与研究生之间的和谐关系探析[J]. 当代教育论坛，2009，（3）：28-29.

2. 大学师生关系特点

由于大学师生在总体上属于社会关系的一部分，所以它具有一般社会关系的特点；又由于大学教育属于整个国家教育的一部分，所以它又具有一般教育关系的特点，同时它还具有自身的特点，主要表现在以下几个方面。

其一，教育性。这是大学师生关系最主要、最基本的特点，它是指大学师生关系是在一定的教育教学活动中产生的，是为了共同完成一定的教育教学任务而产生的。大学师生关系的这种教育性是客观存在的，而非教师和学生的主观意志所能左右，因为教育的环境是客观的，任何教育都离不开一定的政治、经济、文化等环境；教育的内容是客观的，教师既不能随心所欲地想教什么就教什么，学生也不能无拘无束地想学什么就学什么；教育的技术手段也是客观的，受社会所能提供的物质条件制约；教师和学生也都具有客观性，教师是传授者，任务是教，而学生是接受者，任务是学。大学师生关系的教育性表明，任何教师和学生的关系如果不是为了一定的教育目的而形成的关系，就很容易使师生之间的关系产生异化。

其二，认知性。大学师生关系的认知性是建立其他关系的基础。在以往的对大学师生关系的研究中容易忽视对认知性的研究。与小学、中学的师生关系的认知性相比，大学师生关系的认知性要复杂得多，这是由大学生活的特点决定的。在大学中，教师不再是单纯的知识传授者，他们还要做科学研究，参与各种社会服务活动，参加各种形式的学术会议、讲座、培训班等，因而教师的身份是多重的，活动是复杂的。同时，学生也不再是单纯的知识接受者，他们有更多的时间参加自己感兴趣的各种活动，在把自己培养成精英人才的心理暗示下，一方面注重学习专业知识，另一方面又努力培养和锻炼自己的社交能力等综合素质，尤其是时刻规划着自己的未来职业生涯。这些都使得大学师生关系的认知性比较复杂，教师必须以新的眼光来审视、对待学生，而学生也必须以新的视角来考虑、看待教师。大学师生关系的认知性表明，如果教师不能正确认知学生及学生不能正确认知教师，双方在交往中就会产生许多困惑和不理解，也同样容易使师生之间的关系产生异化。

其三，情感性。大学师生关系的情感性是其他师生关系的保障。与大学师生关系的认知性一样，其情感性也是非常复杂的。大学教师不能完全因自己的知识优势而对学生产生权威性影响，因为学生已拥有很强的自学能力，在某些知识方面并不比教师差；教师也不能完全因自己的年龄优势而对学生施以父辈似的爱，因为学生的年龄可能与教师相差不大；教师也不能完全因自己拥有的社会资源优势而指引、暗示学生未来的职业规划，因为有些学生所拥有的社会资源往往比教师还多，等等。这些都使得大学师生关系的情感复杂化。大学师生之间良好的情感应是教师经常主动地接近学生，真诚地、公平地对待每个学生；学生也应主动地接近教师，向教师敞开心扉，遇到困难时主动向教师求助。不过，当前大学师生关系中出现了功利化倾向，有的教师以功利化心态来看待、评价学生，有的学生也以功利化心态对待、评价教师。这种功利化心态为大学师生关系的异化埋下了隐患。

其四，道德性。师生关系的道德性是指教师和学生在交往中向对方传输的道德理念及双方应遵守的道德原则。在教育教学活动中，教师向学生传授知识及学生接受知识都是显性的。与此同时，教师还在举止言谈间无意中向学生传输着道德理念，而学生也在潜移默化中吸收着这些道德理念，这是隐性的。在小学、中学的教育教学活动中，师生关系的道德性往往表现为教师对学生的单向传输，而在大学的教育教学活动中，师生关系的道德性要复杂得多，往往表现为教师和学生之间的双向传输。这是因为一个人所拥有的知识量与其道德品质的提升往往并不是按比例同步进行的。一个教师虽然拥有知识上的优势，但其道德品质可能并不一定很高尚；而一个学生虽然知识量并不充足，但其道德品德可能很高尚。这种差异性使得有的教师和学生之间的交往有很大的提升空间，并使得双方的关系更加复杂化。同时，教师和学生还要遵守各自的道德原则，因为教师和学生都已是成年人，都有能力承担各自的道德义务。例如，大学教师和学生在交往中除了要遵守传统的"尊师重道"原则，还要遵守学术道德等原则。当前，一些教师和学生在交往中往往就是没有遵守各自的道德原则，才使得双方的关系在一定程度上异化了。

其五，虚拟性。大学师生关系的虚拟性是指教师和学生不用再面对面地直接交往，而是通过网络传媒等间接地交往。它是随着计算机等新工具的出现及网络等先进技术的发展而出现的新特点。教师可以通过网络安排教学任务，学生也可以通过网络完成学习任务。在传统的教学活动中，教师掌握着主动权，教什么、怎么教、何时何地教等都由教师决定，而在网络环境下，以教为主改变为以学为主，学生可以充分发挥自主性，根据自己的兴趣、需要等选择适合自己的个性化的学习方式。可见，师生关系虚拟性的优点还是比较明显的，但是它的缺点也是比较明显的，即教师与学生见面的机会少了，双方直接接触的时间短了，这就很容易使双方产生陌生感，双方的情感淡化。并且，网络为教师和学生之间的不正当交往提供了一条新的途径，如学生可以以任何借口通过网络支付工具给教师发"红包"。可以说，网络就是一把双刃剑，用得不好也很容易使教师和学生之间的关系产生异化。

3. 大学师生关系的历史演变

师生关系作为整个社会关系的一部分，并不是凝固不变的，而是随着社会的发展变化而发展变化的。

1）西方师生关系的演变

首先，西方古代的师生关系是亲密友爱、互相尊重的。这一点在柏拉图的《理想国》和亚里士多德的《尼各马可伦理学》中都有所反映。如亚里士多德在《尼各马可伦理学》中认为，人都有向善的本能，学生出于乐"善"和爱"好"而主动走入学园，向那些高贵的灵魂即教师学习和求教。而教师作为共同体中伦理资源的拥有者，被赋予了神圣使命，即将学生培养成拥有"善"和"好"的人，因为在亚里士多德看来，这里的共同体是一种伦理共同体，不同于商业的、贸易的、军事的等共同体，它的伟大使命是帮助年轻的成员成为拥有"善"和"好"的人。这样，师生之间的关系显得亲密而友爱。"师生之间的友谊和感情只应基于在共同生活中相互共勉，力求向善，彼此促进，实现理想。"①教师和学生有着共同的"善"和"好"的目标，双方的关系不但是亲密、友爱的，而且还很容易形成一种互相尊重的关系。这一点正如伍德拉夫所言："尊重是在共同从事一项伟大事业的过程中获得的一种感情，事业中有一个值得尊崇的目标。当你无法看到人们与你携手为了共同理想而努力的时候，你便失去了对他们的尊重。"②这样，在课堂教学中，"师生只要认识到他们团结起来共同努力——努力去理解某种非常重要的事物，就会彼此尊重"。"教师的尊重背后是对真理的执着，在这个时刻，正是对真理的执着将师生共同笼罩在相互尊重的光环之中。"②不过，虽然教师和学生之间的关系是亲密、友爱、互相尊重的，但并不排斥学生对教师的敬畏。在柏拉图看来，如果缺乏学生对教师的敬畏，教师将放弃灵魂的高度与卓越，而下降为世俗社会的迎合者，这样，教师就不成其为教师，而学生也将放弃对自身灵魂德行的提升，过起一种没有"善""好"感觉的生活，这样，学生也就不成其为学生。这样看来，古代西方的师生关系是比较良好的。

其次，西方中世纪的师生关系是颠倒的。从公元 476 年西罗马帝国灭亡至 1451 年东罗马帝国灭亡，历时近 1000 年，是西欧封建社会从产生、发展到衰落的历史时期，史称"中世纪"，有学者将它称为欧洲历史的"黑暗时代"。这一时期，具有浓厚宗教神学色彩的经院主义教育思想在学校中占有统治地位，教会垄断了文化和学校教育，在教学中采取烦琐形式主义和严重脱

① 文德尔班. 哲学史教程（上卷）[M]. 罗达仁译. 北京：商务印书馆，1987：111.
② 伍德拉夫. 尊崇——一种被遗忘的美德[M]. 林斌，马红旗译. 北京：商务印书馆，2007：228，242-243.

离生活实际的经院主义方法，束缚了学生创造力的发展，并最终导致中世纪文化教育的停滞和衰落。中世纪的大学师生关系是颠倒的，在大学中学生居于中心地位，学生拥有自己的行会组织，并制定相关的规章制度，用以调整自己的学习和生活。学生享有从行会中选举院长和聘任教师的权利，管理和控制着大学的教学活动，可以付给教师讲课费，对迟到的及未能按时完成教学任务的教师处以罚款。可见，在中世纪大学的师生关系中，教师处于被学生控制的地位，教师必须按照学生的要求进行教育教学活动，这就违背了大学的学术目标和教育规律，导致了师生关系的严重对立。

最后，西方近现代的师生关系是契约式的。近代以来，随着资本主义的发展，人们的价值观发生了根本性变化，金钱拜物教盛行，强调人性解放，以及追求物质欲望的满足。在大学里，教师和学生不再追求共同的"善"和"好"，取而代之的是对物质享受的追求。这样，教师和师生之间实际上形成一种契约关系，即学生从教师那里获得有用的知识和技能，而教师则从学生那里获得出售知识和技能的报酬。这实际上就是一种平等交换关系。在这种关系中，教师首先被看作一个普通的谋生者，而教师职业也只是社会上众多职业中的一种，教师所关注的是自我物质欲望的满足而非学生灵魂德行的提升，其唯一特殊之处在于承担着人力资本的培训工作。可见，这种师生关系是没有什么情感而言的，他们之所以在大学相遇，是因为双方都有对方可取之处。"每个都建立了自己小小的隔离体系；两个人一心想着将来不在一起的时候，他们只是勉强待在一起。"[①]

2）我国师生关系的演变

首先，隋唐以前的师生关系注重伦理性。隋唐之前，是师生关系由血缘关系向伦理关系过渡的时期。由于当时社会生产力还不发达，科学知识尤其是自然科学知识的积累还很不足，学校的教育主要是事关如何做人做事的道德教育，且师生之间关系也主要由传统的伦理道德来约束。在学校中，教师的身份由学生父母的身份演变而来，因而教师被视为具有威信且受人尊敬的长辈，形成了"一日为师终身为父"的理念。这一理念在我国传统教育中根深蒂固。这种师生关系在先秦的古典中有多处论述，如对于教师在道德教化方面的作用，《学记》中有："凡学之道，严师为难。师严然后道尊，道尊然后民知敬学。"此外，还专门编制了要求学生遵守的《管子·弟子职》，明确了"童子入学受业事师之法"，重在强调学生要尊敬教师。这一时期的师生关系近似于古代西方的师生关系，即强调"善"和"好"的伦理追求。

其次，隋唐以后的师生关系注重知识传授。隋唐以后，随着科学知识不

---

① 卢梭. 爱弥儿：论教育[M]. 李平沤译. 北京：商务印书馆，2011：33.

断发展，尤其是隋唐时期统治者高度重视人才选拔，开创了具有中国"第五大发明"之称的科举制度，这为真正的人才脱颖而出打开方便之门。众多贫寒之士为了跻身上流社会，非常重视自身的知识积累，重视教师尤其是名师在自己博取功名中的作用，因而求学、游学成为一种常态。这样，在师生关系中，教师成为拥有知识的权威者，而学生成为虔诚的知识求取者，即知识在师生中居于中心地位，教育的目的也从使学生成为有德行的人转变为使学生成为符合社会需要的实用人才，教师的教和学生的学是否成功的最终标志就是看在科举考试中是否榜上有名，近似于今天的学生能否顺利通过高考进入大学。这种师生关系在我国历史上持续了很长时间，即使在今天的大学师生关系中，知识传授仍是基本内容之一。

最后，中华人民共和国成立以来的师生关系。中华人民共和国成立之初，我国大学的办学全面学习苏联模式，在教育思想方面深受凯洛夫思想的影响。在师生关系中，教师在道德品质、知识等方面的权威不可动摇，而学生几乎丧失主观能动性，依赖性大大增强，即在师生关系中，教师为主体，而学生为客体。改革开放以来，随着教育改革的不断深化，一些传统的教学模式受到质疑。在师生关系方面，人们为了扭转学生在教学中的被动地位及依赖性，提出了教师和学生都是主体、以学生为中心以教师为主导等观点，这多是理论探讨，实践中成效并不明显。尤其是我国高等教育进入大众化以来，大学师生关系出现了一些新苗头，即商品化。有人把教育看作是一种服务、一种商品，把接受教育看作是一种投资，要估算它的未来回报。在这种商品化过程中，双方主体地位平等、意思自治，教师所拥有的传统的道德的楷模、知识的权威、居高临下的管理者的身份受到冲击。教师只是知识的提供者、教育服务的供应者，学生只是知识的接受者、教育服务的选择者。可以说我国大学师生关系的商品化与西方近现代师生关系的契约化不谋而合，二者有不少共同点，这也说明中外高等教育发展规律是有共同点的。

二、大学师生关系异化的表现

1. 大学师生关系异化的判断标准

在探讨大学师生关系异化这一问题之前，首先应弄明白这一异化的判断标准或判断依据是什么，或者说大学师生关系的应然状态是怎样的。从社会学、伦理学、心理学、教育学等多学科角度综合考虑，良好的大学师生关系应是以情感为纽带、以道德品质为基础、以知识为目标的复杂关系（应然）。

大学师生关系以知识为目标，这是不言自明的，如果没有这一目标，教师和学生是不会走到一起的，但是在知识传授过程中教师和学生之间必须以情感为纽带，因为知识传授过程是很复杂的，除教师和学生之外的条件，单就师生本身而言，需要教师和学生通过一系列的心理、生理、努力等活动才能完成，这一过程绝不像商品买卖那样一手交钱一手交货即可完成。在知识传授过程中，学生和教师都要不断地提升自己的道德品质修养，如果教师不注重道德品质修养，就会成为没有灵魂的教师，成为将教师职业当成纯粹谋生手段的教书匠；如果学生不注重道德品质修养，就会成为没有灵魂的学生，成为将未来职业当成纯粹谋生手段的机器。

以这种大学师生关系（应然）作为判断标准或判断依据，当前我国大学师生关系（实然）还存在不少问题，并且这些问题在现有的社会物质条件下短期内是无法解决的，这样，大学师生关系的实然与应然之间就产生了异化。

2. 大学师生关系异化的具体表现

其一，师生关系情感淡化。与小学、中学的师生关系相比，大学师生最明显的变化就是师生之间接触机会少，相处时间短。这一方面是由于大学的科目或课程多，不同的科目或课程由不同的老师来承担，也就是教师数量多，一个学生要面对很多教师；另一方面是由于高等教育大众化以后，学生数量增长很快，一名教师要面对很多学生。教师和学生相遇的地点是教室，相处的时间是课堂的四五十分钟。然而，即使在这短短的四五十分钟时间里，教师和学生之间的情感交流可能也不多。我们有时会看到这样的现象：上课铃声一响，教师拿着教案匆匆走进教室；讲课时低着头以平淡的语气读着教案，或者侧身读着墙上的 PPT，只是偶尔抬起头或转过身瞅学生一眼；下课时拿起教案又匆匆离开教室。一周以后，可能又重复这样的情节。教师似乎变成了没有情感的教书机器。学生也似乎乐于此道，在经历了小学、中学时期被教师严加管束之后，自己的人身似乎获得了解放，不希望与教师有过多的接触。在课堂上，有的学生把教师单纯地看作是为谋生而工作的教书匠，尽量避免开口与教师说话，甘愿把自己变成一台默默无闻的学习机器。在课堂之外，如果教师和学生不期而遇，双方都尽量避免与对方有目光接触，如果实在避免不了，经常是"老师好""你好"，打声招呼而已。这样，师生之间不愿过多接触，就谈不上互相了解了；没有互相了解，就更谈不上互相信任和互相亲近了。师生之间的关系情感淡化成为必然，这是大学师生关系异化的主要表现形式之一。

其二，师生关系趋向紧张。由于师生之间情感淡化，双方缺少必要的沟通、了解，在遇到问题时双方就很容易产生误解，从而造成双方关系的紧张。本应和谐的师生关系出现了一些不和谐的音符，教师和学生"交恶"的事件时常见诸媒体。例如，2016 年 1 月 6 日，四川新闻网报道："有学生报料成都某高校 2014 级电商系数学思维老师与学生发生矛盾，导致取消全系平时成绩，要求单独进行闭卷考试。学生信中提及：老师在课堂上播放含有疑似人身攻击文字的 PPT。"①又如，2016 年 12 月 9 日，新华网报道："甘肃省张掖市的河西学院学生因为迟到，被教师要求互扇耳光后才能正常上课，教师模样的男子更是表示'你不扇我扇你了'。"②实际上，这些被曝光的师生之间的矛盾仅仅是冰山一角，更多的矛盾和暴力事件发生于大学校园，也止于校园，没有向社会报道。近年来，暴露在公众面前的大学师生之间的矛盾（不论是语言的暴力，还是行为的暴力），大家都司空见惯，并且有些矛盾，诸如重伤、强奸等已涉及刑事犯罪。《教育部关于建立健全高校师德建设长效机制的意见》中，禁止教师在招生、考试、学生评优、保研工作中徇私舞弊，索要或收受学生及家长的礼品、礼金、有价证券、支付凭证等财物；禁止对学生实施性骚扰或与学生发生不正当关系。从总体上看，大学师生关系紧张比冷漠还要可怕，因为冷漠至多导致双方不愿接触，而紧张则可能导致随时产生暴力冲突。因而，部分师生关系趋向紧张是大学师生关系异化的重要表现形式。

其三，师生关系功利化明显。与师生关系的冷漠化相反，一些师生关系表面上看起来又过于亲热，其交往的动机就是希望从对方那获得一些不正当利益。一些教师与学生交好的目的就是希望学生能跑腿办事。诸如送取材料、打扫卫生、处理一些文字，这些只是让学生干些体力活并不算什么，更有甚者让学生替自己做课题、写论文，名义上是培养学生的科研能力，而实际上是把学生当作赚钱或完成工作任务的工具，无偿地占有他们的科研成果。还有一些教师向有一定社会背景或社会资源丰富的学生曲意迎合，希望通过学生为自己谋取一些不正当的利益，如通过掌握相关行政资源的学生家长为自己谋取评聘职务、职称等方面的利益。一些学生之所以与教师交好，并不是出于传统的尊师重道心理，而是出于获取不正当利益的动机，看重的是教师手中的权力。这些不正当利益包括精神利益和资格利益两方面，"不正当精神利益表现为在教育教学领域以权钱交易等非法手段干预教师公平对待学生的权力，以期获得教师对关系学生的特别关心、鼓励、支持、辅导，意

---

① 雷兹. 网曝成都一高校教师课堂放脏话 PPT 骂学生没家教[EB/OL].四川新闻网.http：//news.qq.com/a/20160106/062371.html[2016-01-06].

② 王煜. 甘肃一高校教师强迫学生互扇耳光　涉事教师被解聘[OA/L].新京报.中华网.http：//news.china.com/domestic/945/20161209/3007/707.html[2016-12-09].

图获取关系学生乐观自信的心态优势"，而"不正当资格利益指在学校管理过程中（含班级管理、院系管理），学生及其社会关系成员通过权钱交易等非法手段从学校领导、班主任等具有教育管理职权的教师手中获取的不正当荣誉、资格"①。例如，有的学生以给教师干活为交换条件或通过请客送礼等方式，希望教师在评选奖学金、评优评先、选拔干部、发展党员、保送读研究生或其他深造名额等方面向自己倾斜。师生之间不正当的利益关系严重腐蚀了师生之间正常、纯洁的关系，给教育带来的不良影响是多方面的。可以说，功利化明显是大学师生关系异化的又一重要表现形式。

三、大学师生关系异化的原因

大学师生关系异化的原因可以分为根本原因和非根本原因。

1. 大学师生关系异化的根本原因

对这一问题的探讨，我们仍以马克思的异化理论为指导。马克思认为异化劳动产生的根本原因是"自然形成的分工"。据此，那么大学师生关系异化会不会也是某种与"分工"近似的诸如"分离"、"背离"、"抛弃"或"丧失"等因素造成的呢？通过考察中外大学师生关系的历史，我们可以清晰地发现，教师在这一过程中的某些性质、地位、作用等都发生了变化。高晓艺详细研究了教师和学生的产生和发展过程，其认为，在人类社会产生之初，生产力极其低下，氏族中具有丰富的生产生活经验和相对闲暇时间的族长、老人和学生是最原始的"教师"，氏族中的年轻一代就是教育对象；教育的内容是生产生活的经验、技能，并且教育活动没有从生活中分化出来，是在无意识中进行的；"师生"之间休戚相关，往往具有直接的血缘关系②。随着生产力的发展，出现了剩余劳动产品，人类进入阶级社会，教育开始从生活中分离出来，成为有意识的活动；"教师"也已从一般的社会角色中分离出来，其中部分教师是兼职的，具有官员身份，懂得治国之术，通晓经学典籍，还有一些以讲学为谋生手段的专职教师，他们招收民间子弟聚众讲学；文字的出现，因其复杂难掌握，需要一部分人脱离劳动进行专门的学习，从而形成了学生；教育内容从学问到为人处世，其"传道"远远大于"授业"，教师以个别教学为主，能够因材施教；师生之间往往一起学习和生活，双方关系紧

---

① 刘冰，于伟. 师生关系影响教育公平的不正当利益因素探析[J]. 东北师大学报（哲学社会科学版），2004，（2）：127-133.
② 高晓艺."教师"的历史、演变[D]. 华东师范大学，2015：18-22.

密。①随着人类由农业社会进入到工业社会，制度化教育开始形成，教师成为一种职业，目前在中国，教师必须通过相关的师范学校或课程的培养，考核合格后方可从教；学生数量猛增，所有适龄儿童都要接受义务教育，高等教育进入大众化以后，大学生的数量也是规模庞大；教学组织形式采取班级授课制；一名教师要面对许多学生，教师面临的学生群体实际上成为抽象的学生，对学生个体的影响反而减弱了。①从这一过程中可以看出，历史上的师生关系经历了从血缘到密切再到疏远的过程，也就是，双方之间的距离越来越远了，丧失了应有的亲密关系，这可能是造成大学师生关系异化的历史根源。

2. 大学师生关系异化的非根本原因

大学师生关系异化的非根本原因是对师生关系产生直接影响的具体的因素，实际上它受到师生关系异化的根本原因的制约。当前，我国大学师生关系异化的非根本原因主要是社会上人际关系异化，以及没有处理好大学师生关系的多重属性，即在处理师生之间的教育教学关系方面，过于强调教师的权威；在处理师生之间的一般的人与人之间的关系方面，过于强调师生之间的平等。

1）受社会上人际关系异化的影响

改革开放以来，随着计划经济向社会主义市场经济的转变，人们的物质财富获得了极大增长，但人们的精神生活却相对贫乏，尤其是人们的人际关系出现了各种形式的异化。首先，人们之间的关系开始冷漠化。与我国对外开放程度不断加深的步伐不相协调的是，人们的心扉似乎也越关越紧，人与人之间的交往似乎越来越闭塞、越来越冷漠。如有时邻里相居十多年，不知道对方叫什么名字，见面只是礼节性地打声招呼。其次，人们之间的关系开始趋向紧张。例如，当前，各种诈骗手段层出不穷，尤其是利用高科技手段进行电信诈骗、网络诈骗让人防不胜防。人们的总体感觉是骗子无处不在，诈骗无孔不入，就连以前受人怜悯的乞丐也多是骗子伪装的。因而人人都拥有一颗戒备的心，在这种情况下，有时人们即使对于别人的善意的、友好的帮助也持有怀疑的态度，可能拒绝别人的帮助。最后，人们之间的关系也越来越功利化。在与人交往时，有些时候以是否有用作为判断标准，有的人对己有用的，就多交深交；对己没有用的，就少交浅交。从总体上看，社会上人际关系的冷漠化、紧张化和功利化在很大程度上造成了大学师生关系的冷漠化、紧张化和功利化。

---

① 高晓艺. "教师"的历史、演变[D]. 华东师范大学，2015：18-22.

2）在处理师生之间的教育教学关系时过于强调教师的权威

在论及师生之间的教育教学关系时，就不能不重视教师的主导地位和指导作用，以及学生对教师的尊重，服从教师的权威。但是，如果过分强调教师的权威，则可能造成教师在教育教学活动中独断专行，把学生置于任其摆布的客体地位，使得学生丧失在教育教学活动中的话语权，并使得教师可能因缺乏学生监督而将自己拥有的教育教学资源进行"寻租"，从而使得师生关系出现异化。当前，之所以过分强调教师的权威，一是受传统的哲学认识论影响。传统的哲学认识论在本质上是"主体—客体"的认识范畴，采取二元对立的思维方式，并预设主体的优先地位，强调主体对客体的利用、控制和占有，而忽视客体的特殊性。这一认识论运用到教育中，就是强调教师的主体地位及权威性，学生应无条件地服从教师的管理。二是受我国传统的教育文化影响。我国传统的教育文化是以儒家思想为主导的，它强调仁义道德，赋予等级次序以德性，在师生关系中强调"师尊生卑"，学生要尊师重道，并且教师在历史上的地位一度与"天""地""君""亲"相比翼，拥有的权威已达登峰造极的程度。三是受我国传统的社会文化影响。我国传统的社会文化强调一种整体观念，即个人的利益需要服从于国家、群体的利益和需要。在教育中表现为学生个性的发展要服从班级、学校的整体发展。总之，大学师生关系异化的一个原因在于过于强调教师的权威，而过于强调教师的权威又受传统的哲学认识论、我国传统的教育文化和社会文化影响。

3）在处理师生之间的一般关系时过于强调师生之间的平等

师生关系首先是一般的人际关系，而一般的人际关系强调的是双方主体地位平等，双方平等沟通、平等交流、平等对话。这种平等观念已深入人心，这在很大程度上得益于改革开放。改革开放以后，人们的思想获得了大解放，随着社会主义市场经济的建立和完善，社会文化开始多元化，尤其是人们的价值观已经多元化，不但强调国家、集体的利益和需要，也强调个人的利益和需要，国家、集体的意识有所淡化，而个人的主体意识却明显增强，强调社会公平和个人平等，不但同事之间、领导与下属之间是平等的，即使父子之间也是平等的。在教育领域，在师生关系方面也是平等的。师生关系是平等的，这是没有错误的，也是符合社会发展潮流的。但是在师生关系中，如果过于强调教师和学生的平等，而否认这种关系的教育特殊性，即否认教师的权威，以及教师的主导地位和指导作用，则会扭曲师生关系，使师生关系发生异化。现实中，一些学生过于强调自己与教师的地位平等，而藐视教师的权威，尤其是一些具有一定社会背景的学生更是不把教师放在眼里。教师没有了权威，学生在教育教学活动中的随意性就很大，效果自然不会好。此外，教师没有了权威，学生不再依恋教师，师生之间的关系自然淡化了。总之，过于强调师生之间的平等而使教师失去最起码的权威是导致大学师生关系异化的又一直接原因。

四、大学师生关系异化的消除

根据大学师生关系异化产生的原因，其消除的途径可以分为根本途径和直接途径。

1. 大学师生关系异化消除的根本途径

大学师生关系在本质上是一种社会关系，大学师生关系的异化实际上是一种社会关系的异化。同时，社会关系与人的本质密切相关，即人的本质"在其现实性上，是一切社会关系的总和"。因而，社会关系的异化实际上往往就是人的本质的异化。这样，要从根本上消除社会关系的异化实际上就是要使人能够全面地占有自己的本质，即要使"人以一种全面的方式，就是说，作为一个完整的人，占有自己的全面的本质"①。马克思认为，人的发展要经历三个阶段，相应的社会关系也有着不同的特点。一是"人的依赖"阶段，它与低下的社会生产力水平相联系，社会关系主要表现为个人直接依附于一定的社会共同体。"人的依赖关系（起初完全是自然发生的），是最初的社会形态，在这种形态下，人的生产能力只是在狭窄的范围内和孤立的地点上发展着。"②二是"物的依赖"阶段，它与较高的社会生产力水平相联系，在这一阶段，由于"活动的社会性……在这里表现为对于个人是异己的东西，表现为物的东西；不是表现为个人互相间的关系，而是表现为他们从属于这样一些关系，这些关系是不以个人为转移而存在的，并且是从毫不相干的个人互相冲突中产生出来的。活动和产品的普遍交换已成为每一单个人的生存条件，这种普遍交换，他们的互相联系，表现为对他们本身来说是异己的、无关的东西，表现为一种物"②。因而，"在交换价值上，人的社会关系转化为物的社会关系；人的能力转化为物的能力"②。三是"自由个性"阶段，它与更高的社会生产力水平相联系，是"建立在个人全面发展和他们共同的社会生产能力成为他们的社会财富这一基础上的自由个性"②。"在这一阶段中，社会关系不再作为异己的力量支配人，而是置于人们的共同控制之下。

① 中共中央马克思、恩格斯、列宁、斯大林著作编译局. 马克思恩格斯文集（第 1 卷）[M]. 北京：人民出版社，2009：189.
② 中共中央马克思、恩格斯、列宁、斯大林著作编译局. 马克思恩格斯全集（第 46 卷上）[M]. 北京：人民出版社，1979：103-104.

人们将在自觉、丰富、全面的社会关系中获得自由、全面的发展，成为具有自由个性的人。"①目前，我国尚处于社会主义初级阶段，实行的是社会主义市场经济体制，商品生产和交换还将在一定时期内存在，这就决定了社会关系还多是表现为物的依赖关系。而要从根本上消除这种异化的物的依赖关系，就必须在社会生产力发展的基础上实现人的自由个性，使人全面占有自由的本质。就大学师生关系而言，教师和学生也必须全面占有自己的本质，从先前那种疏远的关系逐渐走向联合，因为"一个人的发展取决于和他直接或间接进行交往的其他一切人的发展"②。当大学教师和学生之间实现了这种联合，师生之间的情感淡化、紧张、功利化等各种异化现象也就会从根本上得以消除。

2. 大学师生关系异化消除的直接途径

大学师生之间的情感淡化、冷漠化及功利化已成为当前我国教育进一步发展的一大桎梏，应采取切实可行的措施消除这种异化关系。可以说，"今后教育的改革，急需着力推行的首要工作，便是师生关系的改革；不然的话，就算是有最好的校宿与最好的设备，效果还是不大——因为教育效果的提高，精神的因素、人的因素，是决定的因素"③。针对大学师生关系异化的原因，消除异化的直接途径主要有以下几点。

1）改善和消除社会关系的异化

大学师生关系的异化在很大程度上是由社会关系的异化造成的，因而，要消除大学师生关系的异化，社会关系异化的改善和消除是很重要的一个方面。具体应做到以下几点：首先，应加强思想道德建设，弘扬社会主义新风尚。要巩固社会主义民主建设的成果，使社会平等观念深入人心。要理性对待同事之间、领导与下属之间及教师与学生之间的平等，这种平等只是相对的平等，绝对的平等是没有的。要继承中华民族的传统美德，坚持尊师重道，树立教师威信。教师与学生之间应建立一种亲如父子、情同手足的关系。加大宣传助人为乐精神，鼓励见义勇为，打击、制止各种诈骗行为。其次，在政策上应继续深化分配制度改革，平衡地区收入差距，尤其是二次分配时，应向贫困人群、低收入人群倾斜，以缩小贫富差距，这样有利于维护社会主义公平原则，缓和和消除人际关系中的紧张气氛。最后，应制定和

---

① 赵江丽. 马克思人的发展"三形态"理论研究[D]. 西北师范大学，2008:17.
② 中央编译局. 马克思恩格斯全集（第3卷）[M]. 北京：人民出版社，1979：515.
③ 严元章. 中国教育思想源流[M]. 北京：生活·读书·新知三联书店，1993：16.

完善相关的法律法规，以预防和制止、惩处各种形式的行贿、受贿行为，以及利用手中权力寻租的行为，这有助于缓和及消除人际关系的功利化倾向。总之，良好的社会人际关系将为缓和与消除大学师生关系异化提供一个良好的氛围。

2）师生之间应加强沟通，增进理解

个别教师和学生之间之所以情感淡化甚至冷漠，在很大程度上是由他们之间缺乏沟通、互不了解造成的。师生之间通过沟通，及时交流信息，双方对教育教学中出现的问题，能够真正地达成共识，从而互相包容，互相理解。当然，在沟通中双方的地位是真正平等的，教师不再是沟通的中心及沟通的主导者，不再是话语信息的绝对权威者；同时，学生也不再处于沟通的边缘地位，不再是话语信息的言听计从者。这样，教师与学生之间通过民主、平等的沟通、交流、理解，有助于消除双方的信息不对称，缩小思想观念方面的差异，从而在教育教学中达成情感共鸣，即师生在交往中不仅实现了知识的传播，也实现了情感的沟通，这对于消除师生之间的冷漠化、紧张化、功利化的关系是大有裨益的。

3）师生之间应拓展交往渠道，实现全面地充分地交流

师生之间的交往如果仅仅围于教室及每节课的四五十分钟，则交往还不够全面，也不够充分，这就需要拓展交往的空间与时间。在拓展空间方面，学校应创造更多的课堂外交流机会，师生也应积极争取更多的课堂外交流机会。例如，可以定期举行学术沙龙、文化讲座、读书会、音乐会等活动，让师生双方充分接触与交流。又如，可以充分利用现代网络技术，通过 QQ、微信、微博等进行交流，尤其是现在手机上网非常便捷，这更可以做到随时随地交流，并且这种交流有一大好处，即网络构造了一个虚拟空间，双方不用见面即可迅速交流，学生有一些不便当面说的话可以通过网络说出来。在拓展时间方面，学校要做出更大的努力，要合理控制办学规模，使其与现有的教师资源相匹配，把生师比控制在一个合理范围之内，这样教师就会有更多的、自由的空闲时间来主动接触学生。同时，学校应削减一些不必要的课程，降低过高的毕业学分要求，以减轻学生的学习负担，这样学生也会有更多的、自由的空闲时间去主动接触教师。这样，当师生之间有更大的空间和更多的时间进行全面、充分的接触与交流时，就有利于消除大学师生关系的异化。

第六节　大学管理异化

一、大学管理概述

1. 大学管理概念

根据《现代汉语词典》，管理的意思是：负责某些工作使顺利进行；保管和料理；照料并约束[①]。根据《辞海》，管理的意思是：社会组织中为实现预期目标进行的以人为中心的协调活动[②]。学者姚启和认为，管理就是指通过组织与协调他人的共同活动收到个人单独活动所不能收到的效果，并配置有限的资源，以实现既定目标的过程[③]。学者薛天祥认为，高等教育管理就是指人们依据高等教育目的和发展规律，有意识地调节高等教育系统内外各种关系和资源，以便达到既定的高等教育系统目的的过程[④]。通过这些概念，我们可以认为大学管理就是大学的相关管理者，通过一系列的计划、组织、协调、控制、反馈等工作，调动人、财、物等各种资源以实现大学目标的过程。大学就是一个小社会，其管理也是很复杂的。从管理要素看，人、财、物是基本要素，包括大学的行政人员、教师、学生、教育教学经费、基建等，此外还包括信息、校园文化、规章制度等。从管理内容看，大学管理包括党建、宣传、组织、教学、科研、后勤服务、社会服务等。从管理权力划分看，大学管理包括党委权力、行政权力、学术权力等。

2. 大学管理的特点

其一，管理目标的多元性。大学的管理是围绕着大学的发展目标进行的。通常，一所大学发展就要有一个发展目标，如近几年不少大学将自己的发展目标确定为国内或国际一流大学。那么，既然一所大学只有一个发展目标，那么它的管理目标是不是只有一个呢？答案是否定的。因为大学的功能是多样化的，并且各个功能之间差异很大，为了实现学校的发展目标，各个功能都有自己不同的管理目标。例如，当前大学的基本功能主要包括人才培养、科学研究、社会服务、文化传承与创新等四个方面，每个基本功能都有自己独特的运行和发展规律，对各个基本功能的管理应用不同的理论，采用不同的技术、方法和手段，因而管理目标自然就不同。这种大学管理目标的

---

① 中国社会科学院语言研究所词典编辑室. 现代汉语词典[K]. 北京：商务印书馆，1973：367.
② 辞海编辑委员会. 辞海[K]. 上海：上海辞书出版社，2009：767.
③ 姚启和. 高等教育管理学[M]. 武汉：华中科技大学出版社，2000：3.
④ 薛天祥. 高等教育管理学[M]. 上海：华东师范大学出版社，2000：98.

多元性带来了管理的复杂性，如果处理不好就很容易产生异化问题。

其二，管理者角色的双重性。在我国，大学管理者不单单是管理者，同时还是某一方面的学者。作为校长，其首先是一个学术造诣很深、享有很高学术威望的学者，其次才是一个大学管理者。在这一点上，中外大学概莫能外，只是随着世界高等教育的发展，西方一些国家的大学已实行校长职业化，即校长仅仅是一个管理者，不再从事学问研究。在我国，对于实行校长职业化还仅处于理论探讨阶段，离真正实现还有很长的路要走。除了校长角色具有双重性，各学院（系）的院长（主任），各职能部门的处长、科长等也基本上拥有双重身份。这种管理者角色的双重性既有优点也有缺点。优点是在学校制定鼓励学术发展的相关政策时，这会使得政策更符合客观实际，更有利于学术发展。但它的缺点也是很明显的，即它使行政权力与学术权力的界限变得模糊，一个管理者在处理一件事务时，别人（包括他自己）有时很难判断他是在行使行政权力还是学术权力。进而，这使得行政权力干预学术权力变得隐性化，也正是这种隐性化加剧了一些管理者利用手中的行政权力为自己获取不正当的学术资源的行为。这是大学行政化的一个重要表现，也是造成学术异化的一个重要原因。

其三，管理对象的主体性。大学管理能否成功的关键不在于对财、物等的管理，而在于对人的管理，即对作为大学主要构成部分的教师和学生的管理。教师作为高级知识分子，是大学各项功能的主要承担者，崇尚教学自由、学术自由，需要一个轻松自由的工作氛围。学生已基本成年，生理、心理等各方面也基本成熟，经过小学、中学的学习，世界观、人生观、价值观已基本成型，认知能力显著提高，对许多事物能够明辨是非，自我意识、独立意识增强，要求发展自己的个性。因而，在大学管理中，不能把教师和学生当作客体、当作物来管理，应当把他们纳入管理主体范围内，赋予他们一定的参与管理的权利。在现实管理中，往往就是因为忽视教师和学生的主体性地位，使他们丧失话语权，从而使得管理难以达到预期效果，并在一定程度上造成大学管理的异化。

其四，管理技术的复杂性。由于大学管理的主要对象是教师和学生，所以在管理技术上不能像管理企业那样创设一套操作规程来处理有关人的问题。对教师的管理主要涉及教学和科研两方面。在教学管理方面，学校对教师的教学内容及采取的教学方法等比较容易管理，但对教师在教学过程中所持有的态度、精神面貌、积极性等主观方面，至今尚没有有效的技术来管理。在科研管理方面，又涉及质量和数量两方面，在科研质量方面，限于管理人员的学术水平及相关人力，无法直接对教师的科研质量做出衡量，于是许多大学采取了以科研成果载体的等级来确定科研质量的做法，如在处理论文上，根据论文发表的期刊是否为 SCI、SSCI，是否属于全国中文核心、CSSCI 来源，是否属于 A$^+$ 等，来确定论文的质量，这就使得部分教师不得不采取非常规手段努力在级别高的期刊上发表论文；在科研数量方面，由于在科研质量方面无法采取有效技术来衡量，许多大学就在科研数量方面做出教条化的规定，鼓励教师多出成果，而不论质量如何，这就使得教师急功近利，无法静下心来真正做学问。这在一定程度上造成了科研的异化，有的教师为追求科研数量而进行学术造假。因而，在科研管理方面，无论对于质量还是数量，大学都很难拿出有效的管理技术。对学生的管理，主要涉及学习过程和最后学业质量的量化考核。就目前的管理技术而言，这种考核还很不尽如人意，这是因为："尽管现代科学技术的发展已为教育测量提供了诸如统计分析、模糊数学物元空间、系统动力学的理论和方法，但在实际运用中仍然不可避免地存在着一定的局限性。"① 由于管理技术的复杂性，如果大学在具体管理中技术运用不当就很容易产生各种形式的异化。

其五，管理的学术性。从大学管理的以上特点可以发现，其管理还具有学术性。大学在本质上是一种学术组织，这就从根本上决定了其管理上的学术性。这种特点表现在管理者角色的双重性上，大学管理者首先是一个学者，大学管理者很多是从学者中选拔出来的。这种特点表现在管理的内容上，大学管理的重要内容就是学术管理，这在很大程度上是由于一所大学的声誉、知名度在很大程度上受它的学术成就影响。例如，目前，无论是国外还是国内都很盛行各种大学排名，而几乎每一种排名都将一所大学的学术成就作为主要的衡量指标。因而，有些大学为了争取一个好的排名，抱着急功近利的态度，不遗余力地推进学术研究，从而导致各种违背学术研究原则的事情发生。这种特点还表现在管理的技术上，大学管理的重要内容是与学术管理相适应，大学在管理中所运用的技术也多与学术有关。

其六，管理的文化性。这里的文化性是指大学在管理中在很大程度上不是依靠制度等硬性规定来约束人们的行为，而是依靠长期形成的文化对人进行熏陶，以此来约束规范人们的行为。大学管理的主要对象是教师，而许多教师是某一方面的专家、学者，是文化人。这些教师在很大程度上从事的还是以个体为主的脑力劳动，习惯于在传统的、没有多少约束的、轻松而自由的环境中工作。对于这些教师的管理，不能像企业那样采取计时制或计件制，因为在实践中所采取的以课时数论绩效奖金的做法已经暴露出不少问题。同时对这些教师的工作过程进行监控更是困难重重。因而，对于这些教

---

① 吴松元. 大学管理的特点及其管理模式[J]. 煤炭高等教育，1991，（1）：75-77.

师的管理在很多情况下不是凭借权力来强力推进制度的执行，而是要动之以情，晓之以理，通过文化这种软实力来达到管理的目的。这似乎也是大学管理的最高境界。

　　通过以上有关大学管理的特点可以发现，大学管理是相当复杂的。对此，任彦申有更直观形象的描述，他说："在一些人看来，大学似乎是一个'世外桃源'，学生比较单纯，教师比较清高，文化人知书达理，管理大学想必是一件很轻松的事情。其实不然。大学管理属于一个非常特殊的管理领域，没有在大学工作过的人很难体会到这一点。"①

　　"就管理的权威性、有效性而言，社会各类单位可分为两个端点：一端是军队，另一端是大学。军队的管理是一个垂直系统，有令必行，有禁必止，理解要执行，不理解也要执行。而大学的管理则是一个纵横交错的网络……许多问题都需要经过反反复复的磋商才能形成决议，议而不决、决而不行、行而不果的现象是屡见不鲜的。大学的领导既要尊重思想自由，勇于发扬民主，又要善于集中意志。没有民主自由办不好事情，没有集中意志也办不成事情。"①

3. 大学管理的历史演变

　　从大学管理的特点可以看出，大学管理是一个复杂的系统。随着大学的发展变化，其管理也会相应地发生变化。我国现代意义上的大学产生于 19 世纪末 20 世纪初，其演变大致经历了以下几个阶段。

　　其一，20 世纪初至中华人民共和国成立的大学管理。这一阶段的大学管理主要是效仿欧美大学的模式，具有代表性的是北京大学和清华大学。奠定我国具有现代意义大学管理基础的是蔡元培。1912 年，时任教育总长的蔡元培所制定的《大学令》集中体现了当时的大学管理特征。其在"以教授高深学问，养成硕学宏材应国家需要"的教育宗旨下，确立了"教授治校"的大学管理制度。在具体的管理机构设置上，明确规定大学设置校长一人，总辖大学全部事务，各科设学长一人，主持一科事务，同时各科设教授会，以教授为会员；设评议会，由各科学长与教授互选若干人为会员。②1917年蔡元培任北京大学校长，他的大学管理思想得以在实践中贯彻实施。他确立了"教授治校"这一基本的民主管理形式，主张"北大校务，以诸教授为中心""以专门学者为本校主体"。对于学校的行政事务，通过教师组成的行政会议进行民主协商管理。对于学校的学术事务，他推崇德国的学术自由和

---

① 任彦申. 大学管理的误区[J]. 中国高等教育，2007，（24）：1.
② 杨东平. 艰难的日出——中国现代教育的 20 世纪[M]. 上海：文汇出版社，2003：51.

学术自治，认为"大学者，研究高深学问者也"，主张学术研究的"思想自由""兼容并包"。由于蔡元培依靠教授对大学实行民主管理，这就大大调动了教师的积极性和创造性，出现了民主办学的生动局面。可以说，"这样的管理模式，在中国高教史上是史无前例的，是西方大学管理模式在中国大学内的一次成功实践，是学术权力登上中国大学管理舞台的一次成功展示"①。

20 世纪 20 年代，清华大学坚持"廉洁化、学术化、平民化、纪律化"的办学理念，从而成功实现向现代意义大学的转型。1931 年，在我国教育史上占有重要地位的梅贻琦担任清华大学校长，他的教育思想同样受西方的影响，在办学中坚持"教授治校""学术自由""通才教育"三原则，其中尤为重视教授在大学发展中的地位和作用，视教授为大学灵魂，提出流传至今的至理名言，即"所谓大学者，非谓有大楼之谓也，有大师之谓也"。在梅贻琦的正确管理之下，清华大学蒸蒸日上。

从总体上看，这一阶段是我国建立现代大学的起步阶段，由于大学管理模式一开始就效仿当时先进的欧美大学，引进了"教授治校""学术自由"等思想和原则，所以大学管理水平还是有目共睹的。"正是由于大学办学者的开阔的视野与先进的理念，我国大学教育的起点并不低。"②这一阶段我国大学发展虽处战乱，在夹缝中求生存，但由于其引进了先进的管理理念和模式，还是取得了一定成就。这一阶段的大学发展在我国高等教育发展史上占有重要地位。

其二，中华人民共和国成立后至改革开放前的大学管理。中华人民共和国成立之初，我国各项建设事业全面效仿苏联的管理模式，实行计划经济体制。1952 年，我国对高等院校进行了调整，依据社会上的各行各业，设置了各行业性的高等院校，使得大学的人才培养更有针对性，强调大学应为社会主义建设服务，为建立民族的科学的大众的新文化服务。由计划经济体制决定，大学在管理上也采取了高度集权式，无论学校的领导任免、办学经费，还是学校的专业、课程设置，招生就业等，都采取统一的计划管理模式。这时的大学就其在国家中的地位而言，是党政部门的附属单位，是整个国家行政管理网络体系中的一个普通节点。因而，大学管理的行政化倾向明显，行政权力在大学畅通无阻，而学术权力则受到压制。在中华人民共和国成立之初，对原有大学进行改造是必需的，且这种改造需要强有力的行政权力的介入。但是在大学改造完成后，如果这种行政权力没有及时退出或收缩，就会造成行政权力与学术权力的严重失衡，从而很容易造成大学的行政化，出现

---

① 周玲. 大学理念与大学的发展和改革[J]. 上海交通大学学报（哲学社会科学版），2000，（4）：73-78.
② 季诚钧. 关于大学理念发展的历史考察[J]. 高等师范教育研究，2003，（2）：15-20.

违背大学自身发展规律的现象。

　　其三，改革开放以来的大学管理。改革开放以后，我国由高度集权的计划经济体制逐步过渡到社会主义市场经济体制，大学管理模式也相应地发生了变化。1977 年 10 月，国务院批转教育部《关于一九七七年高等学校招生工作的意见》，开始恢复高考制度，这极大地激发了全国的教育热情。随即国家于 1978 年 3 月开始落实知识分子政策，明确知识分子是工人阶级的一部分，是社会主义劳动者，并恢复了职称制，这显著地提高了大学教师的地位，激发了知识分子强烈的使命感。1985 年 5 月，中共中央做出了关于教育体制改革的决定，提出要改变政府对高等学校统得过多的管理体制、扩大高等学校的办学自主权等思想。1998 年颁布的高等教育法中明确规定高校依法自主办学、实行党委领导下的校长负责制、建立学术委员会等。进入 21 世纪，大学管理融入"以人为本""依法治校""大学治理"等具有鲜明时代感的理念。从总体上看，我国大学管理模式仍在不断探索中。

　　有研究者梳理了中华人民共和国成立以来我国高校内部领导体制演变过程及相关政策，并认为，中华人民共和国成立以来我国高校内部领导体制的演变过程十分复杂，每一阶段变化都有其外在的直接因素并存在其内在的依据；政治因素是影响中华人民共和国成立以来我国高校内部领导体制演变的直接因素；我国高校内部领导体制演变的内在依据是权力划分问题，既包括党委权力和校长权力的划分，又包括学术权力和行政权力的划分；当前我国高校实行党委领导下的校长负责制是历史的必然。[①]

　　综观 20 世纪初以来我国大学管理的演变过程，以中华人民共和国成立为界限，前后大学管理的体制、理念、方式方法等都截然不同。中华人民共和国成立以后，大学的政治属性增强，政府的行政权力开始管理和干预大学事务。从目前的世界高等教育发展状况看，政府的行政权力对大学事务的干预已成为一种趋势。区别在于，我国政府的行政权力对大学事务的干预可能更明显一点、直接一点，而欧美等国家政府的行政权力对大学事务的干预可能更隐蔽一点、间接一点。

二、大学管理异化的表现

1. 大学管理异化的判断标准

　　在探讨大学管理异化这一问题之前，首先应弄明白这一异化的判断标准

---

① 杨德广，谢安轩. 高等教育学[M]. 北京：高等教育出版社，2009：169-170.

或判断依据是什么？或者说，大学管理的应然状态是怎样的？从管理学、教育学、心理学等多学科角度综合考察，由于大学管理的主要对象是人，即广大的教师和学生，为了使教育实现预期目标，科学的大学管理应当能够调动和激发教师的教和学生的学的积极性（应然）。"在大学中，有效的管理应尊重被管理的师生的特点，以人性化的理念、柔性化的措施来激励人，以最小的成本获得组织成长和每一个体的经济、文化、心理等综合要求的最大满足，实现组织与个体的和谐发展。"①以这种大学管理（应然）作为判断标准或判断依据，当前我国大学管理的实际状况（实然）还存在不少问题，并且这些问题在现存的社会物质条件下短期内是无法克服的，这样，大学管理的实然与应然之间就产生了异化。

2. 大学管理异化的具体表现

其一，官本位现象严重。目前，"高校已经成为一个官场，不仅有官场的结构，还有官场的文化，官场的行事方式"②。原先只在政府部门存在的官本位现象被移植、复制到大学里，并且这种经移植、复制的官本位在大学里的表现甚至是"青出于蓝而胜于蓝"。首先，大学里许多重要的管理岗位不是由教师担任，而是由那些没有教师资格和教学经验的专职行政人员担任，这些人在管理中不是全部以教师和学生为中心，有时会以自我为中心，从而造成管理者与教师和学生之间的对立。其次，有的人从事这些重要的行政岗位工作本身不是目的，而是这些岗位能给其带来许多直接的和间接的利益。当前，我国大学的民主氛围并不浓、法治体制并不健全，这很容易导致行政权力对学术权力的干涉，进而影响学校的教学、科研、基建等各种资源分配。部分大学行政管理部门和人员利用所垄断的各种资源，以此为指挥棒，引导、左右、控制着教师和学生的行为，甚至暗箱操作，为自己谋取私利，从而造成大学中的腐败现象的发生。再次，大学的行政管理机构日益膨胀，行政管理人员的数量越来越多。当前，我国大学仅校级领导就有 10 人左右（其中党委书记和校长 2 人，其他副书记和副校长 7～8 人），这是大学校级领导的标准配置。而处级和科级人员的数量更是无限扩大。正所谓"校长一走廊，处长一礼堂，科长一操场"。最后，更为严重的是，这种官本位倾向影响了教师和学生的价值判断，部分人认为当官才是正道，当官才有出息。这样，有的教师不再安心教学，而是想方设法谋求一个处长职位。据报道，深圳某一大

① 赵国祥，冯平. 论高校管理的异化与超越[J]. 河南社会科学，2010，（2）：198-200.
② 姜英爽. 人大政治系主任批评学院被撤 称高校成官场[EB/OL]. 2007.http://edu.people.com.cn/GB/5487153.html[2016-01-21].

学因空缺一处长职位，结果有 40 个教授去争。同样，有的学生也乐于"当官"，想尽办法在班级或院系当一个学生干部。最后，在这种官本位的管理体制下，以校长为代表的管理者可能会出现"一言堂"、没有民主作风等情况，在诸如评科研项目、评成果、评职称方面有时领导一人说了算，而教师则处于管理链上的最底端。可以说，官本位现象是大学管理异化的最直接、最集中的表现形式。

其二，管理教条化突出。目前，大学管理中存在的一个突出问题就是教条化，用一把尺子衡量所有教师和学生的行为。首先，在"管理要规范"的潜意识下，大学加强了各项规章制度建设，试图探寻一种统一的、确定的、永恒不变的标准，来规范和约束管理对象的行为。对人实行规训化管理，统一进行支配、处置、压制、型塑。[①]其次，对教师的教学和科研采取量化指标考核体系，要求教师每学期或每学年必须完成多少学时，完不成任务的将被减少或扣除绩效奖金；还要求教师每年或每几年必须完成一定的科研工作量，包括承担多少科研项目、发表多少篇论文等，甚至对科研项目和论文的级别都做出详细的硬性要求。并且这种规定只是对教学和科研的数量做出规定，而对教师完成的质量考核却重视不够。最后，这种教条化管理是对人性、对教育的亵渎。教书育人是一种圣洁的具有人性的活动，是一种向真、向善、向美、向好的活动，极富生命意义和创造色彩。然而这种教条化管理对教师尊重不够，"教师也远非圣贤……至于身上还能保留多少人文精神和批判意识，主要取决于学者的天然禀赋和个人学识，而不是在精神上滋养他们的大学环境"[②]。

其三，服务效率低下。目前，大学管理中存在的另一个突出问题是服务效率低下。首先，服务意识淡薄。大学的行政管理部门原本是为了学校的教学、为教师和学生提供更好的服务而产生的。然而，现在部分行政管理人员抛弃了这种初衷，或者根本就不知道这种初衷，把自己当成一个纯粹的管理者，而不是为教师和学生服务的服务者无法做到"管理即服务"。其次，争权夺利而不作为。大学里个别不同的行政管理部门人员对于有利可图的事情都想管，但是这种想管并不是真正想把事情管好，而是看中其中的权力和利益，一旦获取了权力和利益，又不想"多管闲事"，开始不作为。也就是，只愿享有权利和利益，而不想承担相应的责任和履行相应的义务。最后，做事拖拉、推诿。大学里的行政机构臃肿，管理人员数量膨胀。这种数量上的膨胀并没有带来"人多力量大"的正能量，相反地，遇事时可能会出现同事间

---

① 金生鈜. 规训与教化[M]. 北京：教育科学出版社，2004：2.
② 章美锦. 论大学的异化：学科制、科层组织及功能演变[J]. 黑龙江高教研究，2009，（11）：31-33.

互相扯皮、"无事"时同事间又开始"生非"的现象。对同一个任务，有一个管理者时能够及时顺利地完成；有两个管理者时，两人还能勉强轮流干；有三个管理者时，就轮不开了，相互间开始推诿、扯皮。

三、大学管理异化的原因

大学管理异化的原因可以分为根本原因和非根本原因。

1. 大学管理异化的根本原因

对这一问题的探讨，我们仍以马克思的异化理论为指导，马克思认为异化劳动产生的根本原因是"自然形成的分工"。那么，大学管理异化会不会也是某种与"分工"近似的诸如"分离"的因素造成的呢？通过考察世界大学管理的历史，我们可以清晰地发现，部分教师从教学和科研岗位中分离出来从事管理工作。李爱民详细研究了西方大学管理人员群体身份、地位的历史演变，其认为管理人员身份经历了"业余型"、"挂职型"和"专职型"三个阶段，在"业余型"阶段，大约在中世纪前后，大学是教师、学生等学问研究者的组织，因大学规模小且组织结构简单，管理也就相对简单，只是一种业余活动而非主业，管理人员是教师或学生的代表，他们不会离开原来的教学或研究岗位，利用业余时间就可以很好地完成一些管理实务；在"挂职型"阶段，随着大学组织的进一步发展，以及受社会经济、政治、文化的影响，大学的活动和关系的协调日益复杂化，管理成为一种比较复杂且专门的工作，需要有人拿出专门的时间来思考、处理这些工作，管理工作成为管理人员的工作量，不过，管理人员的身份还是教师，只不过管理和教学对于他们而言是同等重要的工作，如果不担任管理人员还可以继续做教师；在"专职型"阶段，随着大学规模的扩大和功能的多样化，大学管理也日益复杂化，到了20世纪初，以校长为首的少数人员已不能完成日益复杂的管理任务，于是管理人员从教师中分离出来，管理工作开始由全日制的管理专家来担任，这样，大学管理成为一种专门职业，管理人员来源不再仅限于学校中的学者，还面向社会开放，他们只能做管理工作，很少有机会和能力从事教学和科研工作。[①]可见，随着大学管理的日益复杂化，部分教师从教学和科研岗位中分离出来，专门从事管理工作，这种分工根据马克思的异化劳动理论很可能就是导致大学管理异化的根源。因为这种分工还不是出于自愿的，而是自然形成的，专门从事管理的人员被限制在一定的特殊的活动范围内，这

---

① 李爱民. 大学管理人员身份地位的历史变迁[J]. 高教探索，2005，（3）：27-28.

个范围是强加于他们的，他们不能超出这个范围，只要他们不想失去生活资料，他们就始终应该是这样的人。尤为严重的是，这些管理人员所制定的管理制度或政策往往违背人才培养的规律。

2. 大学管理异化的非根本原因

大学管理异化的非根本原因是指对大学管理产生直接影响的具体的因素，实际上它受管理异化的根本原因的制约。当前，我国大学管理异化的非根本原因主要包括体制的、现实的和文化的三个方面。

1）体制因素

体制因素是我国大学管理异化的直接原因，其对大学管理异化的影响最明显，也最有力，主要表现在以下几个方面。

首先，大学领导由政府部门任免。目前，国际上教育比较发达的国家，如英国、法国、德国，它们的大学领导是由学校内部机构选举产生的，且校长只对产生他的机构负责。具体地，在英国，总会在形式上是学校管理的最高机构，它由来自政府部门、其他大学、学术界、产业界、校友等的上百名代表组成；校长由总会选举产生，并对总会负责，且校长只是一种名誉，主要出席礼节性场合，不负责处理学校的具体事务。在法国，管理评议会是学校的最高决议机构，它的教师代表和学生代表占到代表总数的 70%左右；校长由管理评议会选举产生，并对管理评议会负责，且当选校长的首要条件是有专职教师身份。在德国，大评议会是学校的中央会议机构，负责制定学校的重要规章制度和选举学校相关管理人员；校长由大评议会选举产生，且当选校长的首要条件是具有教授身份。在我国，大学基本上分为国家设立和私人投资设立两种情况。私人投资设立的大学，其领导由校董事会产生，但这种高校数量少。我国大部分大学是由国家设立的，且大学领导是由政府部门任免的。2002 年 7 月 9 日，中共中央印发了《党政领导干部选拔任用工作条例》（中发[2002] 7 号），该条例第四条规定，政府直属事业单位的领导成员的选拔任用参照该条例执行。这说明大学党政领导的任免程序是按照政府部门党政领导的任免程序进行的，其任免是由大学主管部门决定的。在实践中，大学主管部门往往直接从教育部门选调官员到大学担任书记或校长。这种大学领导任免制度对大学管理异化的影响主要表现在：如果大学的书记和校长从心理上把自己当作政府官员，会在实际工作中多采取行政命令方式而缺少民主协商方式，并逐渐导致整个大学管理处于教条化局面；只对任免他们的政府部门负责，而很少从教师和学生的角度思考问题，尤其是部分书记和校长将大学作为仕途升迁的跳板，急于在短期内做出明显成绩，采取凌厉的行政手段对大学进行管理，如近年来大学刮起的大兴土木之风，与社会上片面追求 GDP 增长速度之风遥相呼应。由于我国国情不同，各项事业都必须坚持党的领导。我国高等教育的发展也必须坚持党的领导，而国家投资设立的大学的领导由政府部门任免是坚持党的领导的重要保障。通过与国际上教育比较发达国家的比较可以发现，这些国家大学的校长都是由学校内部选举产生，而我国大部分大学的领导则是由政府部门任免的，这可能是导致我国大学管理异化的重要原因之一。

其次，大学被划分为不同的行政级别。无论是在发达国家还是在其他发展中国家，大学在国家中的政治地位和政治待遇是相同的，并没有被赋予不同的行政级别。而我国则不然，大学被赋予了不同的行政级别。中华人民共和国成立以来，国家将大学纳入行政体制进行管理。大学被划分为不同的行政级别，对大学管理异化的影响主要表现在两个方面。一方面，在大学内部，学校的行政管理部门参照政府职能部门的级别设置，被划分为部级、厅级、处级、科级等，有的学校甚至设置了不同级别的调研员。这对学校的负面影响越来越大，行政人员的地位在明显上升，而教师的地位在隐性下降。另一方面，大学升格已蔚然成风，不少专业独具特色的高职高专升格为小而全的本科院校，而不少久负盛名的学院更名为大学。中华人民共和国成立以来，国家就将大学纳入行政体制进行管理，确立了重点大学建设制度，后来又陆续推出了"211 工程""985 工程"。不过在 20 世纪 80 年代的教育体制改革中，国家取消了大学之间的行政级别差异，将大学行政级别一律定为局级。但进入 90 年代，国家又将大学划分为不同的行政级别。1992 年，中央规定北京大学、清华大学等 14 所高校的党委书记、校长由中央直接任免，他们的职务按副部级配备，享受副部级待遇。这些大学被人们称为"副部级大学"。之后这样的大学陆续增至 39 所。目前，大学行政级别最高的为副部级。由于行政级别与大学的整体利益相关，所以不少低级别的大学也在向高级别努力。将大学划分为不同的行政级别有利于国家将有限的资源投入到重点大学进行重点建设。不过通过与其他国家大学的比较可以发现，大学被划分为不同的级别仍然是弊远远大于利，导致大学不是按教育规律办学，而是按行政指令办学。有学者对此作了描述："当下的大学，本身就是一级政府部门。由于高校拥有行政级别，校长或是副部、正厅的高官，由上级行政部门任命，所以，高校并非只有办学的属性，更具有强烈的一级政府部门的色彩。"[①]近年来，取消大学级别的呼声此起彼伏。不少学者对此提出了自己的看法。例如，学者黄达人认为："可以肯定，随着社会的发展，大学取消行政

---

① 熊丙奇. 走出一个时代的教育困惑[M]. 上海：中西书局，2011：104.

级别是最终的目标。我认为这是大势所趋，完全赞同。但同时，我们也必须看到，在现阶段，社会上各行各业都存在行政级别的大环境下，如果只是简单取消了大学的行政级别，不仅不会强化教育特别是高等教育的地位，反而可能会起到弱化的作用。因此，我认为，要实现取消行政级别的目标，必须与事业单位及其他行业的体制改革同步推进，从而逐步建立符合高校特点的管理制度和配套政策。否则，只谈取消高校的行政级别，会觉得有些突兀，容易引起误解。"[①]学者纪宝成认为："在全社会都以行政级别作为评价标准时，取消高校行政级别将贬低教育，导致高校无法与社会对接。"他还认为："取消行政化是努力方向，但不光教育，所有领域包括出版单位、报纸、研究院都要取消，才可行，否则是不可行的。当一个社会以行政级别来衡量所有人的社会地位时，取消高校的行政级别，就是贬低教育。"[②]学者朱清时表达了"去行政化的乐趣"："一个没有行政级别的人，在一个行政级别的社会中，变成了一个没有人管的人！""还有一次开会，因为我没有级别，把我排在最后面一排的最后一个……后来（主办方）也觉得过意不去，又把我调到了××学校的前面，排在××大学的后面。（笑）我有时也很抱歉，给他们添了这么多难题！"[③]可见，大学被划分为不同的行政级别的弊端是显而易见的，但是它又与大学的利益息息相关。大学被划分为不同的行政级别可能是造成大学管理异化的又一重要原因。

最后，政府部门对大学事务的干预。许多国家通过立法赋予大学自治地位，实现政府和大学关系的法律化，以避免政府对大学事务的不当干预。例如，德国于 1975 年颁布实施的《联邦大学大纲法》中就规定，"在法律规定范围内，大学享有自我管理权"，并在实践中得到很好贯彻。尤其是，不少国家通过社会中介组织以实现政府与大学之间关系的有效协调。例如，英国设有大学拨款委员会，它虽隶属于国家的教育和科学部，但却是独立的，其主要职责就是通过经费分配对入学提出学术建议，并影响到学校的调整和扩充；美国设有基准协会，它是由各大学组成的联合体，是一种民间自治组织，其主要职责就是依据一定的学术标准对大学进行评价，以促进大学不断提高办学质量；日本设有临时教育审议会、大学教育审议会等中介组织，就高等教育问题向国家有关职能部门提供咨询和建议。虽然我国有关法律也规定大学享有办学自主权，但在实践中并没有得到很好落实。如我国《高等教育法》第十一条规定："高等学校应当面向社会，依法自主办学，实行民主管

---

① 大学去行政化=弱化[N]. 南方日报，2010-03-09（A05）.

② 李立强.人民大学校长：取消高校行政级别将贬低教育[EB/OL]. http://www.china.com.cn/news/zhuanti/2010lianghui/2010-03/07/content_19544348.htm. [2016-12-20].

③ 邓江波. 朱清时：我能体会到去行政化的乐趣[EB/OL].南方都市报. http://edu.qq.com/a/ 20100304/000070.htm. [2016-12-20].

理。"受传统的谁投资谁管理意识的影响，人们普遍认为政府干预大学事务具有合理性[①]。在实践中，相关政府部门经常在大学的学科专业设置、招生条件和名额、教师聘用解聘、学位授予、项目审批、经费使用等诸多方面进行不适当的干预。这种干预在很大程度上影响着大学工作的方式方法，当政府部门以行政命令方式干预大学事务时，大学行政管理部门也往往习惯性的以行政命令方式予以贯彻[②]。并且将这种能够取得立竿见影效果的行政命令方式由行政事务扩散到学术事务，扩大了行政权力的行使范围，从而出现诸如要求每年必须完成一定量课题、论文等不尊重学术规律的事情。此外，目前我国政府部门与大学之间缺乏有效的中介协调机制，政府部门对大学的管理多是采取直接的行政命令方式。通过与其他国家比较可以发现，我国大学办学自主权没有得到很好落实，以及政府部门与大学之间缺乏有效的中介协调机制，直接造成政府部门对大学事务的不当干预，这可能也是导致大学管理异化的重要原因。

2）现实因素

现实的经济因素是大学管理异化的内在驱动力，其对大学管理异化的影响是基础性的，主要表现在以下两个方面。

一方面，市场经济不完善。在欧美国家和地区，以及日本、澳大利亚等国，由于市场经济完善，大学人才资源的流动比较合理。而在我国，由于市场经济不完善，大学人才资源的流动就存在一些问题。在市场经济条件下，人才作为一种人力资源，也是一种资本，具有逐利性，努力追求现实的物质利益，向着最有利于获得物质利益的方向流动。在完善的市场经济条件下，人才流动除了考虑经济因素，还要结合自身的兴趣、能力、国家需要等因素。而在不完善的市场经济条件下，经济利益成为人才流动的唯一指向标。在大学，人才的内部流动也主要以经济利益为指向标。在我国，市场经济不完善对大学管理异化的影响主要表现为人才的不合理流向。教师拥有行政身份，往往在办公条件、用车、公费出差等方面具有优势，有些学校行政管理人员的奖金（津贴）甚至比同级别的普通教师高，这些导致了普通教师努力向行政管理岗位流动的现象，甚至出现多名教授争抢一个职位的现象。在不完善的市场经济条件下，大学人才向着最有利于获得经济利益的行政管理岗位流动，这使得大学管理出现异化。

另一方面，行政权力可以为学校获得更多利益。大学经费包括政府拨款、收取学费、为社会提供服务而获得的报酬、社会捐赠、承担课题的经费

① 刘家明，巫春华. 我国高校非行政化改革：内容与特征[J]. 福建师范大学学报（哲学社会科学版），2010，（4）：29-33.
② 钟秉林. 关于大学"去行政化"几个重要问题的探析[J]. 中国高等教育，2010，（9）：4-7.

等各种形式。在发达国家，除了政府拨款，大学往往依靠自身的学术实力获得更多的其他形式经费。例如捐赠，大学往往是以自己的科研成果或知识产权为交换条件，获得额外的捐赠。1996 年，美国哈佛大学主要以自身的学术实力获得 90 多亿美元捐赠，位列全美第一。相比之下，我国大学获得各种经费主要依靠的不是学术实力，而是行政权力。大学的行政权力能够为学校获得更多的物质利益甚至学术利益，而学术权力却较少能给学校带来物质利益，即使其带来的学术利益也需要直接或间接借助行政权力才能获得。因而，从整体上看，尤其是从最近十多年的情况来看，大学的行政权力为学校的发展做出了重要贡献，这为大学管理异化找到了借口。

3）文化因素

文化因素是大学管理异化的历史积淀，其对大学管理异化的影响是潜移默化和深远的，主要表现在以下两个方面。

一方面，社会上存在着浓厚的行政文化。在国外，行政文化只存在于政府部门，在企业及各种社会团体中并不存在。虽然这些组织中也存在管理活动，但这种活动与政府的行政管理有着本质区别。而在我国，行政文化却很浓厚，弥漫于各种组织。自中华人民共和国成立以来，我国社会的各种体制在本质上是以行政关系为中心的，只不过有的表现直接一点，有的间接一点。具体地，无论是个人身份还是社会组织都以行政关系为价值取向，表现出很强的行政化特征。在个人身份方面，我国主要是个行政身份社会。一个人在不同的社会关系中具有不同的身份，如领导与下属、教师与学生、父母与子女等，以及局长、教授、研究员、工程师等，在所有这些身份中，行政身份往往最令人敬畏和神往，具有最终的价值判断意义。拥有一个行政身份对于一个人提高自信心和成就感具有重要意义。在社会组织方面，在我国依靠国家财政支持的组织，无论是经济性组织还是教育性、学术性等组织，甚至一些群众团体，都被纳入国家行政管理序列。具体地，我国的国有企业、各种科研院所，以及工、青、妇、基金会等，都被赋予不同的行政级别。在个人身份和社会组织全面行政化的大背景下，大学要独善其身谈何容易。有学者认为，全社会都以行政级别为导向，单独取消高校的行政级别就是贬低教育。可以说，社会上各种各样的行政化是导致大学管理异化的肥沃土壤和深厚根基。

另一方面，大学中存在着严重的官本位文化。发达国家的大学始终坚持着大学自治、学术自由的文化传统。这一点从它们的校训就可见一斑。例如，美国哈佛大学的校训就是"以柏拉图为友，以亚里士多德为友，更以真理为友"；德国柏林自由大学的校训是"真实，公平，自由"。而我国大学却存在着严重的官本位文化。官本位文化主要表现为学而优则仕的官本位意识和敬畏官员的社会心理。

在学而优则仕的官本位意识方面，在我国，这一意识经过几千年的演化，已成为一种稳定的价值观对人们产生影响。在生产力低下的农业经济时代，社会分工比较单一，读书人所读的几乎都是"四书五经"等圣贤之书，如果"学而优"，所学在体力劳动领域也几乎无所用，走上仕途是不二的选择。但是在生产力高度发达的现代社会，在各行业都需要"学而优"的人才条件下，学而优则仕意识如果继续作为一种价值观影响着人们的思维习惯和行为方式，这在理论上是不可能的，也是不可取的。然而实际情况是，这种意识不但没有被根除，反而仍为大多数人所认同。在大学，学而优则仕的官本位意识同样存在，许多在学术上有一定造诣的教师往往都拥有行政身份，有的甚至直接在政府部门兼职。从教师角度看，一个普通教师在享有一定的学术声誉时，往往对自己的领导能力也会充满信心。当有机会可以担任行政职务时，他就会乐于接受，或基本上不会拒绝，即使拒绝，对他来说很可能也是一个痛苦的抉择。从学校角度看，学校在选拔后备干部时，往往将那些在教学或科研方面做出显著成绩的教师作为对象，认为大学的基本功能就是教学、科研等，那么在这些方面做出显著成绩的教师当然最具有资格去担任行政职务，这才符合任人唯贤准则。同时，学校在奖励和激励人才及留住人才时，也往往采取授予行政职务的方式，认为这样是在尊重人才。所有这些都是官本位意识在大学领域的反映。可以说，学而优则仕的官本位意识是导致大学管理异化最深厚的文化根基。

在敬畏官员的社会心理方面，与官本位意识密切相关的是敬畏官员的社会心理。在我国，数千年的阶级压迫社会实行的一直是神圣庄严的君权统治制度，君君、臣臣、父父、子子等层次分明，等级森严。长此以往，人们就逐渐产生了一种"对上"敬畏的心理，尤其是对官员敬畏的心理，奉行"官为上、官为准"的处事原则。这种心理延绵数千年，并且相当稳定，成为一种文化现象。受此影响，在大学，敬畏官员的心理也普遍存在。当普通教师到有关行政管理部门办事时，通常以处长、科长等行政职务称呼对方，而不以老师称呼对方，以示敬意；个别教师的学术成果被行政人员侵占时，他们可能会采取忍气吞声的态度。当然，也有个别教师对官员没有敬畏心理，而且对官员的教条化的或专断式的管理做出反抗，但结果往往并不理想，这又从反面强化了人们对官员的敬畏心理。教师对行政管理人员存在着敬畏心理，这使得教师参与学校管理难以实现，更无法监督行政管理人员的行为，结果造成大学管理的异化在无内部力量约束下蔓延。

四、大学管理异化的消除

根据大学管理异化产生的原因，其消除的途径可以分为根本途径和直接途径。

1. 大学管理异化消除的根本途径

既然大学管理异化的根本原因是自然形成的分工造成的部分教师与教学和科研岗位相分离，那么要从根本上消除这种异化，就必须在社会生产力发展的基础上，消灭这种自然形成的分工。"个人力量（关系）由于分工而转化为物的力量这一现象，不能靠人们从头脑里抛开关于这一现象的一般观念的办法来消灭，而只能靠个人重新驾驭这些物的力量，靠消灭分工的办法来消灭。"[①]而要消灭这种自然形成的分工，就必须使大学管理与教学和科研岗位相联合形成真正的共同体，"在真正的共同体的条件下，各个人在自己的联合中并通过这种联合获得自己的自由"[①]。这样，自然形成的分工被出于自愿的分工取代，大学管理人员不再受限于特殊的管理范围，而是可以随着自己的兴趣在教学、科研等岗位自由发展。当大学管理人员与教学和科研岗位人员实现了这种联合，那么大学管理中存在的官本位严重、教条化突出、效率低下等各种异化现象也就会从根本上得以消除。

2. 大学管理异化消除的直接途径

1）大学管理异化的消除要按照两条主线开展

首先，大学管理异化消除的理论与现实条件。我国的教育界学者或者专家在很早就已发现了大学管理异化等问题，尽管意见不一致，但出发点是好的，他们都针砭时弊地指出了大学行政管理体制中存在的痼疾，主张对当前管理异化问题进行反思，提出对策及尽快改革相应制度以适应新形势下大学发展的要求。但是从整体来讲，人们对消除大学管理异化的研究不够深入，理论也缺乏系统性，这需要引起更多教育人士的注意并开展研究，从而形成完整而科学的理论体系。只有明晰理论和现实条件，才能更有针对性地开展教育行政体制改革。①面对当前大学管理异化的趋向，我国教育界专家和学者经过多年的摸索，对消除大学管理异化已经初步形成了共识，即当前大学管理异化导致了学术权力受到侵蚀，需要去行政化，倡导学术之风。②关于如何消除大学管理异化，也有了政府的力挺，即"探索建立符合学校特点的管理制度和配套政策，逐步取消实际存在的行政级别和行政化管理模式"。③我国

---

① 中共中央马克思、恩格斯、列宁、斯大林著作编译局. 马克思恩格斯文集（第 1 卷）[M]. 北京：人民出版社，2009：570-571.

教育已经具备了基本的法律保障，如《高等教育法》等法律法规。有了以上基础条件，我国消除大学管理异化的措施才能得到执行，我们才能按照下面两条主线开展消除大学管理异化的改革。

其次，政府的工作主线。对于大学管理异化的消除，我国政府的工作主线和任务是：通过科学规划和统筹安排，推出一系列推动消除大学管理异化的系列政策和意见，指导中央和地方各大学加强教育改革，通过改革消除大学管理异化，逐步探索和建立符合大学特点的管理制度和配套政策，为最终建立现代大学制度服务。

长期以来，受严重的计划经济体制的影响，大学一直实行高度集权的行政管理体制，作为一级事业单位，各厅级甚至部级大学都隶属于各省（自治区、直辖市）、国家各部委，行政事务在等级严格的行政体制下运行，学校成为一个行政组织，大学是党委领导下的校长负责制，下面有副校长、教务处长、人事处长、组织部长、财务处长等一系列行政领导，官本位思想、等级观念根深蒂固，有些行政干部处理各种大学事务带着明显的上下级观念，对于学术和一线教师是管理而并非服务的理念，这就导致大学中行政部门有官僚化倾向。作为学术活动主体的普通教师，在申请教育资源和教学、实践经费等方面受行政机关管理，大学的行政权力干涉学术权力的现象时有发生。

我们坚持大学管理异化的消除，就是需要政府通过制定政策进一步落实和放宽大学的办学自主权，减少教育行政部门对大学自身发展的过度行政约束，发挥大学自身的能动性。同时对于大学内部的行政管理，要提倡以人为本，虽然学术权力需要行政权力的引导，但是大学管理者对各专业教师的学术活动做出正确的评价，必须借助专家力量，即需要学术权力的介入，并提倡减少大学行政机关对学校内部学生权力和科研的过多审批与干涉。

最后，大学自身的工作主线。有了政府提供的良好政策环境，真正落实则需要大学的高效执行力。具体到大学自身，应该通过摆脱大学内部行政管理体制的束缚，大胆创新教育管理理念，建立科学的教育管理体系，从而实现高等教育的目标，为我国培养社会发展需要的综合型人才。

创新工作理念，重点需要大学敢于推陈出新，结合管理体制内存在的问题，针砭时弊提出改革的措施，使大学自身内部管理体系的各环节能很好地适应大学的发展，满足学校的管理要求；要赋予大学内部足够的学术权力，提升教师在大学教育管理中的地位，以真正实现大学教育管理的民主化、科学化；另外要深化大学内部行政管理体制改革，使之适应当前大学教育的需要。要突破现有制度中不合理或不合时宜的瓶颈，清除改革路上的一切羁绊，最终达到精兵简政、建立服务型大学行政管理体制的目的，实现大学行政管理的转型。

2）实现消除大学管理异化需抓好四个重要导向

首先，政策导向。实现大学管理异化的消除，政策导向是前提。没有科学可行的政策扶持，大学消除管理异化的阻力可想而知要走很多弯路，我们所说的政策导向就是制定和推行一系列的改革措施，加上之前已经提出的科教兴国战略和教育改革等政策意见，这些为消除大学管理异化提供了可靠的政策保证。因此，政府必须做好顶层设计，要从国家和民族高度制定完备的措施，保证消除大学管理异化措施能够有效实施。

其次，法制导向。实现大学管理异化的消除，法制导向是保障。消除大学管理异化要站在法制的角度想问题和解决问题，我国的《宪法》《高等教育法》等法律法规早就明确赋予了学术自由不受干涉的权利，国际上也达成了共识，但目前看，还不能完全满足改革的需要，因此大学的行政机关在大学学术事务中的作用要坚持服务而非管理原则，维护学术自由，同时还需要政府制定相应的法规和规章进一步完善法律保障机制。

再次，宣传教育导向。实现大学管理异化的消除，宣传教育导向是助推器。消除大学管理异化是一个长期的过程，需要上上下下各方面、各部门的鼎力支持才能完成。因此，前期做好宣传教育工作必不可少，大学必须坚持学术的主体地位，渲染更加浓郁的学术氛围，改变行政泛化的管理体制。要抓好宣传教育工作面临的问题不少，比如各个大学观点并不统一，一些大学的校长未正确认识其重要性。因此要理性看待改革的阻力，做好动员工作。另外，消除大学管理异化的目标导向是去"过度"的行政化，建立服务型的行政管理，并非全部取消行政的作用。

最后，监督评估导向。实现大学管理异化的消除，监督评估导向是标准和手段。没有有效的监督和评估，消除大学管理异化就无法做出阶段性的调整与整改，也就无法尽快地完成改革任务。政府教育行政机关要督促消除大学管理异化的进程。评估的目的是在消除大学管理异化的过程中减少相关风险，建立更科学的实施细则和评估体系。

3）大学管理异化的消除需注意的两个问题

一是大学管理异化的消除要坚持科学性原则。一项工作任务需要完善的评估机制作保障，良好的机制产生良好的结果。另外，评估过程中要拧干数据的水分，把整个监督和评估过程作为一个消除大学管理异化的考核过程，一步步去完成，不断吸取改革的经验，对于一些措施在改革中出现偏差的情况，要在反馈时及时调整和纠正，防止脱离消除大学管理异化改革的本身，要吸取之前教育教学评估的经验教训，不流于形式，评估的结果要注重实效。

二是大学管理异化的消除要坚持以人为本、注重服务的原则。改革者和执行者要有教育家的气度和策略。改革最忌违背科学规律，不切我国教育实际、盲目搞一刀切，这只会欲速不达，违背消除大学管理异化改革的初衷和主旨，因此循序渐进才是消除大学管理异化的根本原则。

第三章　大学科学研究功能异化

第一节　大学科学研究功能概述

一、大学科学研究功能的内涵

科学研究是大学的基本功能之一，是大学区别于小学、中学及一般的职业培训学校的本质特征。所谓科学研究，"我国教育部的定义是：'科学研究是指为了增进知识包括关于人类文化和社会的知识，以及利用这些知识去发明新的技术而进行的系统的创造性工作'"[①]。它是一个在实践中不断发现问题、追求未知、探究规律的过程。可见，科学研究实际上也是一种劳动。

科学研究作为大学的一项基本功能被确定下来要归功于德国大学。有研究认为，德国于 1694 年建立的哈勒大学是科学研究功能的孕育之地，1711 年该校的冈德宁教授在一次演讲中说，"大学教师不能像以往那样充当着传递权威真理的角色，教师的责任就在于教育和引导学生发现真理"，[②]这被解读为大学重视科学研究的开端。"从冈德宁教授的话可以明显了解到这样的信息：大学不仅要传播知识，更要研究学问，发现真理。这说明研究已是大学人生活中的一个重要组成部分。"[③]1810 年，洪堡创建了柏林大学，他正式将科学研究作为大学的一项基本功能确定下来。洪堡认为高校"无非是具有闲暇，或有志于学术和研究之辈的精神生活"，"高等学术机构的作用，由内而观之，在于沟通客观的学术和个人的修养"[④]。可见，洪堡将大学视为天然的科学研究场所。科学的本质是"求真"[⑤]，在洪堡看来，大学的科学研究也离不开这一本质，"不求外在的目的"，仅仅出于"对活动对象本身的兴趣"[⑥]。

关于大学科学研究功能异化的定义，根据大学基本功能异化的定义，可

---

① 戴菁. 协调教学和科研的关系[EB/OL]. 学习时报. 中共中央党校[2011-10-03]. http://www.ccps.gov.cn/ lps/ jxgz/ 201209/t20120918_25887.html[2017-01-17].
② 李子江. 学术自由在美国的变迁与发展[M]. 北京：北京师范大学出版社，2008：29.
③ 徐超富. 大学科学研究：类型、特点及原则[J]. 湖南师范大学社会科学学报，2010，（4）：79-81.
④ 陈洪捷，施晓光，蒋凯. 国外高等教育学基本文献讲读[M]. 北京：北京大学出版社，2014：132.
⑤ 徐琼，等. 科学与公众，走进互通时代[J]. 新华文摘，2006，（15）：38-39.
⑥ 陈洪捷. 德国古典大学观及其对中国的影响（修订版）[M]. 北京：北京大学出版社，2006：61.

以将其表述为：在大学发展到一定阶段以后，其科学研究功能逐步丧失了其产生的初衷，成为一种独立于大学人的支配力量，从而阻碍、扭曲了大学科学研究功能作用的正常发挥，同时也促使大学通过不断改革和完善以消除这种力量。这一定义同样强调了大学科学研究功能异化的社会性、历史性、积极性等特点。此外，这一定义也同样包含了应然与实然的辩证关系，也就是，人们在大学科学研究功能产生时都抱有一个美好的初衷，即应然，也就是人们期盼着通过大学科学研究功能所达到的预期效果，然而，大学科学研究功能在实际的发挥过程中，逐渐发展成为独立于大学人的支配力量，即实然，换言之，大学科学研究功能的现实状况与人们的初衷背道而驰了。

二、大学科学研究的类型

目前，一般认为，科学研究可以分为基础研究、应用研究、开发研究等。这种分类宏观上是依据科学的分工、经济社会发展的当前和长远的需要而定的，微观上是依据人们认识活动的性质、目的、任务等的不同而定的。最早对科学研究进行分类的是万尼瓦尔·布什，其在《科学：没有止境的前沿》中将科学研究分为基础研究和应用研究两类。这一理论影响了许多国家的科技政策，并形成了由基础研究—技术创新—开发生产转发的发展模式。[①]联合国教科文组织在制定科学研究与开发（R & D）统计标准时，进一步把科学研究划分为基础研究、应用研究、实验发展研究（我国称为开发研究）三类。

关于基础研究（fundamental research），联合国教科文组织下的定义是：主要是为了取得现象和观察事实的基本原理的新知识，而进行的实验性或理论性的工作，不以任何专门和具体应用和使用为目的。其主要以自然、社会、人文、物质运动等为研究对象，旨在科学地认识和把握这些对象的基本规律。"基础研究的重要性是不言而喻的，它是人类文明进步的动力，是科学技术和经济发展的源泉，是造就杰出人才的原种场，是孕育新学派的温床。一般来说，一个国家的经济发展是取决于科学技术的进步，而科技创新与科技的实力又取决于基础理论研究的储备。所以，一个国家如果没有雄厚的基础学科，要想在未来 50 年内建立先进性的、有代表性的、世界一流的工业，希望是极其渺茫的。"[②]不过，基础研究的特点是投资大、周期长、失败的可能性很大等，尤其就是在研究之初，它看起来玄之又玄，很难发现有什

① V. 布什. 科学：没有止境的前沿[M]. 范岱年等译.北京：商务印书馆，1980：55.
② 刘道玉. 论重点大学科学研究的使命[J]. 高教探索，2006，（2）：4-8.

么应用价值和前景；只有当它找到应用突破口时，它的震撼力才为人所知晓。对此，富兰克林关于"婴儿有什么用"的故事很能说明问题。据说一位贵夫人在参观富兰克林的实验室时问道："你做的这些工作有什么用途？"富兰克林反问道："婴儿有什么用？"这个回答反映了科学研究的一个普遍规律，即科学研究在刚开始时很难预见它的应用价值，而一旦发现用途就会价值连城。当初富兰克林发明的避雷针已造福千家万户，第一个和第二个诺贝尔物理奖获得者伦琴和劳伦茨发现了 X 射线和电磁场理论都属于这种情况。可见，基础研究的价值绝非应用研究和开发研究可以比拟，也绝非靠"短、平、快"就能产出成果。这就要求研究者在研究过程中不能抱有急功近利的态度，要耐得住寂寞，要甘愿十年如一日地坐冷板凳，要为了学术而学术、为了知识而知识、为了真理而真理，做到研究本身就是目的。当然，外界还要为研究者营造一种轻松、自由的研究氛围。

关于应用研究（applied research），联合国教科文组织下的定义是："旨在增加科学、技术知识的创造性的系统活动，但它考虑到某一特定的实际目标。"简而言之，就是把基础研究中取得的成果应用于社会实践。这一研究的特点是有较明确的应用前景或服务方向，即将科学成果转化为物质成果，或者说将学术产品转化为物质产品。应用研究与基础研究的主要区别在于它们的目的性不同，如果进行研究时已考虑到某一特定的实际目标，那么这一研究就是应用研究，反之则是基础研究。

关于实验发展研究（experimental development），联合国教科文组织下的定义是："运用基础研究与应用研究及实验的知识，为了推广新材料、新产品、新设计、新流程和新方法，或为了对现有样机和中间生产进行重大改进的任何系统的创造性活动。"简而言之，就是把基础研究和应用研究的成果进一步扩大化、工厂化、企业化和社会化。实验发展研究与基础研究、应用研究的主要区别在于：基础研究和应用研究主要是增加科学、技术知识，而实验发展研究主要是推广诸如新材料、新技术的应用。目前，为了加快科技成果转化，许多大学与企业的联系越来越密切，甚至不少大学还办起了自己的科技园，这为大学加强科技开发研究提供了强大的动力和坚强的保障。

将科学研究划分为基础研究、应用研究和开发研究的意义在于，不同类型的大学要根据自身的不同情况侧重不同类型的科学研究。"目前，我国出现了'985 工程'大学、'211 工程'大学，这类大学，一般以基础理论研究为主，适当地开展理论应用研究，大学类型不同，它的研究也有所侧重，如工科型大学，它则应以理论应用研究为主，适时地开展基础理论研究和科技开发研究。省级及以下大学属于教学型大学，以教学为主，兼有科学研究，但其重点应放在理论应用研究、科技开发研究和教学研究上。不论是研究型大学、教学研究型大学,还是教学型大学,一方面不可全线出击,基础、应用和开发一起上,要根据自身大学的定位选准研究取向;另一方面,根据大学学科重点、优势和特色,开发重点、优势和特色研究,走特色之路,切忌全面开花。"①实践中,许多大学就是因为过于迷信科研指标,不顾自身实际情况而盲目地制定过高的科研目标,在有形或无形中逼迫、驱使教师开展科学研究,从而在很大程度上造成科学研究功能的异化。

三、大学科学研究的特点

大学是学者的共同体,这种学者既包括教师也包括学生,并且大学规模一般比较大,这使得大学在科学研究方面与其他学术机构相比,呈现出一些特点。

第一,科学研究的教育性。这种教育性的含义是,"大凡一项活动只要对人的灵魂有触动,使人性有向善、思想有启迪、觉悟有提升、行为有向美、知识有长进、思维有变化、能力有发展、体能有改进,我们认为这项活动就起了积极作用,产生了积极影响,产生了教育效果,具有教育性"①。教育性是大学科学研究的基本特征,洪堡将科学研究确定为大学基本功能之初就是想让研究为教学服务,强调研究与教学相统一。也就是,科学研究不能离开育人这个中心而独立进行。这是从理论角度看,从实践角度看,科学研究也必然具有教育性,即"大学的教师既是教师,又是学者,一身多职,一人多角色,他们是学者化教师,也是教师化学者。因此,作为一个人,一个教师,一个学者,你怎么能够把一个人的智商与情商、一个教师的教书与育人和一个学者的研究与教学进行肢解,让一个被肢解的人(教师或学者)出现在学生面前呢?这显然是不能的!既然不可被肢解,他们就必须完整地出现在学生面前。这种完整就是指教学、研究与培养(育人)的结合。而教学是有教育性的,既教书又育人,这是人们的共识,不证自明"②。科学研究的教育性具体表现为科学研究中存在着德智体美劳等教育因子,并且这些教育因子在科学研究中具有积极影响;从文化角度看,科学研究具有人性陶冶的意义和文化熏陶的价值;在思想启迪方面,科学研究对于人们的世界观、人生观、价值观等的建立和形成具有重要意义。①

第二,科学研究的基础性。大学的科学研究虽对基础研究、应用研究和开发研究三个方面都有所涉及,但主要以基础研究为主,这主要是因为基础

---

① 徐超富. 大学科学研究之教育意蕴[J]. 湖南师范大学教育科学学报, 2011, (1): 20-27.
② 徐超富. 大学科学研究:类型、特点及原则[J]. 湖南师范大学社会科学学报, 2010, (4): 79-81.

研究的性质和大学自身逻辑的必然。基础研究往往耗时十几年基本几十年才能有效果，还有可能研究一辈子也不会出成果，这就要求研究者能够长期甘于寂寞，能够顶住来自工作和生活方面的压力。而教师不是一个专职研究者，具有双重身份，既是研究者，又是教师。这样教师可以在很大程度上通过教学来获取生活的经济来源，这相比那些单纯地通过科研来获取生活的经济来源的专职研究者而言压力要小得多。可见教师最适合于开展基础研究。此外，在基础研究方面，大学相比其他学术研究机构具有明显的优势，如大学不但学科众多和齐全，而且许多学科都是基础性学科；大学人才荟萃，教师和学生都可从事研究，研究力量雄厚；大学既有开展基础研究的先进设施，又有重视基础研究的历史传统。从世界范围看，各国都比较重视大学的基础研究。例如，2003 年，美国、日本、法国和德国投入到企业、政府研究机构、民间研究机构和大学的基础研究、应用研究和开发研究的经费中，在基础研究经费占各组织机构经费总额方面，大学所占的比例明显高于其他组织机构，其中美国大学的基础研究经费占比为 74.4%、4.0%、26.2%和 53.0%；日本大学的基础研究经费占比为 55.0%，而企业、政府研究机构、民间研究机构分别为 6.0%、30.9%和 18.7%；法国大学的基础研究经费占比为 87.2%，而企业、政府研究机构、民间机构分别为 3.8%、23.1%和 41.9%；德国大学的基础研究经费占比为 72.4%，而企业和政府研究机构分别为 4.8%和 35.1%。[1]此外从美国大学历年在基础研究、应用研究、开发研究方面的经费构成可以看出，基础研究的经费总体上呈不断增加趋势，从 1981 年到 2003 年，从 66.9%增长到 74.4%。[1]就我国而言，大学在基础研究方面也获得了较大发展，"建立了侧重基础研究的国家重点实验室 103 个，占全国总数的近 2/3；承担国家自然科学基金项目 2/3 以上，承担国家'863''973'计划项目 2/5 左右；发表的科学论文，被 SCI 收录的，占全国的 70%左右"[2]。2003 年，在国家自然科学奖、发明奖、科技进步奖方面，大学获奖数分别占全国的 1/2、3/4、1/2 以上，而且总趋势呈现逐步增长势头[3]。

　　第三，科学研究的综合性。大学的科学研究规模可以以第二次世界大战为界。在第二次世界大战之前，大学的科学研究具有"小科学"的特点，即以专门化的分门别类研究为主要特征，多数是教师个体基于兴趣而开展的小规模研究，基本上无经费资助，只是偶尔会有小规模的资助，一个项目参与的人员也较少。而第二次世界大战以后，大学科学研究的"大科学"特点越

① 胡建华. 大学科学研究的性质、地位、作用之比较分析[J]. 高等教育研究, 2006, (5): 29-33.
② 张酉水. 充分发挥高等学校基础研究主力军作用[J]. 中国高等教育, 2004, (13-14): 25-26.
③ 教育部科学技术委员会. 新时期高校科技工作的指导思想与战略目标[J]. 中国高等教育, 2004, (12): 5-6.

来越明显，即以跨学科、跨行业、跨国的综合性研究为主要特征，多数研究已不再是基于教师个人的兴趣，所获得的资助规模呈膨胀之势。一个项目往往需要众多具有不同学科背景的人员参与。"高等学校学科门类多，研究机构众多，科研人才聚集，信息渠道广泛，能够适应现代科学技术发展既高度分化又高度融合的趋势。除了开展各学科自身的研究，还适合开展跨学科、跨企业、跨领域的综合性研究。"①例如，从 2000 年起，麻省理工学院和瑞典皇家工学院等四所大学共同开展的跨国研究，获得有关基金会近 2000 万美元巨额资助，经过四年的探索研究，创立了 CDIO［代表构思（conceive）、设计（design）、实现（implement）和运作（operate）］工程教育理念，并且于 2004年成立了以 CDIO 命名的国际合作组织②。

当前，我国大学在开展科学研究过程中，往往就是因为没有认清科学研究的特点，从而在管理中忽视对科学研究运行规律的探索和把握，最终在一定程度上造成了科学研究的异化。

四、大学科学研究的原则

大学科学研究的原则是指根据大学科学研究的性质、特点、大学在国家经济社会发展中的地位和作用，在长期实践中抽象概括而成的大学科研工作应遵循的基本要求或指导思想。具体地，大学科学研究应遵循以下原则。

第一，教学与科研相结合原则。这一原则早在洪堡将科学研究作为大学基本功能之一时就确定下来。教学和科研之间是辩证统一的关系，要进行科学研究，"必须通过教学获得间接知识作为基础，没有这个基础，就无法进行科学研究，从这个意义上说，教学是科研的基础，科研是教学的发展和提高，也就是说，在教学基础上开展科研，又要在科研的指导下进行教学。科研和教学的这种源与流、提高与基础的关系，反映了高等学校中教学和科研的内在联系，这种内在联系是高校科研和教学结合的基础"③。当前，我国为了增强自主创新能力，急需高素质的创新型人才。而创新型人才的培养就需要创新性的教学，创新性教学主要是教学内容和教学方法要有创新性，这离不开创新性和科学研究作为支撑。也就是说，当前更加迫切地需要将教学与科研紧密地结合起来，使二者良性互动，既能培养出高素质的创新型人才，又能产生具有创新性的科研成果。而在实践中，教学与科研不是紧密结合，而是在一定程度上出现了背离，尤其是出现了过于重视科研而忽视教学的情

---

① 杨德广，谢安邦. 高等教育学[M]. 北京：高等教育出版社，2009：479，487.
② 周光礼，胡海青. 建设中国高校战略能力：一种创新教育技术的构建[J]. 湖南师范大学教育科学学报，2010，（1）：5-11.
③ 张锡忠. 谈高校科学研究的原则[J]. 聊城师范学院学报（哲学社会科学版），1988，（2）：94-97.

况，从而导致人才培养质量滑坡和科研成果质量不高的后果，也是导致大学人才培养和科学研究异化的重要原因。当前，在处理教学与科研的关系上，教育界提出一种"以教学为中心，以科研为重心"的似是而非的观点。实际上，在大学里教学永远是中心工作，当科研与教学相比时，教学仍是重心，而非科研是重心；只有当科研与大学里的其他工作，比如后勤、基建、工会等相比时，才可能是重心。

第二，基础研究与应用研究、开发研究相结合原则。基础研究与应用研究、开发研究也是密切相连的，基础研究是应用研究、开发研究的基础，而应用研究、开发研究又为基础研究不断提供新的研究课题。确立这一原则的主要原因，一是国家政策要求，1985 年的《中共中央关于科学技术体制改革的决定》中明确指出："高等学校和中国科学院在基础研究和应用研究方面担负着重要的任务。""在大力推进技术开发工作的同时，加强应用研究，并使基础研究工作得以稳定地持续发展。"2004 年，教育部科学技术委员会指出："高等学校不仅在教育事业中居于重要地位，是培养高级专门人才的摇篮；在我国科技创新体系中也是一支核心力量，是基础研究的主力军，高新技术研发的重要方面军，成果转化与产业化的强大生力军。"[①]二是现代科学技术发展需要。现代科学技术日新月异，由基础研究到应用研究再到开发研究，周期越来越短，相互间的融合越来越深入，将它们截然分开越来越困难。三是大学社会服务职能拓展的需要。随着大学由社会的边缘走向中心，其为社会提供服务已不限于通过人才培养、科学研究这些间接方式，而拓展为通过产、学、研相结合等直接方式。在实践中，由于应用研究、开发研究具有"短、平、快"的特点，即大学针对国家和社会急需解决的新产品、新工艺、新材料、新设备、新方法等开展科学研究，需要较少的人员、较少的投资，在较短的时间内就会取得较好的效果，因而有些大学都比较重视和喜欢这些方面的研究。相比较而言，基础研究却不那么受欢迎。这可能在一定程度上造成了大学科学研究功能的异化。

第三，纵向课题、横向课题、自选课题结合原则。当前大学研究的课题主要来源大致可分为纵向课题、横向课题和自选课题。纵向课题也称规划课题，是国家和地方各级行政部门根据经济社会、科学技术等发展的需要，通过专家评审而立项的课题，它一般有经费资助，并有相对严格的管理程序。横向课题是指企事业单位及其他多种团体和组织为解决自身存在的科学问题，委任科研单位或科研个人进行研究的课题，它一般以应用研究和开发研究为主，并由委托方提供经费支持。自选课题是指研究人员基于自己的兴趣

---

① 教育部科学技术委员会. 新时期高校科技工作的指导思想与战略目标[J]. 中国高等教育，2004，（12）：5-6.

和能力，根据经济社会、科学技术发展的需要而确立的研究课题，它一般没有经费资助，即使有资助，额度也不会大。在实践中，纵向课题被划分为厅（局）级、省（部）级、国家级等不同级别，级别越高所获得的经费资助额度就越大，并且这类课题具有相对严格的管理程序而具有相对权威性，一所大学所获得的该类高级别课题数量的多少及所获资助经费数量的多少，对大学的科研水平和科研实力具有标杆意义，因而纵向课题成为各大学努力争取的对象。横向课题虽有经费资助但无行政级别区分，而自选课题虽有行为级别区分但无经费资助，因而它们在大学中所受重视程度远远不及纵向课题。这一点单从职称评定中就可看出，大学在职称评定时，在科研业绩考评方面，往往只将纵向课题纳入考评范围，而横向课题、自选课题则不在考评范围之内，这使得大学教师为了职称不得不努力申报高级别的纵向课题，而横向课题和自选课题相对受到冷落。实际上，纵向课题与横向课题、自选课题在人才培养方面的作用及对社会的价值等往往是没有什么区别的，三者之间是紧密相连的，如果人为地将它们割裂开来，厚此薄彼，则在一定程度上也会造成大学科学研究功能的异化。

第四，学术目标与经济社会效果相结合原则。大学作为一个学术机构，科学研究是其基本功能之一，追求学术目标是大学的应有之义。但是随着社会经济的发展，尤其是在市场经济条件下，大学的科学研究必然要走出象牙塔，在开展科学研究的同时要考虑经济社会效益，增强成本效益观念，估算投入与产出。从国家政策导向看，也是鼓励科技人员充分发挥自己的聪明才智，积极开展有偿服务活动，献身祖国的四化建设。大学在开展基础研究时，可尽可能地根据经济社会发展的实际需要，考虑它的应用价值或实践意义，努力做到间接地为经济社会发展服务。大学在开展应用研究和开发研究时，要尽量与企业等开展横向联合，直接为社会提供有偿服务，可以采取担任技术顾问、举办技术培训班、业余兼职等多种服务形式。总之，大学的科学研究在追求学术目标时，要将潜在的生产力转化为现实的生产力，以求最佳的经济社会效益，则可尽量避免科研成果虽多但多数被束之高阁的尴尬局面，如果学术目标与经济社会效益相脱离，可能会在一定程度上造成大学科学研究功能的异化。

五、国外大学科学研究情况

这里主要介绍美国、英国、加拿大、日本等发达国家的大学科学研究情况。

第一，美国大学的科学研究情况。美国建国初期，仅有十多所大学，当时大学的主要职能就是教学，也有一些零星的科学研究，但其主要是教师基于自己的兴趣爱好开展的，在很大程度上属于教师的私事。随着社会的发展，到了 19 世纪中叶，社会需要大量的科学家和专门技术人才，对大学的科学研究活动提出了明确要求。1876 年，霍普金斯大学率先效仿德国大学创办了研究生院，通过科学研究活动培养社会急需的人才。19 世纪末 20 世纪初，一些实力较强的大学在政府和企业资助下，建立了稍具规模的实验室，主要从事基础研究和应用研究。不过，直到第二次世界大战，美国大学的科学研究无论是在参与人员方面还是资金投入方面都无法与当时欧洲发达资本主义国家相比，其在大学里的地位并不突出，教师的个人兴趣在很大程度上影响着科学研究的开展。第二次世界大战以后，美国大学的科学研究人员从 4 万多人增加到 6.5 万多人，科研经费平均每年以 17%的速度增长。1970～1981 年，大学里的研究人员从 6.8 万多人增加到 8.1 万多人，科研经费从 21 亿美元增加到 34 亿美元，承担了全国 3/5 的基础研究。美国大学的科学研究之所以迅速发展起来，在很大程度上得益于美国对人才的高度重视，以及政府和企业的巨额资助。目前，美国大学的科学研究对地区经济社会发展的作用是巨大的。例如，在哈佛大学和麻省理工学院周围云集了 700 多个工业科研机构和工业公司，以及 20 多个政府科研机构，集中了 5 万多名科技人员。大学直接向这些单位输送最新的科研成果和人才，而这些单位又为大学师生接触生产实际提供了良好的场所，从而有力地推动了地区经济社会和科学文化的发展。

第二，英国大学的科学研究情况。17 世纪英国大学的科学研究活动开始兴起。为了促进科技发展，1662 年英国成立了皇家学会。各大学为了开展科学研究纷纷成立了实验室。例如，1654 年，化学家波义耳在牛津大学建立了实验室，1700 年剑桥大学建立了化学实验室和天文观测台。这一时期的大学科学研究主要是由教师基于个人兴趣开展，他们很少考虑研究的实用价值，从事的都是非功利性的纯科学研究。18 世纪英国大学科学研究活动陷入消沉，这主要是由于英国国教几乎完全控制了大学，不信仰国教的教授受到打击、压制，这在很大程度上影响了教师开展科学研究的热情。1826 年伦敦大学建立，这是英国现代意义上的大学，其后各地广泛建立了城市大学（学院）。这些大学的主要任务是培养当地经济发展急需的人才，并针对工业发展需要开展有实际意义的科学研究活动，并成为各种工业研究中心，如伯明翰学院成为酿酒业研究中心、利兹学院成为纺织业研究中心、利物浦学院成为航海业研究中心等。这一时期的大学科学研究还是以大学自己组织为主，很少得到政府的经费资助。在第一次世界大战中，英国政府认识到大学对国家生存和发展的重要性，开始为大学的科学研究活动提供资助。1916 年，英国政府成立科学和工业研究部，为大学教师和学生的科学研究活动提供大量的补助金。1919 年，英国政府在财政部下设立大学拨款委员会，全面资助大学的科学研究活动。第一次世界大战以后，英国政府对大学科研的经费资助迅速增长。例如，英国的科研支出从 1950/1951 年度的 3000 万英镑①，增长到 1963/1964 年度的 1.15 亿英镑；1964～1995 年，科研预算从 7.67 亿英镑增加到 21.51 亿英镑。在政府资助下，英国科学研究硕果累累。例如，1904～2002 年，英国科学家共获得诺贝尔自然科学奖 75 项，仅次于美国，居世界第二位。

第三，加拿大大学的科学研究情况。加拿大大学起源于 17 世纪中期，受早期移民文化的影响，其办学主要沿袭英法模式。1635 年在魁北克省建立的拉瓦尔大学是加拿大最早的基督教会大学。这一时期的大学科学研究没有什么起色，主要是教师个人的事。直到 19 世纪末，受到美国大学的实用性、为社会服务思想的影响，加拿大大学开始重视科学研究工作。第一次世界大战以后，加拿大政府明显地更加重视大学的科学研究，为了组织和协调大学的科研工作，于 1916 年成立了全国研究委员会，这使得大学的科学研究发展得很快。例如，多伦多大学和麦吉尔大学于 1910 年开始在工程学领域招收博士学位研究生，并将研究的重点放在自然科学方面，经过不懈努力终于发现了胰岛素。这一时期的大学已完全将科学研究作为大学的一项基本功能，并在实践中将教学与科研结合起来。第二次世界大战以后，加拿大大学的科学研究又有了长足发展。大学普遍展开了工程学研究，各个大学的实验室还加强了人力和物力的配备。尤其是一些研究型大学甚至将科学研究放在大学活动的中心地位。这一时期大学科学研究之所以发展迅速，离不开政府对大学的高额拨款。加拿大政府的主要拨款机构包括自然科学与工程研究理事会、医学研究理事会、人文与社会科学研究理事会等。此外，政府为了加快大学科研成果的转化，鼓励大学与企业的合作，引导企业、民间团体和私人对大学投资，并采取了相应的配套政策，即政府按照大学所接受的投资额度，再给大学匹配一定比例的资金。

第四，日本大学的科学研究情况。日本大学的科学研究始于明治维新时期。1871 年，日本成立了文部省，其重要职能就是对大学的教学和科研进行拨款和对大学校长的选派。1886 年日本颁布的《帝国大学令》中提出"大学的目的在于教授学术技艺的理论及其应用，以及探究其学术的奥秘"，这就正式明确了大学的科学研究功能。随后，以大学为据点，日本先后成立了地震学会、动物学会等，由教师和学生共同开展科研工作。不过这一时期的大学

① 1 英镑≈8.80 人民币。

科学研究主要是由教师个人或教师和学生数人结合在一起开展的，成了大学科学研究功能发展的初始阶段。第一次世界大战以后，日本政府进一步认识到大学科研工作的重要性，在大学设置了规模庞大的研究组织及其附设的研究机构，如传染病研究所、化学研究所等。第二次世界大战以后，日本进一步明确了大学的性质和职能，在《学校教育法》中提出"大学作为学术中心，在传播广博的知识的同时，应以教授和研究精深专门的学艺并发展才智、道德的及应用能力为其目的"。由此日本大学进一步增设了许多规模大、涉及学科领域广的新兴专业研究机构，重点开展基础研究和应用研究。随着世界科技形势的发展，日本大学又增设了校际研究组织，以整合利用大型仪器设备等资源，并加强了科研的国际交流与合作。1995 年，日本学术审议会提议并决定建立面向 21 世纪的卓越的科学研究中心，并且这些研究中心多数设在东京大学、京都大学、大阪大学等研究型大学。从总体上看，日本大学的科学研究工作虽然起步迟、起点低，但由于政府的逐渐重视，科学研究工作发展得很快，为日本经济的发展做出了巨大贡献。

六、我国大学科学研究情况

我国大学科学研究的历史沿革大致可以分为 20 世纪初至中华人民共和国成立前、中华人民共和国成立后至改革开放前、改革开放至今等几个阶段。

第一，20 世纪初至中华人民共和国成立前。1917 年，曾留学德国的蔡元培任北京大学校长，他深受洪堡思想的影响，首次将科学研究思想引入大学。在《〈北京大学〉月刊》中，蔡元培强调："所谓大学者，非仅为多数学生按时授课，造成一毕业生之资格而已，实以是为共同研究学术之机关。研究也者，非传输入欧化，而必于现代之中为更进步之发明；非使保存国粹，而必以科学方法，揭国粹之真相。"[①] 1920 年，北京大学通过了《研究新简单》，随后北京大学国学研究所成立，这当属我国大学最早出现的研究机构，奠定了科学研究功能在大学里的地位。北京大学科学研究的思想和做法在全国大学中影响很大，成为一个榜样，被其他大学纷纷效仿。1926 年，交通大学工业研究所成立，这是我国大学的第一个自然科学研究机构，其宗旨为"研究高深学术，促进科学及技术的实验"。1929 年，清华大学成立了研究院，并开始招收研究生。为很好地开展科学研究，清华大学购置了较先进的实验设备和丰富的图书资料，并聘用受过良好的科研训练和具有较高学术声望的人员担任教师。到 1937 年，全国 40 多所大学中有 10 多所设立了研究

① 杨东平. 大学精神[M]. 沈阳：辽海出版社，2000：1.

院，共 40 多个研究学部。[①]1938 年，由多所大学组成的西南联合大学，其科研条件很差，经费不足、图书资料缺乏、仪器设备落后等，但还是出现了华罗庚、周培源等世界学术名人。从总体上看，这一阶段由于战争频繁，国家贫弱，经费没有保障，大学科学研究工作发展缓慢，科研水平也比较低。

第二，中华人民共和国成立后至改革开放前。中华人民共和国成立以后，国家建立了新的科研管理体制，即从科技力量较强的大学抽调大批优秀人才，成立独立的各种专门的科研院所，如中国科学院等。大学主要承担人才培养任务，各种科研院所主要承担科学研究任务，两者各成体系，相互独立。这实际上使得大学的科研力量明显削弱。1953 年，高等教育部在全国综合大学会议上强调："综合大学主要是高等教育机构，但同时也是研究机构，教学与研究是相互作用、相互提高的。综合大学应特别重视科学研究工作。"[②]这对于提高大学在国家科技事业中的地位具有重要作用。1963 年，国家开始给大学划拨专门的科研事业费，这有利于大学科学研究工作的开展。但由于各种专门的科研院所在国家科技体系中居于主体地位，大学的科学研究工作还是没有得到足够的重视，其作用也难以充分发挥出来，在很大程度上局限于少数重点大学的优势学科。"文化大革命"时期，大学科学研究工作几乎处于停滞状态。从总体上看，这一时期大学的科研还处于有限发展的状态，对经济、科技及高等教育自身发展的促进作用尚未明显表现出来。[③]

第三，改革开放以后至今。邓小平很关心教育，并对大学的科学研究工作发表了一系列重要论述，提出大学特别是重点大学要成为两个中心，即"重点大学既是办教育的中心，又是办科研的中心"[④]，从而明确了大学在国家科技体系中的主体地位。1978 年全国科学大会的召开标志着大学科学研究工作正式迎来了春天。1985 年，中共中央先后颁布了《中共中央关于科学技术体制改革的决定》和《中共中央关于教育体制改革的决定》，提出"高等学校担负着培养高级专门人才和发展科学技术文化的双重任务"。此后，大学的科学研究迅速发展起来。20 世纪 80 年代后期，为了贯彻党中央提出的"经济建设必须依靠科学技术，科学技术工作必须面向经济建设，努力攀登科学技术高峰"的基本方针，大学科学研究工作在加强基础研究的同时，开始有重点地向应用研究和开发研究倾斜，以便直接为经济社会建设服务。进入 90 年代以后，在国家有关政策的指导下，大学通过与企业合作、创办科技企业等形式加快科研成果转化。例如，大学创办的科技企业有北大方正、清华同

① 徐明华. 民国时期大学的科学教育体制与科学研究的发展[J]. 自然辩证法研究，1992，（1）：56-63.
② 中央教育科学研究所. 中华人民共和国教育大事记（1949-1982）[Z]. 北京：教育科学出版社，1983：87.
③ 杨德广，谢安邦. 高等教育学[M]. 北京：高等教育出版社，2009：479，487.
④ 中共中央文献研究室. 邓小平论教育[M]. 北京：人民教育出版社，1990：39.

方、清华紫光、复旦复华、工大高新等。1995 年，《中共中央、国务院关于加强技术创新，发展高科技，实现产业化的决定》明确提出要建设、发展大学科技园，其目的在于发挥大学在促进科技成果转化和产业结构优化升级中的重要作用。建设、发展大学科技园是我国迎接 21 世纪挑战的国家战略，而不是大学创收的权宜之计，是世界形势发展和科技发展的必然要求。从总体上看，这一时期我国大学科学研究发展迅速，取得了前所未有的成就，为推动经济社会的发展做出了不可磨灭的贡献。不过，大学科学研究在发展的同时也出现了学术腐败等问题，从而在一定程度上造成了大学科学研究功能的异化。

第二节　大学科学研究功能异化的表现

在讨论大学科学研究功能异化之前，首先需明确的是以什么标准来判断其是否存在异化。这可以从以下几个方面思考：大学科学研究功能产生时的初衷或目的是什么？科学研究的本质是什么？大学科学研究的特点是什么？等等。首先，关于大学科学研究功能产生时的初衷或目的，19 世纪初洪堡将科学研究确立为大学基本功能的初衷是，科学研究为人才培养服务，他希望大学能够坚持立身之根本，即"探究深邃博大之学术，并使之用于精神和道德教育"[①]，而学生能够"由科学而达至修养"[②]。因而，对洪堡而言，大学的科学研究为人才培养开辟了一条新的途径。这样，如果大学在科学研究中违背了其功能产生时的为人才培养服务的初衷，就可以判断这样的科学研究是异化的。其次，关于科学研究的本质，正如前文所述，由于科学的本质是"求真"，那么大学的科学研究也离不开这一本质，即追求真理。这样，如果大学的科学研究放弃了追求真理这一本质，则可以判断这样的科学研究是异化的。最后，关于大学科学研究的特点，这一点也如前文所述，教育性是大学科学研究的基本特征。这样，如果大学的科学研究离开育人这个中心而独立进行，就可以判断这样的科学研究也是异化的。总之，以这些为判断标准，可以发现目前我国大学科学研究功能存在诸多异化现象。

由于在异化概念基础上，马克思剖析了资本主义制度下资本和劳动的关系，创立了异化劳动理论，认为资本主义社会的异化劳动主要表现在四个方面，即劳动者与自己的产品相异化、劳动者与自己的劳动过程相异化、劳动者与自己的类本质相异化、劳动者与他人之间的关系相异化。而科学研究实

---

① 陈洪捷，施晓光，蒋凯. 国外高等教育学基本文献讲读[M]. 北京：北京大学出版社，2014：132.
② 熊华军. 洪堡的大学教学价值取向：由科学达至修养[J]. 大学（研究与评价），2008，（1）：39-44.

际上也是一种劳动，因而，基于马克思异化劳动理论的视角来探析大学科学研究功能的异化具有合理性，是完全可行的。依据马克思的异化劳动理论，大学科学研究功能异化的主要表现也可以分为四个方面，即研究者与自己的产品相异化、研究者与自己的研究过程相异化、研究者与自己的类本质相异化和研究者与他人的关系相异化。

一、研究者与自己的产品相异化

马克思认为："劳动所生产的对象，即劳动的产品，作为一种异己的存在物，作为不依赖于生产者的力量，同劳动相对立。"[①]也就是，"工人对自己的劳动的产品关系就是对一个异己的对象的关系"[①]。在大学科学研究中，这主要是指有的研究者研究出的所谓成果并不能说明研究者的研究能力有多强和研究水平有多高，也不能说明研究者对社会有多大贡献，相反地，研究成果越多越是对社会资源的浪费，研究成果的等级越高越说明研究者为获得成果所采取的非学术手段越不正当。

在论文方面，一些研究者在功利心理的驱使下，将"苦干不如巧干"作为座右铭，总是能够想出各种办法多出成果、快出成果、出有影响的成果。比如，"找一个冷僻的方向，在某本被国内教育界、科技界十分看重的国际著名杂志上发表一篇文章，然后进行大量的宣传报道，于是在教育主管部门、科技主管部门及学校领导心目中，你的学术能力和地位便将立即得以确认。即便有诸多同行对你的科研无动于衷，你依然可以获得赏识"[②]。时下，不少大学为了能够在国内有影响的学术期刊上发表论文，特意邀请这些期刊的主编或主任到学校做报告，讲解论文投稿技巧，这些主编或主任基本上都会重点谈到论文应该如何选题，这实际上就背离了论文写作的目的，为了论文而论文。同样的事情也发生在国际刊物上。例如，"为了能在国际刊物上发表论文，我们更多是在论文选题上下功夫，说白点，是为了论文而论文。某位教授过去 10 年所带的 6 位博士毕业生，平均每人在国际一流刊物上发表了 5 篇论文，但是这位教授并没有感到取得了多么大的成就。他说，这种利用其他国家采集的数据，用最新的算法做分析的论文，国外很多学者并不乐于做，他们把功夫花在了数据的采集上，以获得第一手的资料。别人要数据，得向他们买。我们利用这些数据写了论文，在杂志上发表，他们也就获得了分析结果，利用算法和分析结果，他们立刻做出了产品，而我们，

---

① 中共中央马克思、恩格斯、列宁、斯大林著作编译局. 马克思恩格斯文集（第 1 卷）[M]. 北京：人民出版社，2009：156-157.

② 熊丙奇. 大学有问题[M]. 成都：四川出版集团·天地出版社，2004：85.

却满足于论文得到发表。我们背离了做研究的根本目的——创造，创造可以为人类社会发展做出贡献的学说、理论、产品，而不是评审或晋升时的大堆业绩资料。"①更为恶劣的是，个别教师实在写不出论文，那就干脆花钱买。据报道，"全国学术期刊一年只能发表论文 248 万篇，而背有论文发表指标的人数达到 1180 万……滥下论文指示，导致了买卖论文与非法学术期刊等种种乱象"②。"2007 年我国买卖论文'产业'规模约为 1.8 亿元；到 2009 年，其规模已膨胀 5.5 倍，论文买卖的销售额约 10 亿元。"③总之，在我国目前的学术氛围下，无论采取什么手段，那些发表的论文多、发表的期刊级别高的人，更可能会让人刮目相看，成为让人"羡慕、嫉妒、恨"的对象。有人对此做了更形象的描述："一些人练就一身'写的文章比读的文章还多的神功'。"④

　　论文的质量很难评定及应用价值很难量化，这导致不少滥竽充数的成果。根据 2011 年 3 月 29 日英国皇家学会在其网站上公布的研究报告，2004～2008 年，中国科技论文发表数量全球排名从 1999 年的第六位（占总量的 4.4%）跃升至 2003 年的第二位（占总量的 10.2%），超越日本，仅次于美国。⑤这一成就自然令国人倍感鼓舞和自豪，然而在学术圈内不少人提出质疑：这些论文价值能有几何？另一则报告给出了明确答案。"根据中国科技信息研究所发布的中国科技论文统计结果，从 2001 年 1 月 1 日到 2011 年 11 月 1 日，我国科技人员共发表论文 83.63 万篇，排世界第二位。然而，这些论文平均每篇被引用数仅为 6.21 次，在世界上排在 20 名以外。"⑥

　　在著作方面，一些研究者东拼西凑，一年出版两三本著作已属正常，以前那种两三年出一本著作或十几年出一本著作的已是很少见了。现在正常情况是，只要需要，几个月内就可以拼凑出一本书来。据报道，"一位硕士毕业五年的学者告诉记者，他已参与编辑或者主编过 5 部教材。他说，一开始还是极其认真的，找了大概不下 100 本的参考资料，在翻看参考资料的过程中，他发现许多书的章节甚至内容都是雷同的。于是，他也找到了窍门和套路，既不需要搞研究，也不用做调查，更不用钻故纸堆查资料，甚至相关领域的著作和论文也不需要多看，只要找来三四本已有的教科书，框架体系上略微变动，章节顺序上稍做调整，材料内容上综合综合，文字叙述上处理处

---

① 熊丙奇. 大学有问题[M]. 成都：四川出版集团·天地出版社，2004：86-87.
② 万建辉. 供需失衡导致买卖论文泛滥[N]. 长江日报，2010-01-05（1）.
③ 万建辉. 全国论文买卖去年销售额近 10 亿[N]. 长江日报，2010-01-05（8）.
④ 李斌，张景勇. 还科研净土 "反腐风暴" 席卷中国科技界[EB/OL]. 东方新闻·新华社.2001. http://news.eastday.com/epublish/gb/paper148/20010908/class014800018/hwz482732.htm [2016-12-17].
⑤ 王小龙. 全球科技论文发表量中国跃居第二[N]. 科技日报，2011-3-30（01）.
⑥ 赖竞超. 论文总数位居世界第二 平均引用次数跌出 20 名外[N]. 南方日报，2012-03-13（GC07）.

理，一本新的教材便诞生了"①！这种东拼西凑的著作自然少不了抄袭别人的成果，这类情况经常见诸报端。

从总体上看，我国科学研究的表面繁荣掩盖不了一定范围内和一定程度上的学术注水和学术泡沫。有些研究者的学术注水和泡沫，稍有常识的人就可判断出来。例如，"一名 40 多岁的文科学者刚刚评上教授，他的学术成果单上赫然写着：发表论文 1000 篇，出版各类著作 100 多本；一个影视学院的教授，一年可以把五本书的书稿交给出版社，每本书有 20 多万字……这是大学人文社科研究学者们见怪不怪的成果产出速度。"②这样的高产可能吗？对此，有学者调侃说："有这样的'成果'，不外乎如下几种可能：其一，这个学者才思泉涌，创见频出，且文笔了得，下笔如飞；其二，上述论文，大多是重复，改头换面而作；其三，著作乃拼凑组合，并非原创成果；其四，学者可能动用研究生、博士生为自己写论文、出书；其五，学者本人对成果有夸大、注水，把不属于论文的成果，以作'论文'，把主编的图书，说成是专著。根据上述'学术成果'，按照常识进行推论，一个人写 1000 篇论文（注意，不是随笔、诗歌、散文、杂文），同时出版 100 多本著作，这需要多少创造活力与时间？因此，后四种可能性远大于第一种可能性。"③这实际上也是一种浮夸、浮躁之风。"浮躁之风在一定程度上影响了我国的科研水平和科技竞争力，数量和速度成为少数科技人员的追求。尽管我国每年的科研成果数以万计，但是原创性重大成果却很少，从而导致我国自然科学奖一等奖、技术发明奖一等奖连续几年空缺。"④

此外，部分研究者在申报项目过程中会采取的非科研手段。我国很多大型基础性研究项目，往往级别设置很高，申报条件要求更是非一般科研工作者尤其青年教师所能企及，而这些项目要求的很多条件是要用很多年的时间非学术方面的积累方能具备的，这些要求本身看上去似乎很高，实质上是在知识生产关系中获取资源的排资论辈，要想获得这些项目，依靠单一的科研手段是做不到的。

可见，发表的论文、出版的著作及其他科研成果越多，所产生的"学术垃圾"就越多，对社会资源的浪费就越严重，这是我国大学科学研究功能异化的最突出表现。

---

① 张向东. 学术腐败六大症状：青年学者混几年敢称著作等身[EB/OL]. 瞭望东方周刊. 2006.http：//news.sina.com.cn/c/2006-06-26/160410257432.shtml. [2016-12-1].
② "学术速成"成文科研究顽疾 评价体系重量不重质[EB/OL]. 文汇报. 2010.http：//www. chinanews. com/edu/2010/12-06/2702251.shtml.[2016-12-22].
③ 熊丙奇. 走出一个时代的教育困惑[M]. 上海：中西书局，2011：167.
④ 李斌，张景勇. 还科研净土 "反腐风暴"席卷中国科技界[EB/OL]. 东方新闻.新华社.（2001-09-18）. http：//news.eastday.com/epublish/gb/paper148/20010908/class014800018/hwz482732.htm [2016-12-17].

二、研究者与自己的研究过程相异化

马克思认为，"劳动对工人来说是外在的东西"①，"工人只有在劳动之外才感到自在，而在劳动中则感到不自在"①，因此，"他的劳动不是自愿的劳动，而是被迫的强制劳动"①，"这种劳动不是满足一种需要，而只是满足劳动以外的那些需要的一种手段"①。在大学科学研究中，这主要是指研究者从事研究活动的目的不再那么单纯，也不是自觉的和自愿的，并且不是一个愉快的过程。

首先，一些人研究目的不再那么单纯，从事科研活动并不是为了获得研究领域的创新制高点，而是将科研作为手段，过多地出于经济利益等方面的考虑，如不少大学为科学研究项目提供了可观的配套经费，这对教师具有很大的吸引力。

其次，研究者对研究活动本身缺乏清醒的认识，认识不到科研的意义和价值，也无法领悟科研活动的真谛，对所从事的科研活动具有很大的盲目性。

再次，研究者从事科研活动也不是自发自愿的，而是"为成果而成果"②，迫于各种压力，这种压力是多方面的，既有来自研究者个人生存发展的压力（主要是为了满足岗位聘任条件需要和评聘职称需要，如不少大学规定评聘高级职称必须有主持教育教学改革科研项目的经历），也有来自领导、同事甚至家庭的压力，这些压力导致研究者从事科研活动具有很大的被动性。这一点与美国自由民主的研究氛围相比有很大差距。这是因为在美国大学里，没有人要求也没有制度规定教师必须做什么样的研究或者不可以做什么样的研究，研究基本上是教师根据本人的兴趣爱好而定。为了维护教授们民主自由合法的权益，保证他们能够自由开展研究和创造，美国于 1915 年成立了大学教授会（AAUP），在学术研究方面普遍地实行学术自由（academic freedom）、学术自治（academic autonomy）、学术中立（academic neutrality）等原则。美国教师开展的研究有些看似微不足道，甚至是荒诞的，但是他们往往能够做出重大的发现或发明。例如，加利福尼亚大学伯克利分校的罗伯特·福尔等人通过对壁虎脚底的黏着力的研究，不仅发现了被称为"宇宙原力"的理论，而且还发明了迄今为止黏合力最强的黏合剂。相比之下，我国大学中没有这种研究氛围，大学教师从事研究很多是迫于外在压力，自然处于一种疲于应付状态。

最后，研究者在研究过程中并没有体验到多少快乐，由于科研活动的盲

---

① 中共中央马克思、恩格斯、列宁、斯大林著作编译局. 马克思恩格斯文集（第 1 卷）[M]. 北京：人民出版社，2009：159.

② 魏红梅. 论大学学术的异化与回归[J]. 教育发展研究，2011，（3）：63-66.

目性和被动性，研究者在研究过程中失去了积极性和创造性，处于一种疲于应付的痛苦境地。

总之，科研活动中出现的很多问题不是科研本身在学科研究的制高点或者前沿上遇到的问题，部分研究者在研究过程中不是将主要精力用于怎样产出有真正价值的成果，而是用于采取各种伎俩怎样使论文发表出来和使科研项目顺利结题。

三、研究者与自己的类本质相异化

马克思认为，"一个种的整体特性、种的类特性就在于生命活动的性质，而自由的有意识的活动恰恰就是人的类特性"①，而异化劳动导致"人的类本质，无论是自然界，还是人的精神的类能力，都变成了对人来说是异己的本质，变成了维持他的个人生存的手段"①。在大学科学研究中，这主要是指研究者在研究过程中离自己的类本质渐行渐远，所从事的研究活动不是用来证明自己存在的必要性，而是用来否定自己存在的可能性。研究者从事的研究活动实际上是一种学术活动，而"现代学术研究的基础，首选科学精神，科学精神是中国现代学术缘起的地方，亦是现代学术赖以存在的基础，同时也是学界公认的价值标准"②，而"科学精神最精要的内涵是追求真理"②，因而，所谓研究者的类本质是指研究者作为一个群体所具有的本质，即探索和追求真理。在正常情况下，一个研究者的研究活动应体现出研究者的本质，致力于探索和追求真理。而在异化情况下，一个研究者的研究活动往往背离了研究者的类本质，缺乏创新和冒险精神，所从事的只是简单、低级、重复的科研活动。当一个研究者不具备创新和冒险精神这一基本素质时，他是不适合从事研究活动的。正如 1987 年诺贝尔生理或医学奖获得者利根川进所言："不敢冒险的人，或只会考试得分的人，是不适合于搞科研的。科学家最重要的才能是有怀疑能力和丰富的想象力。"③

目前，我国科研群体的认同感和归属感远没有形成，科研群体本身缺乏足够的自我认同和自信。在这种情况下，我国科学研究在世界各大奖项上的失落就不难理解了。正如武汉大学前校长刘道玉教授所言："一般新兴国家建立后，在 30~40 年内，都会出现诺贝尔奖获得者，而中华人民共和国已经建立 56 年了，至今没有实现诺贝尔奖零的突破，这是极为不正常的。"④我国

---

① 中共中央马克思、恩格斯、列宁、斯大林著作编译局. 马克思恩格斯文集（第 1 卷）[M]. 北京：人民出版社，2009：162-163.
② 杜丽艳. 中国学术研究的历史和未来[J]. 北京社会科学，2014，（2）：4-17.
③ 转引自：刘道玉. 论重点大学科学研究的使命[J].高教探索，2006，（2）：4-8.
④ 刘道玉. 论重点大学科学研究的使命[J].高教探索，2006，（2）：4-8.

在世界各科重要奖项上多是空白，如沃尔夫奖（Wolfd Prize）是按照诺贝尔奖模式设立的，分农业、数学、物理、化学和医学；精神病学最高奖是基泰奖（Kittay Award）；数学最高奖是菲尔兹奖（Fields Medal）和阿贝尔奖（Abel Prize）；化学最高奖是戴奖（Davy Medal）；计算机最高奖是图灵奖（Turing Award）；地质学最高奖是沃拉斯顿奖（Wollaston Medal）；建筑学最高奖是普里茨克奖（Prizkter Prize）；音乐最高奖是保拉奖（Pola Medal）；生态学最高奖是泰勒奖（Tyler Prize）等。这就很能说明问题，说明我国科学研究在学术前沿方面总体上是落后的，我们的研究者所从事的研究还是缺乏原创性的。

更为严重的是，有些研究者丧失学术道德底线，剽窃、伪造学术成果等，导致研究者在社会上出现严重的信任危机。例如，一些人认为教授的专利赶不上民间的"雕虫小技"等，虽然这些论调带有很大的调侃成分，但却反映了民间对研究者的直观态度。

四、研究者与他人的关系相异化

马克思认为："人同自己的劳动产品、自己的生命活动、自己的类本质相异化的直接结果就是人同人相异化。当人同自身相对立的时候，他也同他人相对立。"[①]在大学科学研究中，这主要是指有的研究者在研究过程中与他人形成的关系不再是一种单纯的学术关系，而是更多地表现为一种权钱、学钱交易关系。科学研究的本质是创造性，创造性导致科研工作者之间存在竞争关系，即彼此争夺某一课题上的创新制高点。但是在目前的知识生产环境下，对原创性的要求表现为一种极端地依附于时代和地域的经济现象[②]，大学科研竞争由智识竞争向争夺外部非智识资源转化，科学研究功能严重异化。在传统的科研中，研究中需要的人员比较少，并且围绕科研项目建立起来的多是合作、指导等关系，人际关系比较单一。但高科技，尤其是近现代大型工程导致大型研究项目应运而生，比如第二次世界大战时期美国的曼哈顿工程和其后美苏争霸中两国许多重大工程，这导致科研对行政和管理的依附，科研本身的成功可能更意味着组织和管理的成功运行。在这种情形下，异化的出现似乎不可避免，在这里评判异化的好坏似乎不再是应该与否，而是异化是否影响了某一人类活动目标的实现，是否受到太多不好的影响。在这些科研和生产实践一体化的工程项目里，无论是整体还是其局部，一般都涉及

---

① 中共中央马克思、恩格斯、列宁、斯大林著作编译局. 马克思恩格斯文集（第 1 卷）[M]. 北京：人民出版社，2009：163.
② R. 波斯纳. 论剽窃[M]. 沈明译. 北京：北京大学出版社，2010：86.

众多人员，人际关系也更为复杂，不但可能有权钱交易关系存在，而且行政权力主导的资源配置主宰了科研活动本身，异化普遍化了，知识生产中个人之间的智识竞争关系变成了对知识生产资源的争夺关系，并且产生了知识创造中的生产关系，研究者个人成了绑在庞大知识生产体系中的一个小小部件，其个人的科研自由已经很难追求，甚至要想个人有所作为，离开其他人构成的组织体系已经不可能。具体地，在科研项目申报时，为了提高成功概率，有的研究者将与该研究领域无关的具有一定学术权威的人士及相关管理人员列为参与人甚至主持人；为了获得级别较高的科研项目，有人会动用各种关系，甚至动用金钱疏通关系。在科研项目结题时，有的研究者不是聘请一些在该领域最具权威的专家而是找一些与自己关系最为密切的人员作为成果鉴定专家，为了顺利结题，往往还要负责鉴定专家的吃住用行。在科研成果发表或出版时，有的研究者为了使成果能够在权威期刊上发表或在权威出版社出版，往往也需要疏通各种关系。在科研奖励评审时，也有研究者用尽各种非学术手段。

例如，在课题结题的鉴定或验收过程中，研究者与他人的关系相异化有比较突出的表现。当前，我国课题的鉴定或验收工作主要还是由政府部门直接组织实施的行政性行为，或者是由政府部门委托其他组织机构进行鉴定或验收，但无论是政府部门直接组织实施还是委托其他组织机构进行鉴定或验收，都有一个共同的特点，就是按照行政方式处理学术问题。鉴定者或验收者与被鉴定者或被验收者之间可能存在"寻租"空间，从而部分鉴定或验收鉴定可能流于形式，只对研究的形式进行审核，不对研究的实质内容进行深究。之所以有的科研成果在鉴定之后便被束之高阁，根本在于这些科研成果本就不是成果，从立项时起就开始造假。这种以行政方式管理学术的行为，既违背了学术规律，又容易滋生腐败。对此，有学者提出批评："评审权利不应该属于政府职权。是好是坏、是重点是普通，不是政府评审出来的，而是由市场、社会认定的。市场经济优胜劣汰，根本不需要政府去评定谁优谁劣。今后我们的某些高校、某些专业自然会在竞争中壮大或'破产'。要把政府与市场或国家与市场分开，由市场认定的国家不必介入。政府介入评审，必然易于产生腐败，学术领域内的不正之风、形式主义、虚报浮夸、互相抬轿大量存在就是明证。多一种政府评审，必然多一点腐败的机会。市场经济就是政府管得越少越好，政府要管就是管违规的。"①

从总体上看，科研项目从立项到结题验收再到评奖的一系列过程中，可能存在研究者与他人关系的异化。

---

① 熊丙奇. 大学有问题[M]. 成都：四川出版集团·天地出版社，2004：116-117.

第三节　大学科学研究功能异化的原因

大学科学研究功能异化的原因是复杂多样的，从不同角度看，既有历史因素，也有现实因素；既有外部环境因素，也有自身内部因素；既有客观因素，也有主观因素；既有政治因素，也有经济因素，还有文化因素等；既有宏观因素，也有中观因素，还有微观因素；等等。尤其是，从社会生产力发展角度看，可以分为根本原因和非根本原因。

一、大学科学研究功能异化的根本原因

马克思认为，异化劳动并不是从来就有的，也不会永恒存在，具有历史性。那么造成异化劳动的根源在哪呢，也就是造成异化劳动的历史必然性是如何表现的？马克思从生产力角度着手揭示了异化劳动产生的历史必然性。马克思认为生产力的发展引起了社会分工。"一个民族的生产力发展的水平，最明显地表现于该民族分工的发展程度。任何新的生产力，只要它不是迄今已知的生产力单纯的量的扩大（例如，开垦土地），都会引起分工的进一步发展。"[①]马克思将分工分成出于自愿的分工和自然形成的分工两种，且自然形成的分工导致了异化。"只要分工还不是出于自愿，而是自然形成的，那么人本身的活动对人来说就成为一种异己的，同他对立的力量。这种力量压迫着人，而不是人驾驭着这种力量。"[①]那么，为什么自然形成的分工会导致异化呢？马克思认为，因为"分工使精神活动和物质活动、享受和劳动、生产和消费由不同的个人来分担这种情况不仅成为可能，而且成为现实"，进而导致"生产力、社会状况和意识，彼此之间可能而且一定会发生矛盾"[①]。还因为"当分工一出现之后，任何人都有自己一定的特殊的活动范围，这个范围是强加于他的，他不能超出这个范围：他是一个猎人、渔夫或牧人，或者是一个批判的批判者，只要他不想失去生活资料，他就始终应该是这样的人"[①]。可见，生产力的发展促进了社会分工，而自然形成的分工又导致了异化劳动。

马克思的这一逻辑为我们探析大学科学研究异化的根源提供了思路，即大学科学研究异化的根源很可能也是由某种分工、分离或背离引起的。这可以从以下两方面考察。

一方面，是否存在部分教师从教学岗位中分离出来专门从事科学研究的情况。大学的起源是否可以追溯到古希腊和古罗马或中国的先秦，目前并无

---

① 中共中央马克思、恩格斯、列宁、斯大林著作编译局. 马克思恩格斯文集（第 1 卷）[M]. 北京：人民出版社，2009：520-537.

定论。但一般认为，具有现代意义的大学源于欧洲中世纪的大学。应该说，从大学诞生之日起，其科学研究活动就已经开始了，并不像有些人认为大学只是在 19 世纪早期普鲁士大学的洪堡提出将科学研究作为大学的基本功能之一时才开始重视科学研究的。实际情况是，"自古以来，高等院校就是研究（research）的场所。柏拉图、亚里士多德及中世纪许多学者都把教学和研究结合起来……"①不过，由于 19 世纪以前自然科学知识尚未形成完整的体系，从事研究只是教师个人的事，教师基本上是在学校从事教学活动，而在家独立从事科学研究活动。这一时期研究的特点是：教师基于兴趣，自由选题；完全是教师个人的事，不受校方或官方控制或干预。到了 19 世纪前半叶，随着自然科学知识体系的逐步完善，教师逐步改变了私下独立从事科学研究的状况，而需要学生参与科学研究。这一时期研究的特点是：教师仍然可以基于兴趣并吸收具有相同兴趣的学生参与；不再完全是教师个人的事，由于接受了校方或官方的经费资助，所以必须接受他们的监督。进入 20 世纪，尤其是第二次世界大战后，知识呈爆炸式增长，各自然科学体系已相当完备，科学研究越发艰巨。即使人文社会科学的研究，也不能从单一角度采取单一的方法进行研究，出现文理融合之势。这一时期研究的特点主要有如下几个：其一，教师已不能完全基于兴趣进行自由选题，掺杂着功利性需求，一项重大研究项目往往需要众多的具有不同学科知识背景的教师和学生参与。尤其是随着研究项目的增多及研究的复杂性和艰巨性的增大，一些教师逐渐从教学岗位分离出来，专职从事科学研究，以研究为业。其二，研究已不再是个人的事，被赋予更多的社会责任，要接受来自校方或官方的严格监督和管理。一些教师从教学或研究中分离出来，专门从事科学研究的管理工作，校方和官方都成立了专门的科研管理部门或机构。

从大学科学研究的发展史可以看出，随着知识尤其是自然科学知识的增长，其发展经历了一个从个人行为到群体行为、从基于兴趣到掺杂着功利性需求、从自由到受监督和管理的复杂进程。在这一过程中，部分教师从教学岗位中分离出来，专门从事科学研究工作，这种分工根据马克思的异化劳动理论很可能就是导致大学科学研究功能异化的根源。因为这种分工还不是出于自愿的，而是自然形成的，专门从事科学研究的教师被限制在一定的特殊的活动范围内，这个范围是强加于他们的，他们不能超出这个范围，只要他们不想失去生活资料，他们就始终应该是这样的人。尤为严重的是，当一部分人从教学或研究中分离出来，专门从事科学研究的管理工作时，大学科学研究的异化就更严重了，因为这些人所制定的管理制度或政策往往违背科学

---

① 约瑟夫·本，大卫，李亚玲. 学术研究的历史、目的和组织[J]. 全球教育展望，1983，（3）：27-30.

研究的规律。

　　另一方面，是否存在科学研究功能与人才培养功能相背离的情况。自从洪堡确立了大学的科学研究这一基本功能以后，大学的科学研究迅速受到人们重视，一时间柏林大学成为世界各国大学效仿的对象，德国也因此成为当时世界高等教育的中心。不过，随着大学对科学研究越来越重视，科学研究的发展逐渐背离了洪堡将科学研究确立为大学基本功能的初衷，与大学人才培养目标相背离。洪堡确立大学科学研究基本功能的初衷是，科学研究应为人才培养服务，他希望大学能够坚持立身之根本，即"探究深邃博大之学术，并使之用于精神和道德教育"[①]，而学生能够"由科学而达至修养"[②]。因而，对洪堡而言，大学的科学研究为人才培养开辟了一条新的途径，虽然科学研究和人才培养同是大学的两大基本功能，但二者在大学中的地位并非平行，人才培养应始终是大学的中心工作，科学研究功能不能背离人才培养功能。在洪堡时代，大学仍处在社会的边缘，外界干扰较少，仍然保持自身的"象牙塔"特征，在处理科学研究与人才培养的关系上，能够很好地将二者结合起来，做到科学研究的过程就是人才培养的过程，而人才培养的过程同样是科学研究的过程。然而，进入 20 世纪以后，尤其是第二次世界大战以后，大学由社会的边缘走向社会的中心，其"象牙塔"特征越来越淡化，大学发展的外部和内部情况都发生很大变化。在外部情况方面，由于科学技术在国家发展中的地位和作用越来越凸显，各国普遍意识到科学技术在增强经济的、军事的、综合国力等的竞争力中，具有不可替代的作用，因而大力开展科学研究。而大学作为一个知识的、学术的综合组织机构，在科学研究方面，具有其他知识的或学术的组织机构无可比拟的禀赋和优势，因而被国家寄予厚望，同时国家也投入巨资以促进大学科学研究的发展，并左右着大学科学研究的活动。这样，大学的科学研究就逐步丧失了独立性和自由性，并在很大程度上不再为人才培养服务。在内部情况方面，高等教育逐渐实现了大众化，有的国家甚至实现了普及化，大学生的生源构成等发生了很大变化。大学以社会需求为导向设置专业和课程，以培养各行各业所需要的实用人才，并以大班形式组织授课，师生之间的距离扩大，交流减少。面对着数量巨大而个性能力等各不相同的学生，科学研究作为人才培养途径的适用范围变窄了，效力也减弱了。这样，大学的科学研究就在自觉或不自觉中脱离了人才培养目标，变得与社会上其他科研机构并无二致。从总体上看，大学的科学研究和人才培养"被不同的游戏规则和制度逻辑制约，实践中有着相

① 陈洪捷，施晓光，蒋凯. 国外高等教育学基本文献讲读[M]. 北京：北京大学出版社，2014：132.
② 熊华军. 洪堡的大学教学价值取向：由科学达至修养[J]. 大学（研究与评价），2008，（1）：39-44.

对清晰的组织、制度边界，教育的整体性被破坏"①。尤其是，现代研究型大学的兴起，无论是在资源配置还是组织建制上，都倾向于科学研究，过多地挤占了人才培养资源，这就进一步加剧了科学研究功能对人才培养功能的背离。这种背离所导致的直接后果就是科学研究与人才培养被分成泾渭分明的两大块，不但削弱了科学研究功能为人才培养功能服务的功效，而且使科学研究喧宾夺主，似乎已成为大学的中心工作：学校的重心在科学研究上，科研成果成为年终必须考核的项目，鼓励教师多出成果；教师的注意力也在科学研究上，人才培养工作只具有形式上的象征性的意义，质量好坏没有人会认真追究。因而，科学研究功能与人才培养功能相背离是大学科学研究功能异化的又一重要根源。

从整体上看，对于大学科学研究功能异化的根本原因而言，部分教师从教学岗位中分离是相对微观的，强调的是教师个体之间的相分离，而科学研究功能与人才培养功能相背离是相对宏观的，强调的是大学基本功能之间的相背离。

二、大学科学研究功能异化的非根本原因

1. 外部客观原因

根据党的十八大提出的经济建设、政治建设、文化建设、社会建设和生态文明建设"五位一体"的中国特色社会主义总体布局，大学科学研究功能异化的外部客观原因可以从经济、政治、文化、社会和生态这五个方面分析。

其一，经济原因。改革开放以来，在我国建立社会主义市场经济体制过程中，配套体制跟不上，导致经济利益成为各个领域、各个部门追求的主导因素，判断一个事物是否有价值及一个行为的得失主要就是看它能否产生经济利益及能产生多少经济利益。这种金钱价值观也自然渗入大学的科学研究领域。教师在申报科研项目时，首先要考虑的就是是否有经费支持及有多少经费支持。科研项目除了能带来直接的经济收益，还具有"资本"性质，即能产生额外收益，如可以带来获奖、评职等额外收益，且这种获奖、评职等最终还可进一步转化为现实的经济利益，这就是人们所说的学术资本化②，可谓一箭多雕。大学科研工作者也是人，有各种欲求和需要，其适当满足和实现也具有正当性。但如果教师主要从经济角度对待科研项目，这就玷污了科

① 王建华. 重温"教学与科研相统一" [J]. 教育学报，2015，（3）：79-86.
② 冒荣. 学术行政化与学术资本化的联姻——权力的同谋和学术的异化[J]. 江苏高教，2011，（4）：1-5.

学研究的本质，导致大学科学研究功能的异化。

此外，我国对大学科学研究的经费投入与发达国家相比总体不足，这成为制约我国大学科研发展的重要因素。例如，1999 年我国投入大学的科研经费总共只有 12 亿元，只相当于美国的 1/28.8，日本的 1/14.7，德国的 1/7.2。即使与国内其他研究机构相比，国家对大学科研经费的投入也明显偏少。例如，2011 年，我国共投入研发经费 8687 亿元，其中，"各类企业经费支出为 6579.3 亿元，比上年增长 26.9%；政府属研究机构经费支出 1306.7 亿元，增长 10.1%；高等学校经费支出 688.9 亿元，增长 15.3%。企业、政府所属研究机构、高等学校经费支出所占比重分别为 75.7%、15% 和 7.9%"[①]。可见，我国大学的科研经费是非常紧张的，并且这些仅有的科研经费也主要投在应用研究和开发研究上。例如，2002 年，全国高校科研经费中用于基础研究的仅为 27.8 亿元，占全国基础研究 73.8 亿元中的 37.7%，基础研究经费只占高校科研经费的 21.3%。我国大学科研经费不足问题已引起国内外有识之士的注意，如 2016 年 3 月 21 日，在"2015 两会后经济形势和政策分析会"上，2010 年诺贝尔经济学奖获得者、伦敦政治经济学院教授克里斯托弗·皮萨里德斯就建议，中国应加大高校科研经费投入[②]。大学科研经费在如此紧张的情况下，教师带着急功近利的情绪，为了使课题立项以获得经费，往往会采取非学术手段，这就不得不使大学科学研究功能异化了。

其二，政治原因。政治原因对我国大学科学研究功能异化的影响是最直接、最明显和最集中的。我国整个社会是一种以行政关系为主导的复杂的网络体系，在这个体系中，不但政府部门，而且国有企业，各种科学研究院等都被赋予不同的行政级别。这样做的最大好处就是政府的行政权力能够很方便地渗入各个层级和各个领域。知识生产关系中运行的资源也是循着这个体系流动的。行政权力主体作为科研需求方，尤其是计划经济在知识生产领域依然盛行不衰，将科研变成了国家需要，而以知识分子尤其是大学教师为主要群体的生产方，其活动和产品要符合需求方的要求和评判标准。这样，知识生产关系就被行政权力关系形塑了，在一个更为合理的知识生产关系建立起来之前，知识生产方面就接受了行政权力的既有运作模式，使知识生产除了其加工的资源即处理问题有所不同，加工方法上则表现出更多的行政权力面貌。这就为政府的行政权力干涉大学事务提供了政治基础。政府的行政权力干涉大学事务是比较全面的，在对大学科学研究的干涉方面主要表现为，

[①] 国家统计局，科学技术部，财政部. 2011 年全国科技经费投入统计公报[N]. 中国信息报，2012-10-26（1）.

[②] 皮萨里德斯. 中国应加大高校科研经费投入[EB/OL]. 澎湃新闻网（上海）. http：//tech. 163.com/16/0324/00/BISQKJA1000915BF.html[2016-03-24].

官本位思想严重，实行大一统的科研管理体制，按计划经济形式搞科研规划，限制了大学的学术自由等。

首先，"官本位"思想严重。目前，政府部门对大学科研的管理有一条捷径，那就是相信、依靠大学里的学术权威。大学里科学研究的权威是那些已经获得各种学术头衔的人员，如院士、长江学者、首席科学家、各种基金获得者，等等。按照政府部门人员的官本位思维习惯和行事风格，大学里的各种学术资源也应向这些已经具有一定学术头衔的人员倾斜，因为他们就代表着学术权威，将学术资源交给这些权威，就不会有决策错误。这种"官本位"思想贯穿各级各类课题的立项、各级各类科研成果的评奖等过程中。

在课题立项方面，尤其是经费资助额度较大的国家级科研项目的立项，绝大部分被年纪较大、有一定学术头衔的科学家、院士等取得，而年轻人很少有机会获得。这主要是由于具有一定学术头衔的人员，其以往主持过高级别的课题及获得比较多的经费资助，即具有良好的或丰富的学术经历，从而更有资格获得新的科研项目。而那些年轻的没有什么学术头衔的人员在课题评审中明显处于劣势，申报的课题很难获得立项。在学术研究中，在年轻人最需要资助时，他们却被排斥在研究大门之外；而年纪较大的科学家、院士等有的在科学研究中已经出现疲倦、不想再继续研究时，他们却很容易获得级别较高的资助经费较多的课题，继续被关在研究大门之内，出现钱钟书所说的"围城"现象。正如有人所言："做科学研究，有一个黄金时段。以理论物理研究来说，25 岁~35 岁这段时间，人的思想最活跃，最具创造力，最容易出成果。从事理论物理研究的诺贝尔奖获得者绝大多数都是在 30 岁左右取得成果的。处于黄金时段的科研人员最需要获得支持，却往往难以如愿。这两年情况有所好转，但是，年轻人获得资助的幅度还是很小。尤其是一些重点基金、重大基金，年轻人基本上没有份儿，牵头的大多是德高望重的老科学家、老院士。老科学家、老院士曾经做出过很多科研成果，但是我们不能违背科学研究的规律，认为他们到了六七十岁都还具备十分活跃的思维，还能始终站在学术研究的最前沿，这只是个别情况。"[1]

在科研成果评奖方面，尤其是在国家级奖项方面，具有一定学术头衔的人员仍然具有相对优势，没有学术头衔的年轻人相对竞争力较弱。我国的各级各类科研成果评奖基本上采取这样的程序，即政府相关部门或其他组织机构发布评奖通知、公告等，个人或集体提交申报材料，发布通知或公告的部门组织专家进行评审，最后再发布评奖结果通知或公告等，并且在这些程序中基本上都实行了异议制度、公示制度等。这些表面上看起来都没什么问

---

① 冰启. 生死攸关——高校科研面面观[J].上海教育，2002，（6）：13-14.

题，但仔细深究下去，会发现这一程序存在很大的漏洞，即缺乏严格的保密制度。这主要表现为，评审专家的信息是公开的，或者说即使是保密的，但是总有些人能够通过各种途径获得评审专家名单；申报人员的个人信息是公开的，虽然有时采取匿名制，但对于有的专家来说很容易就能判断出申报者。在具体评审时，有的评审专家对于那些学术头衔高的申报人员，尤其是比自己的学术头衔还高的申报人员，另眼相看，很轻率地给予特等奖、一等奖，而对于那些没有什么学术头衔的年轻人，则给予较低的奖项甚至不给予奖项。在国外名不见经传的小人物也可能获得诺贝尔奖。据报道，2002 年诺贝尔化学奖授予了日本的田中耕一，而他只是"一个名不见经传的小人物，既非教授，亦非博士，甚至连硕士学位也没有，只是岛津制作所的一名普通工程师。而专门生产科学测试仪器的岛津制作所，在日本只能算是一家不大有名的中小企业"。"假设由国人来评这个诺贝尔奖，我们能把这个奖颁给田中这样的没有职称、没有头衔的'小人物'吗？我们眼中的人才，往往有一大堆头衔和光环，不仅患上了高学历崇拜症，而且学问的高低还经常取决于职务的高低。田中获奖后，中国报纸纷纷报道他的身份是研究所'主任'，其实在日本，大学毕业生进公司做一两年的职员，就可晋升主任，但上面还有系长、课长代理、课长、次长、部长等等，主任实在不是一个什么官。我们把田中的这个'主任'看得那么重，恰恰反映了我们在学术评价上的'官本位'心态。"①

政府部门以"官本位"心态对待大学教师的学术头衔，大学也器重具有高级别学术头衔的教师。目前，我国国内最高的学术头衔是院士。有没有院士及有多少院士，对一所大学的发展至关重要。因为院士能给学校带来更多的学术资源及其他各种资源，诞生一个院士就说明学校的师资队伍建设取得实质性进展、科学研究水平又上了一个新台阶。因而不少大学刮起"院士"之风，搞起所谓的"院士工程"。有学者对此提出了疑问和批评："这是对学术的尊重，还是对学术头衔的尊重？对学术的尊重，是不论资排辈，是对人本身能力的尊重，谁能做出高水平研究，就创造条件给谁做。而对学术头衔的尊重，是凡事更看重人的'身份'、所拥有的'头衔'，只要你有'头衔'，有'身份'，一切都好办。不幸的是，我们的大学属于后者，往往对学术头衔拥有一种近乎图腾崇拜般的盲目敬畏。学术头衔是对某个人某一阶段学术成绩的肯定，但他并不代表着这个人一直具有的学术水平、学术能力。"②

从总体上看，政府部门的这种"官本位"思想在大学科学研究领域的蔓

---

① 胡伟. 田中获诺贝尔奖的震撼[N]. 文汇报，2002-10-22（5）.
② 熊丙奇. 大学有问题[M]. 成都：四川出版集团·天地出版社，2004：77.

延，加剧了大学科学研究功能的异化。

其次，实行大一统的科研管理体制，这是计划经济形式在科研领域的集中体现。长期以来，我国科研管理体制实行的是大一统的计划经济形式。虽然改革开放以来我国的教育体制在不断改革，并且已取得了一些成效，如赋予大学更多的办学自主权，但是对科研管理体制的改革一直没有什么大的动作或采取什么实质性措施。涉及科学研究的政策、立项、规划、奖励等仍然由不同级别政府的教育、科技等职能部门统管。对于国家级别的科研项目来说，涉及国家发展和改革委员会、国家自然科学基金委员会、科技部、教育部等多个管理部门，虽然它们管理的科研项目学科类别不同，但是它们获得经费的渠道是单一的，都是由国家财政部拨款，这与许多发达国家大学科研经费来源渠道的多样化是不可比拟的。各级政府部门针对掌握着的大量科研资源，设置了名目繁多的科研项目，尤其是提供了大量科研经费，吸引教师去申报。由于我国当前的科研管理体制并不完善，在项目管理中存在着寻租空间。在每次发布科研项目申报信息时，教师都积极申报，不仅是为了争取科研项目，更主要的目的是争取科研经费，因为它涉及教师个人切身利益。这样，在一个科研动力或者诱因产生于科研群体之外，科研满足的主要是外在行政权力系统的要求，科研成果的评判和价值确认一般也不是由科研群体自己进行的，尤其是在科研得以启动和运行下去所需的资源也来自于科研群体之外这个行政权力系统的时候，就产生了一种异化的知识生产关系，在这种关系中，科学研究的功能也必然出现异化。

教师的科学研究要想获得经费资助，首先就必须获得立项，而要获得立项，就必须通过各种程序或环节，即要经过层层申报、逐级评审，最后才能获得通过。并且，这些科研项目在申报立项时就必须预设研究所能取得的成果，必须获得相应的行政管理部门的认可，这就使得研究主要不是基于研究者的兴趣，违背了研究者自由选择和自由创造这一原则，从而减弱了研究者的个性、创造性和叛逆精神，甚至将那些被认为是"不合时宜"或者是"荒诞不经"的理论扼杀在摇篮里。对此，许多有识之士已清醒地认识到这种大一统的科研管理体制已严重阻碍了我国科技的发展，强烈要求去除这一弊端。例如，我国著名的经济学家吴敬琏先生就提出了"制度大于技术"的观点，呼吁改革用计划经济方式管理科学研究的体制。

再次，政府部门的管理也会影响大学的科学研究。在这种情况下，一方面，政府会要求大学做一些"短、平、快"的应用研究和开发研究，要能够立即取得效果。改革开放以后，在追赶世界科技发展前沿的迫切形势下，以及经济社会发展对科技的迫切要求下，我们喊出了"科学研究要上主战场"

的口号，无论是科学院还是大学，都把科学研究要为经济社会发展服务放在首位。而科学研究要出成果，做基础研究周期长、见效慢，而只有做应用研究和开发研究才能周期短、见效快。大学为了迎合这一要求，也就重视、偏向和乐于开展应用研究和开发研究。另一方面，政府部门对科研下任务、定指标。现在从政府到大学都在制定指标，如论文完成多少篇、课题完成多少项、经费争取到多少万、专利申请多少项等。这是从数量上做出的要求，还对这些成果的质量提出了要求，通过这些成果的载体的级别来进行判断和鉴别。例如，论文发表在什么刊物上，是在 SCI、EI 上，还是在 CSSCI、全国中文核心期刊上？对课题则要求是国家级还是省部级、厅局级？是纵向课题还是横向课题？对这些成果细分以后，然后按照不同的级别赋予不同的分值。在这种鼓励之下，大学的科学研究热情空前高涨，做研究成为一种时尚，无论是教师还是管理人员都争相申报课题、发表论文。不过，这种科学研究的热情具有很大的盲目性、跟风性，不少大学和教师没有自己明确的研究方向和重点，因而看别人研究什么自己就研究什么。这种"大跃进"已受到教育界的批评，如"某高校副校长说，全国至少有 20 所高校将信息技术、生命科学作为学校发展的重点学科，这有必要吗？很多人的'信条'是，要做就做世界一流。可这样做是否有必要，自己是否有这种能力，似乎反倒无足轻重。在科技发展上，我们以'国际化'为航标，几乎全部靠引进，而且以引进为荣，结果我们的原创性重大科研成果少之又少，我们的教授所做的就是跟踪、消化吸收别人的成果。看看我们引进的技术，有相当部分是被别人淘汰下来的"[①]。

　　与科技"大跃进"相关的就是大学对人才的渴望。大学要产出更多的、更好的科研成果，当然离不开高素质的人才，因而各个大学都加大了人才引进力度，对已经功成名就的专家、学者不惜重金引进。不过值得注意的是，从大学对引进人才的要求看，这些人才都是在某一方面具有一定学术造诣的人员，也就是需要引进的科技型人才，而非教学型人才。或者说，对人才的教学能力没有什么要求或不作要求。这或许是因为大学的相关管理人员认为一个能把科研做好的人自然能把教学做好，或者认为教学不是难事，只要是教师都能胜任教学。不过，在一定范围和时间内，人才的总量是一定的。如果各个大学都争相引进人才就演变为互相挖人才，今天你挖我的，明天我挖他的，后天他挖你的，形成一种恶性循环，对国家整体的科研实力没有任何益处。对于学校而言，引进人才以后，学校的整体科研成就并没有实质性提高，这主要是因为重引进而轻使用，同时自己的优秀人才因得不到重视而轻易被其他大学挖走了。对于人才个体而言，常言道"树挪死，人挪活"，可这对我国

---

　　① 熊丙奇. 大学有问题[M]. 成都：四川出版集团·天地出版社，2004：91.

目前的大学之间的这种人才非正常的流动并不灵验，因为各个大学的管理制度、学术氛围基本上都是一样的，在原先大学里所受的压抑感在新的大学里同样存在，并且许多事情还要从头再来。

最后，政府部门的行政权力干预了大学的学术自由。做学术研究是需要一个自由而轻松的环境的。学术自由是大学自古以来就一直秉持的精神品格，也最能体现大学的灵魂。但是，考察大学的发展历史可以发现，大学的这种学术自由不是与生俱来的，而是经过长期的斗争获取的。"中古以来，大学求独立自由，经过无数的奋斗与努力，它们向教会争自由，向皇室争自由，向一切世俗的权势争自由。一部世界大学的发展史可说是一部争学术独立自由的历史。"①学术自由应该是大学的最高原则和基本理念，因为只有在这一原则和理念下，大学才能致力于真理的探索。美国著名的高等教育家亚伯拉罕·弗莱克斯纳（Abraham Flexner）认为，"大学的精髓是学术自由。'一句话，大学应该是学者的乐园，应该是他们没有任何约束、按自己的方式发展精神和智力的场所'"②。因为大学的生命力取决于"人"而非"砖块和灰浆"。大学的重要任务是学术研究，而研究在本质上讲是一种个人的智力活动，从心理学角度看，这种智力活动离不开自由而轻松的氛围。相反地，"对于视学术自由为生命的大学中人，如果没有了自由，如果心灵一直处于压力或压抑之下，灵感的火花将无法迸发产生，已经点燃的火花也会很快地熄灭"③。有一个故事很能说明学术自由对于教师创造性的重要性。"一位名叫布克的瑞士钟表匠在参观金字塔后得出结论：金字塔的建造者，不是奴隶，而是一群自由人！布克曾因违反教规而入狱，在狱中被安置做钟表。他发现在失去自由的地方，无论采取任何高压手段，都不能使其制作出日误差低于1/10 秒的钟表，然而入狱前每个钟表匠都能轻松造出误差低于 1/100 秒的钟表。"④发达国家都有一套完备的法律制度来保障大学的学术自由。一方面，大学的学术自由受国家的根本法即宪法保护。例如，最早将大学学术自由载入宪法的是德国，其在 1849 年的法兰克福宪法进行了明确规定。另一方面，为了使大学的学术自由权利落到实处，各国还出台了配套的法律法规。例如，德国在高等教育总法中明确规定了大学的研究自由、教学自由、学习自由等。日本在教育基本法中强调"要尊重学术自由"。日本大学的教师由于具有公务员身份，为了排除政府权力对教师的干扰，其在公务员条例中特别规定教师的学术自由不因公务员的身份而受到影响。就我国情况而言，我国

---

① 金耀基. 大学之理念[M]. 北京：生活·读书·新知三联书店，2001：13.
② 郝艳萍. 弗莱克斯纳的现代大学观探析[J]. 高等教育研究，2003，（1）：89-94.
③ 张晋衡. 大学论[M]. 北京：中国档案出版社，2010：142.
④ 晨风. 中国汽车设计为何缺少中国元素?[N]. 解放日报，2006-05-17（13）.

《高等教育法》只规定了大学具有科学研究的职能，但是并没有明确教师有学术研究的自由。也就是，我国对于学术自由目前只是停留在理论探讨层面，尚未上升到法律层面。

受政府部门对大学的管理方式影响，大学自身在管理过程中也采取了这种极端化的行政方式。表现在学术领域，就是大学的行政权力干预学术权力。尤为特别的是，大学的行政权力对学术权力干预，并不像政府的行政权力对大学事物的干预，而是具有很大的隐蔽性。因为大学的行政权力和学术权力经常合二为一，也就是大学的一个管理者往往具有双重身份，他既可能是学院院长、职能部门处长、学校校长，同时也是教授、学者，这样他就既行使行政权力，同时也行使学术权力。在很多情况下，人们很难判断他是在行使行政权力还是学术权力。这种行政权力与学术权力集于一身，为行政权力干预学术权力打开了方便之门，也为权力寻租打开了方便之门，并且可以规避行政道德和学术道德等问题 。在实践中，有的人会利用手中的行政权力为自己获得更多的学术资源，同时利用手中的学术权力来推动自己行政职务。例如，某学院院长利用手中的行政权力通过制定有利于自己的学术政策直接或间接地占有他人的科研成果等方式，为自己积累学术成果；在条件成熟时，以这些学术成果为资本（因为大学是学术研究场所，行政职务的晋升往往对学术成果有一定要求）去竞聘校长或副校长；当上校长或副校长以后，又可以利用更大的行政权力为自己获取更多的学术成果；同样，在条件成熟时，可以以这些学术成果为资本申报院士等。在这一过程中，一个人对行政权力和行使权力的行使，对其个体而言，实现了良性循环；而对整个学术圈或国家科技发展而言，就是一个悲剧，因为它涉及权力寻租、侵占他人学术成果等严重问题，败坏了学术风气。实际上，一个人的精力和时间都是有限的，如果既想当官又想做学术，结果可能什么也没做好。

总之，政府在官本位思想影响下，通过实行大一统的科研管理体制、按计划经济形式搞科研规划、干预大学的学术自由等措施，将大学完全地纳入政府行政管理系统是导致大学科学研究功能异化的政治原因。

其三，文化原因。在我国 5000 多年的文明史中，阶级统治社会占据了绝大部分时间，这种社会实行的是一种神圣庄严的君权统治制度，在这种制度下，君君、臣臣、父父、子子等层次分明、等级森严。长此以往，这种等级制度就形成一种文化现象，它的直接后果就是凡事都要分出个三六九等，只有这样才符合人们的思维习惯。即使在当今社会，这种等级文化仍然根深蒂固。受此文化影响，大学的科研项目被划分为校级、市级、省级、部级、国家级等不同等级，很少有人对此提出异议，因为它符合人们的心理和思维习惯，并且人们不是根据科研成果的实用性判断其价值，而是根据科研成果的级别判断其价值。此外，这种文化还使人们产生一种"对上"敬畏的心理，尤其是对上级官员的敬畏心理。在大学，如果上级干预自己的科研项目，甚至是侵占自己的学术成果，教师可能出于敬畏会采取忍气吞声的态度。有时一些研究者甚至将自己的研究成果主动献给上级领导，以示敬意，这使得学术失范现象屡禁不止。可以说，几千年的等级文化是导致大学科学研究功能异化的文化原因。

其四，社会原因。社会原因主要表现在分配制度、管理体制、社会风气等方面。在社会分配制度方面，目前我国还处于社会主义初级阶段，实行的是以按劳分配为主，多种分配形式并存的分配制度。由于分配制度不完善，分配的不公平现象普遍存在，不同地区之间的收入差距明显，不同行业之间收入差距也比较明显。即使同一单位内部收入差距也比较明显，如近两年国人比较关注的具有垄断地位的国有企业收入分配改革问题，一个普通职工年收入少则仅有两三万元，而一个中层领导年收入最多可达两三百万元，而一个高层领导年收入甚至可达千万元。社会分配不公现象的普遍存在也影响着大学的科学研究。在大学，拥有科研项目尤其是国家级科研项目多的教师，其隐性收入也比较高，从而造成做科研的教师与不做科研的教师之间的收入存在着一定的差距。近几年，随着国家对科学研究的重视，国家科技经费投入保持着增长态势。据报道，2013 年，我国研发经费投入达 1 万多亿元，投入强度（科研经费投入与 GDP 之比）首次突破 2%。[①]在如此大的"蛋糕"诱惑下，许多教师不考虑自己的兴趣和能力，采取各种手段竞相申报科研项目，项目申请下来后，部分教师会想办法将科研经费收入囊中。在社会管理体制方面，虽然我国的市场经济已运行了几十年，但社会管理体制改革始终处于滞后状态，还保留着计划经济时代的许多弊端，其中最明显的、危害性最大的就是管理的教条化，这种教条化只注重形式而忽视内容，只注重数量而忽视质量，只注重结果而忽视过程，显得刚性有余而柔性不足。教条化管理的最大好处就是标准明确，容易判断是非，省时省力。可以说，教条化管理是最懒惰的管理方式。社会管理体制的教条化也影响着大学的科学研究。在大学，科研管理作为社会管理的缩影，也采取了极端的教条主义形式。具体表现为，在科研项目申报时，要求申请者必须写明项目的选题意义、研究的目标和主要内容、采取的方法或手段、预期达到的学术成果等；在科研项目研究过程中，要定期检查是否严格按照研究计划而开展研究，是否已取得一定成果等；在科研项目结题时，要重点审查发表论文的数量及期

---

① 张翼. 我国研发经费投入强度首次突破 2%[N]. 光明日报，2014-10-24（005）.

刊的级别，出版著作的字数及出版社的级别等。在社会风气方面，社会上部分人风气浮躁，以功利的视角审视一切事情和问题；对别人的要求标准很高，对自己则采取自由主义的态度；能够静下心来认真学习和读书的人少之又少；等等。正如有的学者所言："不少人追求短期效益，学风不正，为了早出成绩，追求显示度而急功近利，这是一种蔓延于学术界、教育界的浮躁情绪。究其根源，是社会的浮躁。办学者、基金的管理者其实也需要宽松的环境，他们之所以迫不及待地要出成绩，与上级部门对他们的考核指标有关。要让他们给予教授、科研人员宽松的环境，首先得让更上级部门给予他们宽松的环境。归根到底，是我们整个社会要有沉得住气、做大事的氛围。"①这些都不可避免地会造成大学科学研究的异化。

其五，生态原因。马克思主义认为，人是自然的一部分，人类的生存与发展离不开自然界，需要不断从自然界获取物质和能量，人与自然应当和谐相处。生态原因造成的大学科学研究的异化表现在人类征服和改造自然，以及人与自然关系两个方面。在人类征服和改造自然方面，在人类进入工业文明以来，社会发展的步伐在加快，人类征服和改造自然的步伐也在加快。科学技术作为第一生产力，自然是征服和改造自然的必备工具，而先进科学技术的获得又离不开科学研究，因而各国都很重视科学研究。在各国对科学技术的急切需求及对科学研究的高度重视下，对大学科学研究的重视和投入也在增加。结果，科学研究确实获得了巨大进步，产生了许多很有价值的成果。不过，受到这种征服和改造自然的急功近利的影响，科学研究或多或少地偏离了自身的运行规律，不可避免地产生异化了。

在人与自然关系方面，虽然人类在征服和改造自然中取得了巨大成就，但也付出了巨大代价。人类无休止地向自然掠夺资源，造成"资源约束趋紧、环境污染严重、生态系统退化的严峻形势"。正如恩格斯所言："但是我们不要过分陶醉于我们人类对自然界的胜利。对于每一次这样的胜利，自然界都对我们进行报复。"②这样，人与自然的矛盾激化了，人与自然的关系异化了。人与自然关系的异化直接导致了人与人关系的异化，因为人们为争夺有限的自然资源而展开各种竞争，甚至发动战争。人与人关系的异化表现在各个领域，在大学科学研究领域，不同大学之间、大学内部的不同个体之间，为争夺有限的科学研究资源，往往采取各种不正当的非学术的手段，这就使得科学研究不可避免地产生异化了。

---

① 熊丙奇. 大学有问题[M]. 成都：四川出版集团·天地出版社，2004：115-116.
② 中共中央马克思、恩格斯、列宁、斯大林著作编译局. 马克思恩格斯文集（第9卷）[M]. 北京：人民出版社，2009：559-560.

2. 现实原因

下面从宏观、中观和微观角度分析大学科学研究功能异化的现实原因。

其一，从宏观角度看，国家缺少一部统一的科学研究项目管理法律。目前，我国对科研项目的管理处于一种政出多门、各自为政的状态。科研项目的来源单位既有教育部门、科技部门、财政部门等政府部门，也有教育、法学等各种研究机构，还有各种基金会、协会、联合会等。这些项目来源单位都为自己管理的项目制定了相应的管理办法，但是由于这些管理办法政出多门，在实践中已产生不少问题，主要表现如下。

（1）不同的管理办法之间经常会出现不协调甚至冲突。例如，有些办法规定变更项目负责人等实质性内容必须提出书面申请，而有些办法规定变更通信地址等非实质性内容也必须提出书面申请。

（2）有些管理办法规定的随意性降低了科研项目的严肃性。例如，有些省部级科研项目的管理办法规定，科研项目成果鉴定和结项的专家组成人员可以由课题组聘请，以及由学校组织科研成果的鉴定，这就增加了暗箱操作的风险，大大降低了鉴定的公信力。

（3）有些管理办法虽然具有很强的科学性，但由于法律效力低，强制性弱，无法在全国贯彻执行。例如，针对科研人员反映较多的人员经费支出比例过低的情况，财政部在《关于进一步加强大学科研经费管理的若干意见》中规定，人员经费的支出，各大学应根据科研项目管理办法或项目合同的要求据实列支。这一规定对人员经费的支出比例并没有做出限制，然而许多大学在实际中做出不得超过科研经费 15%的限制。这种科研项目管理的政出多门、各自为政的状态在无意中为各种科研问题的产生打开方便之门。

其二，从中观角度看，大学科学研究项目的管理制度不健全和执行不力。大学的科研项目获得立项后，项目来源单位基本上就会把大部分管理工作委托给大学。因而大学关于科研项目的管理制度是否健全、执行得是否有力度对于保障科研项目的健康运行至关重要。然而，许多大学对科研项目尤其是科研经费的管理缺乏健全的制度，或者是虽有制度而不予认真执行，主要表现如下。

（1）各职能部门之间缺乏有效的协调。目前，各大学参与科研项目管理的有财务部门、科技部门、人事部门等，各部门管理水平不一，且各部门自成一体，缺乏有效的信息沟通和相互监督机制，这为科学研究活动的各种不规范行为提供了机会。

（2）学术评价制度不科学。大学对科研成果的评价往往重数量、重级别，而轻质量、轻应用价值，认为论文的数量越多越好，发表论文的期刊级别越高及出版著作的出版社越权威则质量就越高，并认为这样的成果也会有很好的应用价值。

（3）缺乏严格的内部审计。目前，各大学未建立起完善的针对科研经费的审计制度，审计多流于形式，且审计结果也不予公开，使得科研经费的使用存在不规范。

（4）缺乏完善的责任追究制度。在科学研究中当发生违规使用科研经费或违背学术道德行为时，往往只追究课题组相关成员的责任，而对于负责科研管理工作的相关领导却不予追究。

（5）管理制度教条化严重。不少学校不尊重科学研究规律，给教师的科研工作量下达硬性指标，要求教师每年必须完成一定量的科研项目和发表一定量的论文，使得教师心情浮躁，只重科研数量而难以顾及质量。

其三，从微观角度看，教师科研素质不高。无论什么类别、级别的科研项目，最终都需要由具体的教师来完成。因而，教师个人的科研素质对于一项科学研究活动能否达到预期目的具有决定作用。然而，部分大学教师的科研素质不容乐观，主要表现如下。

（1）法律意识淡薄。不少教师缺乏基本的法律常识，认为科研项目是自己努力争取获得的，把科研经费当作自己的私有财产，想尽各种办法规避管理，采取各种手段套取、贪污、挪用科研经费，对自己的违法行为浑然不知。

（2）质量意识差。部分教师在主观上不太重视科学研究工作，认为教学是第一位的，科学研究工作只是辅助性的，且教师的教学任务普遍比较重，因而教师不愿意将或没有更多的时间和精力花在提高科研质量上。

（3）态度不够端正。一些教师认为社会科学研究缺乏严谨的实验数据支撑，缺乏有力的定量研究，多是由理论到理论的花架子，因而盲目自负，以"将就""可以""差不多"的态度对待科研活动。

（4）合作能力差。一些教师不乐于或不善于与他人合作，采取传统的"单兵作战"方式对待现代科学研究，从单一学科单一视角进行钻牛角尖式的研究，造成研究成果的片面性或缺乏科学性。

（5）科研技能不高。不少教师的项目申报书、结题验收书等文本质量差，在研究中不能采取适当的研究方法，对研究成果的总结逻辑性差等，有的甚至分不清基础研究、应用研究和开发研究之间的区别，以及自然科学研究与哲学社会科学研究之间的区别，使得研究不伦不类。

第四节 大学科学研究功能异化的消除

根据大学科学研究功能异化产生的原因，其消除的途径可以分为根本途径和直接途径。

一、大学科学研究功能异化消除的根本途径

既然大学科学研究功能异化的根本原因是自然形成的分工造成的部分教师与教学岗位相分离，以及科学研究功能与人才培养功能相背离，那么要从根本上消除这种异化，就必须在社会生产力发展的基础上，消灭这种自然形成的分工。"个人力量（关系）由于分工而转化为物的力量这一现象，不能靠人们从头脑里抛开关于这一现象的一般观念的办法来消灭，而只能靠个人重新驾驭这些物的力量，靠消灭分工的办法来消灭。"①而要消灭这种自然形成的分工，就必须使大学的科研与教学岗位相联合形成真正的共同体，"在真正的共同体的条件下，各个人在自己的联合中并通过这种联合获得自己的自由"①。这样，自然形成的分工被出于自愿的分工取代，大学科研人员不再受限于特殊的科研活动范围，而是可以随着自己的兴趣在科研、教学等岗位自由发展。当大学科研人员与教学岗位实现了这种联合，那么大学科学研究中存在的研究者与自己的产品、自己的研究过程、自己的类本质、他人的关系相异化的各种现象也就会从根本上得以消除。

二、大学科学研究功能异化消除的直接途径

对于如何解决我国大学科学研究中存在的各种乱象，不少学者提出了自己的设想。例如，学者葛剑雄针对当前错综复杂利益纠葛之下的学术不端行为，认为可以采取"大赦"措施，他建议，"在普遍的学术道德和学术规范教育的基础上，设定一个期限。这个期限以前，除非有人追究法律责任的学术腐败问题，一般不予追究。让大家把以前的个人简介和学历、学位里的水分去掉，从以前的阴影中解脱出来，使大家干干净净，'关键是今后要从严'"②。具体地，"'大赦'学术不端，是指对过往（规定某个时间段以前）由学术管理机制不健全造成的学术不端既往不咎，但是需要当事者承认学术不端行

---

① 中共中央马克思、恩格斯、列宁、斯大林著作编译局. 马克思恩格斯文集（第 1 卷）[M]. 北京：人民出版社，2009：570-571.

② 雷宇，张国. 学术腐败已演变成"癌症" [N]. 中国青年报，2010-03-13.

为，对学术不端行为认错。在此基础上，共同反思造成学术不端的制度根源，建立新的学术管理与评价制度。对启动新的管理与评价制度后的所有学者，执行严格的学术标准，严肃问责。这种做法，可能放过了一些学术不端者（事实上，现在的学术不端治理，也是让大多数学术不端者逍遥法外），但是，却可能减少围绕学术不端的制度与利益纠结，截断学术旧秩序对新秩序构建的影响，加快学术新秩序的构建。当然，这一举措的前提是，真正建立新学术秩序，而不是'大赦'以后，秩序依旧，旧债未还，新债又增"①。这一建议为解决学术不端问题提供了一个新的思路。当然，这一措施如果要真正予以落实还需要完善相关的配套制度。在实践中最有可能的是以国家出台的某一部法律法规或文件为标志或分水岭，对此之前的学术不端行为，如果不是非常严重，如涉嫌犯罪等，就采取冷处理措施，既不公开宣布"大赦"，但也不深究责任；而对此之后的学术不端行为，则采取零容忍态度，对任何学术失范行为根据情节轻重严肃处理。

又如，学者熊丙奇针对当前的学术之恶，主张采取"休克疗法"，他说："我国学术界，不妨暂时中止两年一度的院士评审，或者延长其评审时间（几年前就有专家提议取消院士评审）；中止每年一度的国家科技奖办法（有一些成果根本还没结题就已经获奖），让大家从追逐头衔和奖项中抽出身来，真正关注学术本身。这种中止，对于真正有学术追求的人来说，其实毫无影响，谁会因不评院士，就不搞考研，不参评奖项，就没有科研积极性？同时，既然这么多的论文，没有挣来国际国内名声（得到的反而是坏名声），没有实质贡献（瓜分了本该用于人才培养的金钱精力），那么，为何高校不可以暂时取消每年一度的论文考核，将其延长到三到五年，并降低数量要求？"①这一建议同样为解决学术不端问题提供了一个新的思路。从近几年的实际情况看，一些省份和学校确实在实行这种"休克疗法"，如将某些评奖活动由 2 年 1 次改为 4 年 1 次；一些学校在职称评定时不再过分看重论文数量，而是采取"代表作制"，等等。

从总体上看，解决大学科学研究中存在的问题，应根据问题产生的原因对症下药，做到有的放矢。可以从宏观、中观和微观三个角度，在国家、大学和教师三个层面采取一些关键的对策。

1. 从宏观角度看，国家应加强立法，制定一部统一的、高效力的科学研究项目管理法律

在制定法律时，应明确其宗旨，即还原科学研究的自由探索、追求真理

---

① 熊丙奇. 走出一个时代的教育困惑[M]. 上海：中西书局，2011：179-181.

的本来面目，斩断以科研项目为依托获取经济利益的黑手。同时，应做好以下几点工作。

其一，坚持公开原则。将有关科研项目的立项申请、审批立项、开题、中期检查、年度检查、结题等各个环节，以及鉴定专家组成人员、经费使用等全部情况都公之于众。阳光是最好的防腐剂和杀毒剂。坚持公开原则将有效杜绝科研过程中的各种暗箱操作。

其二，坚持公平公正原则。不论是青年教师还是老教授，也不论是普通教师还是校长、处长，都应有平等的机会获得科研项目。当前尤其需要打破科研项目的等级制度，不能因科研项目的级别高，就可以获得更多的科研经费，以及获得在评奖、评职称等方面的优先权。因为人们对低级别的科研项目投入的劳动往往并不会比高级别的科研项目少，低级别科研项目成果所产生的社会价值也不一定比高级别科研项目低。

其三，坚持制衡原则。针对科研经费的不规范使用情况，科研经费的来源单位与科研经费使用的审批单位应当适当分离，这有利于双方互相制约、互相监督，避免滥用权力，杜绝自审自批，从而增加科研经费使用的透明性，保证使用的合规性。

其四，坚持独立审计原则。由第三方对科研经费使用的合规性进行独立审计，并将审计结果公开，接受公众监督。对大学的审计仅仅是最近几年的事，且这种审计多是与大学有各种利害关系的政府部门组织的，缺乏独立性，公信力容易受到质疑。

其五，坚持奖惩原则。目前，奖惩原则在科研活动中没有得到很好的贯彻，优秀的科研项目没有得到奖励，不合格的科研项目也没有得到处罚。尤其对于滥用科研经费，往往只是做撤项处理，对于其中可能已涉及犯罪的问题却不予深究。因而应坚持奖惩原则，尤其重视刑法对科研活动的保障力度。

其六，坚持自由结题原则。学术自由是学术界一直在呼吁的，它多是指研究者自由选题、自由地开展研究活动，避免行政权力干预，频繁地进行检查考核等。但是从研究活动本身的需要来看，学术自由的内涵应当进一步得到丰富，即一项科研项目，需要研究多长时间、何时结题，以及结题时是否需要提交公开发表的论文、发表论文的数量、发表论文期刊的级别、是否需要出版著作等，都应由研究者自己决定。因为在实践中，往往就是因为对这些方面做出过多行政性的硬性规定，在一定程度上导致了大学科学研究功能的异化。具体地，如果对科研项目的研究时间做出规定，目前我国各级各类的科研项目研究时间一般为 2～5 年，研究者必须在这一时间段内完成结题，否则就会被撤项，这无形中给研究者增加了压力和紧迫感，研究在表面所享有的学术自由无形中被这有限的时间限制和剥夺了。每个研究者的能力不一样，每天用在研究上的时间也不一样，这种时间规定明显违背了学术规律，部分研究者为了能够按时结题，研究过程缩水、研究成果粗制滥造，就是很自然的事了。同样地，如果对科研成果尤其是对论文的数量和论文期刊的级别做出硬性规定，这就违背了研究者的意愿，研究者为了完成这些指标，抱着应付的态度发表的论文，其质量也无法保证。有人可能会问：一个科研项目的经费往往有几万元至几十万元不等，如果结题时就一篇研究报告或论文，这不是浪费资源吗？笔者认为，即使这样，那也没有办法，因为那些不是出自研究者意愿的质量低下的粗制滥造的成果更是对资源的浪费。要知道，一篇论文从写作到发表出来，不知要用到多少社会资源，花费多少社会劳动时间，如果把这些资源、时间节省下来用于其他方面不是更好吗？

　　其七，坚持评价延后原则。在现有的科研项目管理办法之下，不宜在科研项目结题时就对其学术价值和应用价值进行鉴定，因为对于一项科研项目，尤其是具有原创性的基础研究项目，在 2～5 年的研究期间里，很难说它有多大的学术价值和应用价值，而只有在结题以后的更长的时间里才好做出评判。如果在科研项目结题时就对其相关价值进行鉴定，可能评价会出现偏颇。现实中许多科研项目结题后就被束之高阁，无人问津，甚至为社会所诟病。而坚持评价延后原则，在科研项目结题以后的 10 年甚至 20 年的时间里，由学术界和社会对其学术价值和应用价值做出评价，而改变结题时就进行的行政性鉴定，就会使研究者在研究过程中，时刻注意科研项目的学术价值和应用价值，这对于减轻甚至消除大学科学研究功能的异化是大有裨益的。

　　其八，建立严格的学术规范制度。当前，我国的学术规范制度还不够健全，各个期刊和出版社对学术规范要求不一致，一些从事多年研究的人员也分不清"直接引用"和"间接引用"之间的区别等。尤其是对于违背学术规范行为的处罚力度明显偏轻。而一些发达国家对学术的规范要求很严格。有的从学生就抓起，做好学术规范教育。例如，"在哈佛大学，每一个新生入学时拿到的《哈佛学习生活指南》，都在非常显著的地方，用加大加粗的字体甚至套色印着这样两段话：

　　独立思想是美国学界的最高价值。美国高等教育体系以最严肃的态度反对把他人的著作或者观点化为己有——所谓剽窃。每一个这样做的学生都将受到严厉的惩罚，直至被从大学驱逐出去。

　　当你在准备任何类型的学术论文——包括口头发言稿、平时作业、考试论文等时，你必须明确地指出：你的文章中有哪些观点是从别人的著作或任何形式的文字材料上移入或借鉴而来的。①

　　一些国家对违背学术规范行为采取零容忍态度，对于任何一点瑕疵，研究者都可能付出很高代价。例如，"某国外学者，申请一项课题，仅在课题申报书中，没有注明一处观点的引文出处，就被该课题的立项机构认定学术不端，取消了其申请资格，并禁止其 5 年内不得申请该项目。这还不算完，该学者所在机构启动调查，根据其学术不端行为，做出解聘处理。也就是说，这名学者，为一个在我们这里'不起眼'的小错误，付出了被赶出学术圈的严重代价"②。

　　相比之下，我国的学术规范远没有这么严格。例如，2013 年 5 月经修订的《国家社会科学基金管理办法》中规定，对于"项目负责人在其他学术研究活动中有剽窃他人科研成果或者弄虚作假等学术不端行为的"，只是做出终止项目实施的处理。又如，2012 年的《中国工程院院士增选违纪违规行为处理办法（试行）》中规定，对于候选人"主要成就和贡献有侵占他人学术成果进行拼凑和包装的""学术论文、重要科技奖项和发明专利有侵占他人学术成果进行拼凑和包装的"等行为，只是做出"在相关学部范围内进行通报；情节较重的，终止其当次被评审与选举资格；情节严重的，除终止其当次被评审与选举资格外，还取消其下一次被提名或推荐资格，并记入诚信档案"等处理。建立严格的学术规范制度并在实践中切实予以落实，将有助于减少各种学术失范行为。

2. 从中观角度看，大学应健全科学研究项目的管理制度并加强执行力度

　　大学可以采取以下措施。

　　其一，加强各职能部门的协调。建立沟通协调机制有利于实现各职能部门之间的信息资源共享，及时掌握科研项目的动态，第一时间发现问题，甚至将可能产生的问题消灭在萌芽状态，并能够促使各部门相互学习和提高，互相监督，从而杜绝各种不规范操作。

　　其二，建立科学的评价制度。要由重数量、重级别转变为重质量、重应用价值。正如前文所述，科学研究成果的质量往往在短时间内很难考量，其应用价值也不会立竿见影。科学的评价制度要避免短视行为，要在一个尽量长的时间跨度内对科研成果进行评价。

　　其三，加强内部审计。这主要指对科研经费的审计。虽然审计是针对已

---

　　① 评论：北大名教授王铭铭抄袭事件说一流[EB/OL].http：//www.southcn.com/edu/xinwenbobao/200201210364.htm[2016-12-02].
　　② 熊丙奇.走出一个时代的教育困惑[M].上海：中西书局，2011：171.

经发生的事项，具有一定的滞后性，但是它对科研活动的保障作用仍是巨大的。完善内部审计制度，能够及时发现和惩处不规范行为，而将审计结果及时公开，又可以起到预警作用，具有惩前毖后之功效。

其四，建立校领导负责制。我国是一个行政文化浓厚的国家。在一个单位里，如果一项工作或制度没有得到领导的重视，那么这项工作就可能很难开展或这项制度很难执行。在大学，如果校领导不重视对科研项目的管理，那么科学研究中就可能存在不规范行为。那么如何使校领导重视对科研项目的管理呢？这就是要建立一套校领导对科研项目负责的制度。一旦在科学研究活动中发生论文抄袭、滥用经费等不规范行为，不但相关教师要承担责任，而且相关的校领导也要承担相应的管理责任，受到相应的处分。如果校领导重视了，相关的科研管理制度更有可能建立和完善起来，并在实践中得到认真执行。

其五，要营造一种宽松的科研环境。学校要尊重科学研究规律，将研究的选择权真正交给教师，由教师根据自己的兴趣、爱好和能力自由选题，自由选择研究方法、自由决定结题时间等。杜绝给教师的科研工作量下达硬性指标；不能像对待经济发展规划那样，以行政命令形式规定按期完成的规划；避免频繁检查，让教师能够静下心来搞科研，等等。只有这样，才能为教师营造宽松的科研环境，使教师去除浮躁和急功近利情绪，十年如一日地从事研究，从而产出有价值、有分量的科研成果。

我国著名历史学家翦伯赞先生曾说过，做学问要坐十年冷板凳。其实许多研究要想出真正有价值的成果，研究时间往往需要二十年、三十年，甚至是一辈子、几代人。例如，2002 年诺贝尔物理学奖获得者是美国的雷蒙德·戴维斯，他对宇宙中微子的研究历时长达 40 年；2003 年诺贝尔物理学奖获得者是美国的三位科学家，他们的研究耗时 10 多年，而且经过了 30 多年时间的考验；2004 年诺贝尔化学奖获得者是以色列的两位化学家，他们的研究长达 35 年；2004 年诺贝尔生理或医学奖的获得者是哥伦比亚大学的生物化学教授理查德·阿克塞尔与琳达·巴克，他们的研究历时 16 年。我国本土第一位获得诺贝尔科学奖项的科学家屠呦呦，从 1971 年首次从黄花蒿中发现抗疟有效提取物，到 2015 年因发现青蒿素治疗疟疾的新疗法而获得诺贝尔生理学或医学奖，跨度达 40 多年。当然，这些只是研究获得成功的例证，实际上有许多研究往往以失败告终，这就是科学研究的特点和规律。

3. 从微观角度看，教师应不断提高科研素质

这些素质主要包括如下几个方面。

其一，树立正确的法律意识。科研经费也是纳税人的钱，不按规定使用是要承担相应责任的，严重的构成犯罪的，还要承担刑事责任。此外，有的教师剽窃他人的研究成果，侵犯别人的知识产权，这往往要承担相应的民事责任。而树立正确的法律意识有利于养成遵守科研管理各项规定的习惯。

其二，树立终身负责的质量意识。科研成果的质量与一般商品的质量不一样，一般商品往往具有一定时限的保质期，过了保质期，厂商将不再对商品质量承担责任。然而，科研成果的"保质期"却不同，研究者需终身对它负责。这意味着，如果研究成果质量不过关或存在抄袭等瑕疵，即使当初没有被发现，但在以后岁月中，它随时可能被曝光。例如，经常有报道，某某知名人士因其几十年前的学术造假被曝光，搞得身败名裂。而大学教师树立对科研成果终身负责的质量意识，在科学研究中往往可以减少许多不规范行为。

其三，树立正确的态度。一个人对科学研究的态度影响着其积极性、主动性和创造性的发挥。当前尤为要端正对待哲学社会科学研究的态度，要认识到哲学社会科学有着自己的研究视角、研究方法和研究逻辑，也就是哲学社会科学研究有其自身的特点和规律，绝不是纯理论的、解决不了实际问题的花架子，须以严谨的科学态度对待。

其四，培育叛逆精神。叛逆，对于一般人来说是一个贬义词，而对于一个真正的学者而言却是必须具备的品质。在研究中，教师不能盲从任何学术权威，敢于怀疑批判学术权威。科学的发展是无止境的，需要在怀疑中、批判中得到发展。研究者如果只是囿于已有的学术权威，那么科学的发展也就停止了。在这方面，爱因斯坦堪称典范。班奈施·霍夫曼和海伦·杜卡斯在《阿尔伯特·爱因斯坦：创造者与叛逆者》一书中，详细描述了爱因斯坦在科学研究活动所持有的叛逆精神。他在研究中始终保持着独特的个性、创新性思维，对学术权威敢于怀疑、敢于批判、敢于说不，尤其是对受学术界崇拜了近 200 年的牛顿的绝对时空观，他敢于怀疑、敢于批判、敢于说不，于1905 年发表了 5 篇论文，从根本上改变了物理学的研究面貌，为相对论和量子力学的建立和发展做出了杰出的贡献。有鉴于此，为了纪念这位天才的物理学家，2005 年即"爱因斯坦狭义相对论"发表 100 周年和逝世 50 周年，联合国大会通过决议，确定该年为"世界物理年"。

其五，提高合作能力。合作能力是现代科学研究必须具备的素质。现代科学研究比传统科学研究复杂得多，它需要从不同学科和采取不同的方法对问题进行多角度的研究，这种研究绝非单个人所能胜任。因而现代科学研究

需要不同学科背景的人进行合作。教师要在实践中有意识地培养自己的沟通协调能力，发展交际能力，为提高合作能力打下基础。

其六，提高科研技能。学校要为教师提供必要的培训。目前，教师在走上教学岗位之前都需要接受培训，取得教师资格证才能从事教学活动。相比之下，教师在从事科研活动之前却不需要培训，即使培训也多流于形式，因而必须重视对教师的培训，并在其取得相应资格证后才能允许其申报科研项目。此外，学校可出台相应措施，鼓励老教师通过"传帮带"等形式在实践中逐步提高青年教师的科研技能。

第四章　大学社会服务功能异化

第一节　大学社会服务功能概述

一、大学社会服务功能的内涵

社会服务是大学的又一基本功能。经过 100 多年的实践，社会服务功能无论是对大学自身发展还是对国家的发展都起到了重要作用。

虽然社会服务是大学的基本功能之一，并且人们也经常谈论大学应如何开展社会服务，但是在学术界人们对社会服务的理解并不一致，也就是对社会服务并没有一个统一的看法。因为，"高校社会服务的概念是个动态发展的概念，它的内涵是随着社会、经济、科技的发展而不断丰富的，要想下一个全面、准确、长期适用的定义是相当困难的"[①]。如在美国，人们对社会服务的理解就不尽相同。"以美国卡内基教学促进基金会 2010 年高等教育机构分类体系中的 221 所研究大学为例，通过登录学校网站和词频统计，在其使命陈述中明确表明社会服务使命的，具体有以下几种形式：①公共服务（public service），共有 36 所大学，占 16.29%；②社区服务（community service），共有 8 所大学，占 3.62%；③公民参与（civic engagement），共有 2 所大学，占 0.9%；④公民责任（civic responsibilities），共有 12 所大学，占 5.43%；⑤公民义务（citizenship），共有 10 所大学，占 4.52%；⑥富有责任感的市民（responsible citizens），共有 5 所大学，占 2.26%。"[②]美国一位州立大学校长克利福顿·沃顿认为，"实质上，社会服务意味着把我们的知识资源转移和应用于对社会问题的识别、分析和解决"[③]。在第三次中美大学校长会议上，一些美国大学校长在"论述大学的社会服务职能时，不约而同地使用了一个字眼：'延伸'。他们将由推广教育、委托研究、咨询服务等组成的服务，视作

---

① 李廉水. 高校社会服务的性质、内涵与功能研究[J]. 高等工程教育研究, 1990, （4）：21-24.
② 陈贵梧. 美国大学社会服务使命及其实现路[J]. 高等教育研究, 2012, （9）：102-104.
③ 龚放. 在社会变革的大潮中把握自我——兼论我国大学职能的延伸[J]. 高等教育研究, 1990, （1）：28-29.

大学教学与科研的'延伸'部分"①。在国内学术界，人们对大学社会服务功能的理解也是仁者见仁，智者见智。在 1988 年关于社会服务功能的大讨论中，时任南京大学校长的曲钦岳教授认为，"高校的人才培养和科学研究说到底也是为社会的物质文明和精神文明建设服务，但那是广义的服务。这里所说的大学的第三职能，指的是高校利用自己的人才、智能密集的优势，通过科技开发和其他有偿服务，直接促进经济发展与社会进步"①。余先鼎认为，"高等学校社会服务职能，就是高等学校将现代先进的科学技术、现代管理等推广、应用于社会"②。潘懋元先生认为，"为区别于广义的社会服务，所以叫作'直接为社会服务'。直接为社会服务的基本意义可以表述为高等学校的智力资源直接地、迅速地转化为社会生产力（社会实践）"③。李廉水认为，"高校的社会服务就是在保证教学、科研的基础上，发挥知识密集、人才密集的优势，充分利用高校的图书资料、仪器设备、实验室等良好条件，有组织有目的地开展的旨在促进企业、行业、地区等经济、科技、社会发展的一系列活动"④。朱国仁认为，"高等学校的社会服务职能，就是高等学校以直接满足社会的现实需要为目的，以培养专业人才职能和发展知识职能为依托，有目的有计划地向社会所提供的具有学术性的服务"⑤。成丙炎和朱红认为，"社会服务概念可精确化为：从直接满足社会现实需要出发，以人才培养、科学研究为依托，有目的、有计划、有组织地为社会发展提供的一系列活动"⑥。周慧霞将大学的社会服务功能理解为："大学在发挥教学和科学研究职能的基础上，利用大学本身所具有的智力优势，根据社会需要和大学自身所处的层次和特点，直接参与服务社会的活动。"⑦这一定义强调了大学在社会服务中应根据自身的层次和特点。从这些定义可以看出，学者们对大学社会服务功能的理解角度不同，因而存在一定差异，但在基本内涵上是相同的，即大学在社会服务中要坚持学术性，利用自身的优势，正确处理社会服务与教学、科研的关系，直接为社会提供服务等。科学地界定大学社会服务功能的内涵有助于明确大学社会服务的界限，更好地发挥大学社会服务功能，提高大学社会服务的质量。

关于大学社会服务功能异化的定义，根据大学基本功能异化的定义，可

---

① 龚放. 在社会变革的大潮中把握自我——兼论我国大学职能的延伸[J]. 高等教育研究，1990，（1）：28-29.

② 余先鼎. 高等教育社会服务职能的法律地位[J].上海高教研究，1988，（2）：79-81.

③ 潘懋元. 高等教育学讲座[M]. 北京：人民教育出版社，1993：52.

④ 李廉水. 高校社会服务的性质、内涵与功能研究[J].高等工程教育研究，1990，（4）：21-24.

⑤ 朱国仁. 论现代高等学校三种职能的意义[J]. 高等教育研究，1998，（1）：37-38.

⑥ 成丙炎，朱红. 对高校社会服务职能内涵的思考[J].教育与职业，2008，（5）：35-37.

⑦ 周慧霞. 我国大学社会服务职能实现的现状与对策[J].阴山学刊，2008，（3）：116-117.

以将其表述为：在大学发展到一定阶段以后，其社会服务功能逐步丧失了其产生的初衷，成为一种独立于大学人的支配力量，从而阻碍、扭曲了大学社会服务功能作用的正常发挥，同时促使大学通过不断改革和完善以消除这种力量。这一定义同样强调了大学社会服务功能异化的社会性、历史性、积极性等特点。此外，这一定义也包含了应然与实然的辩证关系，也就是，人们在大学社会服务功能产生时都抱有一个美好的初衷，即应然，也就是人们期盼着通过大学社会服务功能所达到的预期效果，然而，大学社会服务功能在实际的发挥过程中，逐渐发展成为独立于大学人的支配力量，即实然，换言之，大学社会服务功能的现实状况与人们的初衷背道而驰了。

二、大学社会服务的特点

根据大学的性质及大学与社会的关系，大学在社会服务中明确表现出学术性、引领性、多样性、有限性、发展性、互动性、区域性等特点。

第一，学术性。学术性是大学社会服务的基本特征，这是由大学的性质及社会对大学的特殊需要决定的。一方面，大学是研究高深学问的场所，是一个学术组织，其在为社会提供的服务中必须依靠自身的知识、人才、科研等优势，也就是，提供服务的学术含金量要高，体现出其他社会组织无法复制、模仿的服务。正如有的学者所言："高等学校的社会服务活动多种多样，并非所有的这些活动都属于社会服务职能范畴，而只有与高等学校自身的地位、特性、优势、条件，特别是与其他两种职能直接相关的社会服务活动，才属于高等学校的社会服务职能的范畴。"[1]波伊尔也认为大学的社会服务离不开学术性，他认为："要把服务看成是学术水平，就必须将服务同一个人的知识的专门领域直接联系起来，与自己的专业活动联系起来或直接来自于自己的专业性活动。这种服务是严肃的、需要的。"[2]英国著名教育家阿什比（Ashby E）也认为，大学的社会服务"不是我们常见的美国农工院所一贯承担的社会推广工作，而是把大学独具的多种学科的多类智慧，用来解决适应社会变化的研究中去"[3]。另一方面，社会所需要的大学提供的服务，既不同于企业提供的批量产品，也不同于各种研究机构所提供的技术，而是具有个性化的、具有浓郁人文品味的服务。也就是，大学所提供的服务，不是单纯的知识传播、技术转让、科技咨询等，不是就服务论服务，而是在服务中蕴

---

① 朱国仁. 论现代高等学校三种职能的意义[J]. 高等教育研究，1998，（1）：37-38.
② 国家教育发展研究中心. 发达国家教育改革的动向和趋势（第五集）[M]. 北京：人民教育出版社，1994：29.
③ E. 阿什比. 科技发达时代的大学教育[M]. 腾大春等译. 北京：人民教育出版社，1983：149.

含着大学的人文信息，传播着大学的人文精神，使服务对象感受到一种无形的精神享受。目前不少大学在社会服务中放弃了学术性，提供的只是简单的、低级的服务，从而在一定程度上造成了大学社会服务功能的异化。

第二，引领性。大学社会服务的引领性这一特征，根源于大学对社会发展的引领作用。大学是一个人才荟萃之所，既是一个教育组织部门，又是科学知识和科学技术的生产者和提供者，还是先进文化的传承者和创新者。目前，人们已把大学看作现代社会的轴心机构，把它比喻为人类的动力站、人类社会的灯塔等。这使得大学在国家的经济社会发展中居于引领地位。这就要求大学在提供社会服务时应当站得高，望得远，提供的服务应当是高水平和高品位的，并且是无可替代的。这一点正如阿什比所言："如今在所有的社会组织机构中，能胜任人类远大目标的指导任务和人类未来利益的管理任务的，似以大学最为适宜。"[1]有学者认为，在知识经济时代，大学正在为社会创造新的职业。"目前，高等学校的校办产业尽管鱼龙混杂，但其中创新能力强、知识含量高的产业，很可能就是未来知识经济时代高等学校创造新职业的雏形。"[2]为社会不断创造新职业，是大学社会服务的引领性的重要表现。从总体上看，"高校不应成为片面地、被动地解决企业和经济发展过程中出现的问题的'修理部门'，而应成为为地方经济发展和社会进步指明方向、引导地方经济发展和社会进步的主导力量。从一定意义上说，高校好比是'瞭望塔'，它应作为公用事业的基本工具，积极改造社会"[3]。从实践中看，一些大学在社会服务中放弃了对社会的引领性，把自己视同一般的社会组织机构，降低服务的水平和品位，放弃对卓越的追求，从而在一定程度上造成了大学社会服务功能的异化。

第三，多样性。大学社会服务的多样性主要是由大学类型和层次的多样性决定的。从整体上看，大学可以划分为不同类型，既有综合性大学、多科性大学，也有单科性大学；既有"双一流"大学，又有一般本科大学和高等专科学校。不同类型和层次的大学可以针对社会的不同需要提供不同的服务。由于美国率先将社会服务作为大学的基本功能之一确立下来，其大学的社会服务自然受到了许多其他国家的关注。在我国，有人系统研究了美国大学的社会服务，认为："美国高校社会服务职能的实施可谓是形式多样、内容丰富，但由于美国高等院校的形式和类型也多种多样，不同层次和类型的院校实施社会服务的形式也不尽相同。如社区学院、技术学院、初级学院主要

① E. 阿什比. 科技发达时代的大学教育[M]. 滕大春等译.北京：人民教育出版社，1983：149.
② 朱国仁. 知识经济时代高等学校的职能[J]. 机械工业高教研究，1999，（2）：7-11.
③ 王英，帅全锋. 高等学校社会服务职能的内容及特点探析[J]. 河北农业大学学报（农林教育版），2006，（4）：3-4.

以社区服务、工人训练、技术员教育、专业人员进修、咨询等服务形式为主；而州立大学、研究型大学主要以技术开发与转让、孵化企业、与企业合作研究、专业人员进修发展、社区服务、技术指导与咨询等为主要服务形式。"[①]目前，我国大学的社会服务形式也是多种多样。例如，大学可以面向社会开展教学服务，成为区域内重要的人才培训中心；结合社会经济发展，开展科学研究和技术创新，努力成为区域科技创新中心和技术推广中心；开展多种形式的信息咨询服务，成为区域信息咨询服务中心；向社会开放，与社会共享资料，成为区域资源中心；组织文化活动，开展文化传播，成为区域文化中心。[②]也就是大学可以为社会提供人才培训服务，与企业合作加快科研成果转化，师生开展科技、文化、卫生的三下乡活动等。当前，我国大学的社会服务向纵深发展，一些重点大学建立起了国家级大学科技园，将科研成果直接转化为生产力。从实践中看，一些大学在社会服务中形式单一，缺乏创新性，对社会没有什么吸引力。

第四，有限性。随着高等教育的发展，由于大学由社会边缘逐渐转为社会中心，在国家的经济社会发展中发挥着重要作用，占有重要地位，所以大学逐渐被寄予厚望，人们希望大学能够提供更多更广泛的服务以解决社会上存在的各种问题。实际上，大学提供的社会服务是有限度的，不能脱离大学的优势和特色，否则可能会违背大学自身的发展规律。这一点正如美国卡内基高等教育委员会的报告中所提到的："对高等教育不能指望过多。它确实能促进机会的均等，但那也仅仅是很小程度上的。对经济发展而言，它能够为达到较高的国民生产总值（GNP）做出重大的贡献，但它自身并不能导致GNP的增长。它能为学生的发展提供一个良好的氛围，但它担负不起这种发展的责任；它不能拯救灵魂。它能够有助于纯粹的学术，但它不能保证这些学术成果能为人类增添幸福。它能为评论社会行为提供机会，但它不能保证这种评论的有效性；它不能拯救世界。对它的指望不应当超出它能够被合理地所希望的。"[③]这是就大学的整体功能而言，而就大学的社会服务功能而言，也同样是有限的。我国也有学者详细分析了大学职能的有限性，认为："事实上，高等学校职能的限度问题是比较复杂的，因为高等学校的供给对社会需求的满足是一种复杂的现象，具有十分丰富的内涵。它至少有三个维度：量、质和结构。量是指高等学校向社会提供的专业人才、知识和服务在数量上的限度；质是指高等学校所提供的专业人才、知识和服务在质量上是

---

① 陈时见，甄丽娜. 美国高校社会服务的历史发展、主要形式与基本特征[J]. 比较教育研究，2006，（12）：8-10.

② 王旭东. 论地方高校社会服务职能的拓展[J]. 中国高教研究，2007，（8）：16-17.

③ 王英，帅全锋. 高等学校社会服务职能的内容及特点探析[J]. 河北农业大学学报（农林教育版），2006，（4）：3-4.

否符合社会的要求；结构是指高等学校所提供的专业人才、知识和服务三者之间及每一方面的内部，在结构或构成上是否符合社会的需求。"[1]从实践中看，一些大学对社会的各种需要往往处于一种盲从状态，超出了大学所能提供服务的限度，从而在一定程度上造成了大学社会服务功能的异化。

第五，发展性。大学的社会服务不是一成不变的，也是不断发展的。大学社会服务的发展性是由社会的发展及大学自身的发展决定的。社会是不断发展的，总是对人才、科技等提出新的要求，这就间接要求大学不断提供新的服务。大学虽然具有引领社会的作用，但其前提是首先应适应社会发展的需要，为社会不断提供新人才、新科技等，要不断丰富服务的内容和创新服务的方式方法等。从大学的发展历史看，"大学社会服务职能自提出后即日益彰显其社会性，功能被不断细化，至今已演绎出智力需求多元化、技术支撑行业化、政策咨询专业化等多维特征"[2]。从实践中看，一些大学往往在社会服务中忽视了发展性，服务内容更新慢，服务的方式方法落后等。

第六，互动性。与大学社会服务的发展性相联系，社会的发展对大学提出需要，大学通过社会服务满足这种需要，双方处于一种互动关系。"一方面，大学面向社会，以满足社会需要为出发点和终极目标，通过'产学研'或'政产学研'结合等模式，达成双边或者多边合作伙伴关系，将大学的知识和智力资源直接迅速地转化为社会实践或生产力，促进经济社会发展。同时，大学也在服务社会的实践中不断总结经验，碰撞、激发创造性思维火花，并从社会各个方面汲取文化营养，获得发展所需的基本物质条件，进而不断完善办学条件，推动大学自身的改革和发展。也就是，大学的社会服务职能在不断满足社会各种需求的同时，也在不断提升大学的内涵和办学实力，是一种双向共赢的合作。"[2]从实践中看，一些大学往往在社会服务中将自己置于主导地位，片面强调向社会输出服务，而忽视从社会中获取有益营养成分来发展自己，从而在一定程度上造成了大学社会服务功能的异化。

第七，区域性。每一所大学都处于一定的区域，占有一定的空间，是一个看得见摸得着的实体组织，而不是一种虚拟组织。每一所大学都需要与所在区域的其他组织进行物质、能量、信息的交换。因而，大学的社会服务首先是为所在的区域提供服务，或者说所在区域能够首先从大学那里获得服务。例如，"美国几乎所有的州立院校都认为服务工作对于学校本身，以及对于学校所在的社区和地区都是很重要的。州立院校开展服务工作的主要机构是应用研究机构与服务机构——诊所、各类中心、营业所、研究所等。学校

① 朱国仁. 论高等学校职能的限度[J]. 教育研究, 1999, (1)：40-47.
② 陈健, 沈兵虎. 对我国当代大学社会服务职能优化的几点思考[J]. 新闻界, 2009, (3)：42-43.

受联邦政府部分资助的小企业开发中心，为想要开办新企业或要求解决现有企业中存在的问题的顾客提供咨询或技术服务"①。不过，大学社会服务的这种区域性总是相对的，尤其是随着现代传媒技术的发展，如互联网的广泛应用，一所大学能够在更加广阔的区域提供服务，这就使得大学社会服务的地域性特点逐渐淡化。

三、大学社会服务的意义

大学社会服务无论是对社会的发展还是对大学自身的发展都具有重要意义。

一方面，大学社会服务有助于推动社会的发展。首先，社会需要是大学提供服务的动力源泉。这一点从社会服务被确定为大学的基本功能的历史过程就可以看出来。起初大学也会对社会提供服务（指直接服务），但是这种服务在大学中的地位还不足以上升到大学的基本功能。直到"19 世纪中叶，美国社会经济、科学技术的发展和现代化的推进，需要大学'从揭示深奥的佛教到连锁零售店的管理……为正在探究的年轻美国提供服务'"②。正是在这种背景下，社会服务作为大学的基本功能应运而生。"社会需要造就了大学社会服务职能的责任担当。大学职能是社会结构系统出于整体功能而对大学提出的功能性要求，是'先在地被赋予'的，其强调大学之于社会的作用，是社会的政治、经济与法律对大学提出的基本要求。社会需要不仅是大学对社会服务职能的理性认知、反思、批判、选择和创新的根源性依据，而且还是大学把握、切中现实生活获得生存与发展合法性的重要尺度，并因此也造就了大学社会服务职能的责任担当。"②可见，没有社会需要，就没有大学社会服务功能的产生。其次，大学的社会服务具有明显的学术性特点。大学在向社会提供服务的同时，还在向社会传递着人文气息，这决定了大学对社会提供的服务具有独特性和不可替代性。也就是，大学为社会提供的服务绝不是可有可无的，而是非常必要的，不可或缺的。如果没有大学为社会提供的服务，社会的发展进程将被延缓。最后，大学为社会提供服务最明显的成效在于减少科技成果转化的中间环节，缩短科技成果转化的周期。虽然科技是第一生产力，但科技绝不会自动转化为生产力，只有应用于生产实践才能转化为生产力。应用于生产实践，这其中就涉及许多环节及周期问题。而大学直接为社会提供科技服务，就减少了中间环节，缩短了转化周期，大大提高了科技成果的应用效率，这对推动社会发展是大有裨益的。

---

① 王英，帅全锋. 高等学校社会服务职能的内容及特点探析[J]. 河北农业大学学报（农林教育版），2006，（4）：3-4.

② 陶培之. 大学社会服务职能的理性审视[J]. 学校党建与思想教育，2015，（11）：81-83.

另一方面，大学社会服务有助于促进大学自身的发展。大学在为社会提供服务的同时，也将从社会获得各种资源从而促进自身发展。"高校开展社会服务，可以促使学校面向社会、面向经济、面向实际，有利于破除办学中的封闭观念，从而引起学校管理体制、专业设置、课程设置、教学内容、教学方法等方面的改革和突破。在开展社会服务的同时，增加教师接触社会、接触实际的机会，从而获得新的知识，增长才干，提高科研能力，为从根本上提高教育质量提供了条件。学校通过各种渠道与生产企业联系，寻求自身与经济、社会发展的共同点，不断调整学校对经济、社会发展的适应度，从而不断增强学校主动适应经济、社会需要的能力。"①不过，大学最终能否在为社会提供服务中促进自身发展，取决于大学所提供的服务是否符合社会的需要。因为，"'知识领域正与其他领域一样，'消费'决定着'生产'，知识分子能否拿到'顾客'的订单，就成为制约知识生产和增长的一个重要因素'，大学知识人必须能够洞察社会的变化和需要，学会与社会不同团体打交道来获取资源……"②在实践中，一些大学提供的服务由于缺乏自身特色等因素，从而无法满足社会的需要，有时不但不能促进自身的发展，反而损坏了大学在社会上的良好形象，并在一定程度上造成大学社会服务功能的异化。

四、大学社会服务的历史演变

1. 美国大学社会服务的历史演变

社会服务作为大学一项基本功能首先是由美国大学确立的，美国作为最发达的资本主义国家在世界发展中占有重要地位，因而研究美国大学社会服务的历史演变，对于我国大学社会服务的发展具有重要借鉴意义。美国大学社会服务的历史演变大致经历了功能的确立、发展和完善等阶段。

其一，大学社会服务功能的确立阶段。美国经过独立战争以后。资本主义迅速发展起来。由于美国地广人稀，人力资源紧张，为了发展现代农业，急需经过训练的高素质人才。为此，1862 年，美国颁布了《莫雷尔法案》，这一法案虽然没有明确提出大学的社会服务条款，但实际上为大学社会服务功能的确立奠定了法律基础，如该法案的第四条规定，"赠地学院在不排除其他科学和古典知识的情况下，其主要课程必须按照各州议会所规定的方式讲授与农业和机械工艺有关的知识，以便提高各实业阶层从事各种工作和职业

---

① 李永峰. 对高等学校开展社会服务几个问题的探讨[J]. 煤炭高等教育，1990，（1）：78-81.
② 毛亚庆，王树涛. 论知识范式的转型与大学发展[J]. 教育研究，2008，（7）：49-53.

的文化和实用能力"①。该法案颁布以后，各州纷纷建立了赠地学院。这些学院紧密结合所在地域的实际需要开展教学和科研工作。正如当时的宾夕法尼亚学院的院长史密斯所言："学院对于社会上任何职业感到有需要的科目，无不包含在其中，它乃是对于从事学术者、经营商业贸易者、承担机械制造者以及品类较低的从业者，都是面面兼顾而竭力满足的。"②这体现着美国大学的服务正与社会进行无缝对接。又如，威斯康星大学明确提出了社会服务的概念，被称为"威斯康星理念"。"威斯康星大学校长查尔斯·茫海斯（Charles Van Hise）认同并实践其所提出的'威斯康星理念'，致力于将大学教育的积极影响渗入社会各个角落，提出'州的边界就是大学的边界'这一思想，并将社会服务使命提升为与教学和研究同等重要的核心使命。为了实现社会服务这一使命，威斯康星大学开设了一系列延伸课程，同时筹建经济学、政治学和历史学等学院，开设培养学生进行社会服务的课程，并且大力鼓励教师们为州政府提供政策咨询服务。"③这一阶段，由于社会服务作为大学的一项基本功能被确立下来，大学对美国资本主义的迅速崛起做出了重要贡献。

其二，大学社会服务功能的发展阶段。第二次世界大战以来，美国大学的学生数量增长很快，由精英教育逐步过渡到大众化教育。与此同时，大学的社会服务功能也向纵深发展。最明显的是大学与企业之间建立起一种新型的伙伴关系，即大学与周边的企业尤其是高科技企业建立起一种"产学研"的合作关系。"为促进大学所研发的新技术向企业转移、向社会扩散，1980年12月，美国国会通过了'贝多法案'（Bayh-Dole ACT，也称'大学、小企业专利程序法案'）。在'贝多法案'及其后出台的一系列法案的推动下，大学与产业的合作不断加强，几乎所有研究型大学都成立了技术转移办公室等管理机构，大学的科研成果以前所未有的速度向市场转移，对美国产业创新和经济发展产生了重大影响。可以说，'贝多法案'促成了大学、政府、产业三位一体的合作关系，推动了大学通过知识服务于社会的进程"。③例如，以哈佛大学和麻省理工学院为中心形成了波士顿-坎布奇科学工业综合体，以加利福尼亚大学旧金山分校和斯坦福大学为中心形成了科学园等，这些综合体、科学园等大大缩短了大学社会服务的周期，提高了社会服务的效率和效果。此外，为了支持和推动大学社会功能的发挥，美国先后成立了不少民间的组织团体，如1978年成立的全美体验式教育协会、1982年成立的服务性

---

① 陈时见，甄丽娜. 美国高校社会服务的历史发展、主要形式与基本特征[J]. 比较教育研究，2006，（12）：8-10.
② 滕大春. 美国教育史[M]. 北京：人民教育出版社，1994：126.
③ 陈贵梧. 美国大学社会服务使命及其实现路[J]. 高等教育研究，2012，（9）：102-104.

学与领导国际伙伴关系协会、1983 年成立的全美青年领导咨询委员会、1984 年成立的大学延伸机会联盟、1986 年成立的高校联盟等。①这些民间的组织团体极大地推动了美国大学的社会服务向纵深发展，有力地促进了美国的政治、经济、文化等的发展。

其三，大学社会服务功能的完善阶段。20 世纪末以来，美国大学社会服务功能日臻完善。由于大学的社会服务对美国发展的重要性日益显示出来，为了保障和促进大学社会服务功能能够持续发挥作用，大学社会服务的量化考核指标应运而生。在对大学教师的工作考核指标中，社会服务是一项重要指标，在工作业绩评估体系中占有很大比重，影响着对教师的奖励程度。同时，在评估大学的社会声誉时，社会服务仍然是一项重要指标。社会服务的量化考核指标具有指挥棒的作用，无论对大学的发展还是教师个人的行为都有很大的牵引作用。此外，区别于以往的简单的服务提供，这一阶段的社会服务更强调大学全面参与社会和深度融入社会。例如，"1999 年，凯洛格委员会（Kellogg Commission）在《回归本源》（*Returning to Our Roots*）报告中进一步探讨公共服务和公共参与对高等教育的重要性，并首次使用'参与'（engagement）一词，表示'无论是公立或私立大学，都应从事与社会有关的事务，大学应再设计，不再只有重视教学和研究，而应延伸到服务，融入小区中'"①。

从美国大学社会服务的历史演变中可以发现，大学的社会服务功能为美国的发展尤其是经济方面的发展做出了重要贡献，但其中也存在一些问题，如一些大学过分迎合社会的需要，丧失了独立性及对社会的引领作用等。

2. 我国大学社会服务的历史演变

根据我国大学的发展特点，大学社会服务的历史演变可以依据中华人民共和国成立、实行改革开放这样两个时间节点，大致划分为三个阶段。

其一，中华人民共和国成立之前的大学社会服务。我国大学社会服务功能的确立具有优良的历史传统，因为我国教育从古代开始就有"心系国家"的情怀。"综观中国教育史，中国的传统教育一直是以'以天下为己任'贯穿始终。从春秋战国时的'士不可弘毅，任重而道远'，到宋代范仲淹的'先天下之忧而忧，后天下之乐而乐'，到张载的'为天地立心，为生民立命，为往圣继绝学，为万世开太平'，再到明清之际顾炎武的'天下兴亡，匹夫有责'。从汉代太学的学生运动直至明代东林书院的'风声雨声读书声，声声入耳；家事国事天下事，事事关心'，这种'以天下为己任'的情怀，使得中国

① 陈贵梧. 美国大学社会服务使命及其实现路[J]. 高等教育研究，2012，（9）：102-104.

的大学自创建之日起，就被赋予了承载民族期望、社会发展的重任。"[1]又由于我国具有现代意义的大学产生于民族危难之时，这样，为社会服务的理念很容易就被各个大学接受。五四运动前，一些大学已开展了自发性的社会服务活动，如 1918 年南京高等师范学校开办了视学讲习会，训练学员；北京大学设立夜校，鼓励和支持学生在校外参加平民教育活动等。但是这些活动都是零散的，社会影响也不大。而五四运动后，西方的"民主"和"科学"思想传入我国，以及科学社会主义思想的逐渐传播，人们的思想获得了空前大解放，民族觉醒意识也空前增强。在大学教育方面，许多有识之士呼吁教育要面向社会，要与国家和民族的前途结合起来。这就直接推动了大学社会服务功能的发展。清华大学社会服务工作开展得比较早，早在该校成立之初，其学生就组织了西山消夏团，以利于组织学生开展社会服务活动。该团体的活动主要采取演讲和调查的方式，其中演讲的主题涉及国际国内形势、道德、交通等；调查的主题涉及民风民俗、平民生活、教育等。梅贻琦担任清华大学校长以后，学校的社会服务工作走上正规化和系统化，最突出的表现就是为了服务农业发展而专门成立了农业研究所。该研究所的主要任务就是"不但要在农业方面做一些高深的研究，还要用很大的精力来解决农业中的实际问题"[2]，因而开展了大量的植物病虫害的调查工作。北京大学也很重视社会服务工作，在 1919 年成立了平民教育演讲团，旨在通过演讲的方式向广大平民普及教育。1919 年，倡导读书不忘救国的蔡元培担任北京大学校长，这直接使得学校的社会服务工作上了一个新台阶。

蔡元培曾留学海外，对美国大学的社会服务很有研究，认为美国"大学的目的，要把个个学生都养成具有服务社会的能力"[3]，并评价说，"美国人服务社会之精神，不可多得……中国社会事业，可办者正多，学生应有此种服务精神"[3]。因而，他极力倡导"学校为社会开门，教育为社会服务"[4]，并认为，"大凡研究学理的结果，必要影响于人生；倘若没有养成博爱人类的心情，服务社会的习惯，不但印证的材料不完全，就是研究的结果也是虚无……"。[3]在蔡元培的支持下，学校成立了多种有利于学生开展社会服务活动的团体，如储蓄银行、平民夜校等。南开大学的社会服务工作在校长张伯苓的推动下也开展得有声有色。南开大学的办学方针是"允公允能"，其意思是，"公德心之大者为爱国家，为爱世界；在校先能爱物，而后始可望扩而大

---

① 李松丽. 我国近代大学社会服务职能的演变、实践及形式[J]. 学术探索，2012，（6）：122-124.
② 阎万英. 抗日战争时期的清华大学农研所[J]. 中国科技史料，1987，（8）：15-21.
③ 高平叔. 蔡元培教育论著选[M]. 北京：人民教育出版社，1991：236-358.
④ 蔡建国. 蔡元培先生纪念集[M]. 北京：中华书局，1984：200.

之"①；"允能者，是要做到最能。要建设现代化国家，要有现代化的科学才能，而南开的教育目的，就在于培养具有现代化才能的学生，不仅要求具备现代化的理论才能，并且要具有实际工作的能力"②。而要实现"允公允能"，张伯苓认为教育必须脚踏实地，能够解决中国的实际问题，他说："吾人所谓'土货化'，即以中国历史、中国社会为学术背景，以解决中国问题为教育目标。"③在具体的社会服务方式上，张伯苓非常重视学生社团建设，认为："盖今日社会引诱太多，能辅助、能勉励吾等者，小团体之力甚大，苟不利用之，真失机会也。将来在社会做事非有团结力不可，否则必不能成功，此即团体之效力也。"①学校成立多种社团，如"当年最早成立之学生社团，有自治励学会，由今中学部主部喻传鉴君主持之；有敬业乐群会，由周恩来君主持之；此外并有青年会，专以研究基督教义为任务，由张信天君主持之。皆各有定期出版刊物，彼此观摩竞赛，工作业绩颇足称道"④。此外，张伯苓非常重视学生开展社会调查活动，并创新性地开设了社会观察课程。他对学生说："你们在学校所读的书，皆是离开物质来讲，无事实可见，无暇看社会中的一切组织，调查各地的风俗，以及看各处的美景、山川。借暑假你们可出学校，身临物质现象界，与平素所学的互相比较一番。"⑤浙江大学原校长竺可桢深刻认识到大学应当承担的社会责任，强调大学是海上的灯塔，要让人们看到希望。在社会服务方式上，竺可桢认为大学应培养出勇担社会责任的杰出人才。他说："大学教育的目标，绝不仅是造就多少专家如工程师、医生之类，而尤在于养成公忠坚毅，能担当大任，主持风会，转移国运的领导人才。"⑥东南大学最早明确地将社会服务作为大学的基本功能之一。原校长郭秉义曾留学美国，受美国大学的社会服务影响深刻。在对比美国大学后，他认为："我国之办教育，已二十余年于兹矣。费无数之金钱，过如许之岁月，而成绩甚少，进步甚迟，何以？我国教育界有公言矣，曰：教育不切于实用也。"⑦1921年，学校制定了《国立东南大学大纲》，其中规定学校设立推广部，其类别包括校内特别生、通信教育和暑期学校。⑧1922年，学校正式设立了推广教育委员会。由此推广教育逐渐成为学校的特色。1923年，学校修订了大纲，明确提出"本大学以研究高深学术培养专业人才指导

① 王文俊，等. 张伯苓教育言论选集[M]. 天津：南开大学出版社，1984：5-55.
② 沈卫星. 重读张伯苓[M]. 上海：光明日报出版社，2006：183.
③ 陈建强. "公能校训"的"济世情怀"[N]. 光明日报，2014-05-09（06）.
④ 高伟强. 民国著名大学校长[M]. 武汉：湖北人民出版社，2007：271.
⑤ 崔国良. 张伯苓教育论著选[M]. 北京：人民教育出版社，1997：97.
⑥ 竺可桢，樊洪业，段异兵. 竺可桢文录[M]. 杭州：浙江文艺出版社，1999：108.
⑦ 南大百年实录编辑组. 南大百年实录（上卷）[M]. 南京：南京大学出版社，2002：127.
⑧ 东南大学高等教育研究所. 郭秉文与东南大学[M]. 南京：东南大学出版社，2011：244.

社会事业为宗旨"①。这是我国大学第一次以学校之本形式将社会服务确定为大学的基本功能之一。鉴于东南大学的成功经验，1924 年教育部颁布了《国立大学校条例》，其中第十条明确规定：国立大学校应设各项专修科及学校推广部。这样，大学的社会服务功能正式以法规形式确立下来，这对当时的大学开展社会服务活动起了积极作用。从总体上看，这一阶段的大学社会服务工作开展得还是很有成效的，不过，其中也存在一些问题。由于我国大学社会服务的理念主要从美国引入，在具体的社会服务方式上往往也照搬外国的做法，这就很容易造成水土不服，在实践中往往也会欲速则不达。

其二，中华人民共和国成立之初的大学社会服务。中华人民共和国成立之初，百废待兴，各行各业建设人才奇缺，国家需要大学以各种形式培养人才。1950 年，教育部召开了第一次高等教育会议，制定了《高等教育暂行规程》，其中强调"高等教育要为人民服务，要理论联系实际，要培养工农出身的知识分子"。这就明确了高等教育要走出校门，面向社会、面向生产和实践。同时，中央政府要求大学克服困难，以专修科、短训班等形式，为各行各业培训急需的人才。1950 年，中国人民大学依据教育部《关于中国人民大学实施计划的决定》的要求，开办了夜大学。1955 年 5 月，《人民日报》发表社论，要求积极创办和发展高等学校的函授部和夜大学。1956 年 5 月，高教部又印发了《关于综合大学开办函授教育的通知》。在国家的重视下，我国大学陆续开展了函授教育，开设了夜大学。"据统计，1952 年全国高等学校附设夜校部的只有 2 所；1953 年也只增加到 4 所；1956 年增加到 83 所，并有 123 所高校建立了函授部。"②这些函授部和夜校的开设，在一定程度上缓解了当时各行各业人才严重短缺的局面。除了为社会提供人才培训服务，不少大学还创办了产业，以便于学生参加劳动实习和加快科研成果转化。1959 年4 月，人民日报发表了题为《把教学、生产劳动、科学研究结合起来》的社论，"要求高等学校贯彻教育与生产劳动相结合的方针，坚持以教学为中心，围绕教学进行生产劳动与科学研究"②。大学通过这一社会服务方式，使得学生有更多的机会接触社会，参与生产实践，这既有利于提高教学质量，也有利于增进社会效益。从总体上来看，这一阶段我国大学的社会服务工作取得了一定成效，但其中也存在不少问题，尤其是在"文化大革命"中，所暴露出来的问题更多。正如有的研究者所言："高等学校在强调社会服务、加强与社会的联系的同时，忽视高等教育自身的规律和国民经济的实际情况，教师和学生参加生产劳动过多，扰乱了高等学校正常的教育秩序，一定程度上影

① 南大百年实录编辑组. 南大百年实录（上卷）[M]. 南京：南京大学出版社，2002：127.
② 赵日刚. 加强大学社会服务功能过程中政府职能研究[D]. 东北大学，2009：27.

响了高等学校人才培养的质量，忽视高等学校社会服务与高等学校教学和科研的结合。总之，以简单劳动代替高等学校知识、人才、学科优势的社会服务并不代表高等学校社会服务的方向，也是不符合高等学校社会服务的规律。"①"'文化大革命'期间，高等学校的社会服务被推向了另外一个极端，高等学校的劳动过多，政治和社会活动过多，结果是高等学校自身的教学秩序被打乱，高等学校培养学生的质量也受到了影响……"①这些问题的存在说明在中华人民共和国成立初期，大学的社会服务工作与其他的许多工作一样，都处于摸索阶段。

其三，改革开放以来的大学社会服务。改革开放以后，我国大学的社会服务工作逐步走上正轨，大学的社会服务功能经过激烈的争论也得以确立。1980 年，国务院批转《教育部关于大力发展高等学校函授教育和夜大学的意见》，要求高等教育应贯彻"两条腿走路"的方针。据此，在以后的几年内全国超过一半的大学举办了函授教育和夜大学。此外，不少大学还根据自身条件和社会需要，招收走读生，开办各种形式的文化补习班、技能培训班、干部和教师进修班等。继承了教育与生产劳动相结合的优良传统，许多大学继续通过开办校工厂、农场等方式为学生提供更多的接触社会和生产实践的机会。"据 1981 年的不完全统计，全国 704 所高等学校中约有 510 所办有工厂（包括独立车间）1 450 个，职工 50 277 人，设备 28 067 台，年产值达 28 271 万元。"①1985 年 3 月 13 日，我国发布了《中共中央关于科学技术体制改革的决定》，该决定确立了"经济建设必须依靠科学技术、科学技术工作必须面向经济建设"的战略方针，要求"要改变过多的研究机构与企业相分离，研究、设计、教育、生产脱节，军民分割、部门分割、地区分割的状况；大力加强企业的技术吸收与开发能力和技术成果转化为生产力的中间环节，促进研究机构、设计机构、高等学校、企业之间的协作和联合，并使各方面的科学技术力量形成合理的纵深配置"，尤其是明确了"促进技术成果的商品化，开拓技术市场，以适应社会主义商品经济的发展"。该决定对我国科技的发展具有长期的指导作用，对我国大学社会服务工作的意义在于："这就促使高等学校和教师走上了服务社会、关心经济生产的道路，使得高等学校的科研工作开始密切联系经济建设的主战场，高等学校通过科学技术的研究与开发促使社会服务的能力得到大幅度提高……科技成果商品化和技术市场的建立，使得高等学校能够通过在市场上出售科研成果取得合理回报，为高等学校和教师个人进行科研社会服务工作提供了强劲的动力。"①1985 年 5 月 27 日，我国又发布了《中共中央关于教育体制改革的决

① 汤谦繁. 我国高等学校社会服务研究[D]. 江西师范大学，2008：31-42.

定》，该决定明确提出："在国家统一的教育方针和计划的指导下，扩大高等学校的办学自主权，加强高等学校同生产、科研和社会其他各方面的联系，使高等学校具有主动适应经济和社会发展需要的积极性和能力。"大学自主权的扩大有助于提高社会服务的积极性和主动性。1987 年国家开始酝酿在大学设立工程研究中心，以发挥大学既出人才又出成果的特点，并促使科研成果尽快转化。1988 年，李鹏总理在第三次全国高等教育工作会议上明确提出："积极开展各种形式的社会服务，进一步发挥学校的潜力……开展社会服务，也包括有偿服务，形式是多种多样的，各学校可以根据自己的特点和优势加以选择。"这次会议以后，大学的社会服务功能引起了教育界乃至整个社会的广泛讨论，尤其是大学可以提供"有偿服务"，这就打破了人们长期存在的大学提供无偿服务的观念。1993 年，中共中央、国务院颁布了《中国教育改革和发展纲要》，该纲要提出："要进一步改变专业设置偏窄的状况，拓宽专业业务范围，加强实践环节的教学和训练，发展同社会工作部门的合作培养，促进教学、科研、生产三结合。"这为大学的人才培养和社会服务工作打开了新思路。1994 年全国高教体制改革座谈会召开，会上提出了"共建""合并""合作""协作"等多种改革模式，这些模式实际上就是要求大学接受企业及其他社会团体参与办学，这就打破了我国大学长期以来封闭办学的局面，并为大学的社会服务开辟了新的渠道。1996 年颁布了《国家教育委员会关于加强高等学校为经济社会发展服务的意见》，该意见提出："高等学校要进一步增强为经济和社会发展服务的意识，充分利用学科门类比较齐全、各类专业人才比较配套的有利条件，广泛动员广大教育科技工作者，积极投入经济、社会发展各领域，面向生产应用第一线进行研究开发，全方位为各行各业发展服务。"1998 年，《中华人民共和国高等教育法》颁布，其中第三十一条规定："高等学校应以培养人才为中心，开展教学科研和社会服务，保证教育教学质量达到国家规定的标准。"至此，我国大学的社会服务作为大学的一项基本功能经过多年的发展，终于以法律的形式确定下来，这标志着我国大学的社会服务工作跨上了一个新的台阶。其后，我国大学的社会服务有力地推动了经济社会的发展，在国家和社会中的地位和作用愈发重要。从总体上来看，最近十多年来，我国大学的社会服务工作取得了显著成就，但其中也出现了一些问题，如一些大学和教师在社会服务中过分注重经济利益而忽视社会效益，没有很好地将社会服务与人才培养、科学研究结合起来等。

第二节 大学社会服务功能异化的表现

在讨论大学社会服务功能异化之前，首先需要明确的是以什么标准来判断其是否存在异化。这可以从以下几个方面思考：大学社会服务功能产生时的出发点和落脚点是什么？大学社会服务功能在整个大学教育中的地位应是怎样的？大学社会服务的特点是什么？等等。首先，关于大学社会服务功能产生的出发点和落脚点，大学社会服务功能之所以产生，一方面是社会的需要，这是外部原因，但这并不能必然地使大学产生社会服务功能；另一方面是大学自身具有人才培养功能和科学研究功能，这使得大学有能力满足社会需要。所以，大学社会服务功能产生时的出发点是大学自身所具有的人才培养功能和科学研究功能。另外，大学为社会提供服务，并不是为了服务而服务，而最终是为了大学自身的发展，是为了更好地发挥大学的人才培养功能和科学研究的功能，因而，大学社会服务功能产生时的落脚点仍然是其人才培养功能和科学研究功能。这样，如果大学在社会服务中违背了其功能产生时的出发点和落脚点，就可以判断这样的社会服务是异化的。其次，关于大学社会服务功能在整个大学教育中的地位，对于这种地位，既不能过分抬高，也不能无厘头地贬低，这一点正如潘懋元先生所言："高等学校三个职能的产生与发展，是有规律的。先有培养人才，再有发展科学，再有直接为社会服务。它的重要性也跟产生的顺序一致，产生的顺序也就是它重要性的顺序。"[①]这样，如果大学在发展中使得社会服务功能的地位和重要性超过甚至远远高于人才培养功能和科学研究功能，也就是大学在发展中把重心工作放在社会服务上而不是人才培养和科学研究上，则可以判断大学这样的社会服务是异化的。最后，关于大学社会服务的特点，大学是一个学术性组织，学术性是大学的基本特性。正如潘懋元先生所言："高等教育系统是从事社会高级智力活动的有机组织体系，是社会精神文明和物质文明发展到一定阶段的产物。它区别于社会其他子系统的特殊性质在于它具有鲜明的学术性。"[②]社会服务作为大学的基本功能之一，其也自然而然地具有学术性。这样，如果大学在社会服务中抛弃了学术性，就可以判断这样的社会服务是异化的。总之，以这些为判断标准，可以发现目前我国大学社会服务功能的异化主要表现在以下几个方面。

---

① 中国高等教育学会. 改革开放 30 中国高等教育发展经验专题研究[M]. 北京：教育科学出版社，2008：752.

② 潘懋元. 多学科观点的高等教育研究[M]. 上海：上海教育出版社，2001：346.

一、过分偏重经济服务，且商业化气息严重

"文化大革命"以后，我国工作重心逐渐转移到经济建设上来。党的十三大提出，党在社会主义初级阶段的基本路线是：领导和团结全国各族人民，以经济建设为中心，坚持四项基本原则，坚持改革开放，自力更生，艰苦创业，为把我国建设成为富强、民主、文明的社会主义现代化国家而奋斗。之后，各行各业、各种社会组织机构积极为经济建设服务，但是在服务理念、服务方式上存在不小偏差。第一、第二、第三产业是经济建设的主战场，隶属于这些产业的部门自然要直接为经济建设服务，而其他的社会组织团体主要是做好本身工作，通过间接的方式为经济建设服务。然而这些社会组织团体在观念上出现了偏差，认为间接服务不是服务，只有直接服务才是真正的服务。这样很容易造成社会的各种组织团体沉浸在直接为经济建设服务中。正如有的研究者所言："改革开放以后，我们调整思路把工作重点转移到经济建设上来。然而，这种转变并不是说要泯灭其他机构的组织属性，一概臣服到经济的魔咒之下。这种不幸却发生在当今中国大学身上。"[①]由于大学自身所具有的独特性，在经济建设中自然被寄予厚望。尤其是最近几年，社会对大学的呼声似乎越来越高，如大学要成为经济发展的引擎、大学的社会服务要与经济发展实现无缝对接、大学要做科技产业的孵化器等，这些呼声此起彼伏，似乎大学已是一个超能的经济实体。实际上大学为经济服务主要不是直接的而是间接的，并且大学为社会服务不仅仅限局限于经济方面，还涉及很多其他方面。例如，美国大学的社会服务就包括与企业合作创办研究中心，大力开展技术开发；建立科学园区，以促进技术转移和产品商品化；与企业联合创办专业、开设课程；为政府、企业、公司等提供政策、管理、战略决策、技术发展等方面的咨询；为其他各种组织团体提供信息的收集、整理、加工、传递、交流、运用等方面的服务；为社会各界的成年人提供知识服务；为所在社区的居民提供数据库、图书资料等服务；为社区提供仪器设备、实验室、体育场馆等服务；为社区提供技术、管理、法律、心理等咨询服务，等等。[②]可见，美国大学的社会服务除了经济方面，还包括政治、文化、教育等多个方面。反观我国大学的社会服务，往往多集中于经济方面，其他方面却很少涉及。虽然我国大学社会服务观念从西方学习和引进而来，但在这一过程中大学似乎没有掌握这些国家大学社会服务的真谛，将其内涵和内容窄化了。正如有的学者所言："在我国，一提大学的社会服务职能，人们往往想

---

① 许衍琛. 近代中国大学社会服务研究[D]. 南开大学，2014：197-198.
② 陈时见，甄丽娜. 美国高校社会服务的历史发展、主要形式与基本特征[J]. 比较教育研究，2006，（12）：8-10.

到大学为经济建设服务，想到创收，这便把社会服务的职能狭隘化了。大学的社会服务职能是面向社会发展多方面的需要的，服务既有经济方面的，也有政治、文化、教育、科技方面的。"①

同时，大学在为经济建设服务过程中，商业化气息严重。一些人将为经济建设服务片面地理解为搞商业经营活动，尤其是国家提出允许大学提供有偿服务以后，大学校园中的经商气氛渐浓。大学的管理者努力盘活学校资产，进行商业化运作，校园中的豪华酒店、体育馆、游泳馆及其他娱乐设施应运而生。一些教师在社会上多有兼职，每个月挣几份工资，甚至一些教师直接开办公司，名义上教师是主业而开办公司是副业，而实际情况是，有的教师是副业而开办公司才是真正的主业，如果公司经营得好了，感觉做教师是个累赘，就会辞去教师而专营公司；如果公司经营得不好，那也没关系，还有教师这个职业作为垫底。不少学生以勤工助学为名，积极利用课余时间搞一些商业活动，如做一些简单的商品买卖、参股校内餐饮业的经营、提供其他有偿劳务等。在由计划经济向社会主义市场经济转轨过程中，人们的思想变了，价值观变了，似乎只有金钱的多少才能衡量人们价值的大小，因而整个社会呈现出一种浮躁情绪，经济利益成为人们行为的主要指挥棒。大学的社会服务也蒙上了经济利益的外纱。"由于市场经济的种种诱惑，许多大学热衷于'全方位'为所在地区经济社会发展服务，热衷于创建大学科技园，不论是否力所能及，也不管对教学、科研有无促进，其结果，教授因忙于解决社会上的现实难题而无暇上课，满足国家及社会的长远发展需要的基础研究乏人问津，而回报丰厚的短、平、快应用型课题研究应者云集。长此以往，不仅人才培养质量会大打折扣，科学研究的长远发展也会受到明显抑制。"②可见，表面积极繁荣的大学社会服务，背后涉及巨大的经济利益。不少大学教师游离于教学、经商、做官之间，其所做的一切都离不开经济利益。"有些大学或教授一切以经济利益来衡量，将主要精力和时间放在承接技术含量并不很高，但经费、收益却颇为可观的'短平快'的横向课题和开发项目上，使大学的社会服务走向误区……大学和学者在服务社会的同时失去了自我，与社会的其他机构几乎无异。"③因而，大学在社会服务中片面追求为经济建设服务及其服务中所出现的商业化现象，是我国大学社会服务功能异化的最明显、最集中的表现形式。正如有的研究者所言："我国高校社会服务活动正是在利益的驱使下发展起来的，大多数高校的社会服务并不是根据自身实际条件开展的，而是取决于社会服务所带来的效益回报，这对高校正常教

---

① 刘宝存. 威斯康星理念与大学的社会服务职能[J]. 理工高教研究，2003，（5）：15-16.
② 曹洪军，邹放鸣. 对我国大学社会服务功能的反思[J]. 现代教育管理，2010，（2）：17-18.
③ 叶苗苗，江宏玉. 论大学社会服务职能的限度[J]. 煤炭高等教育，2009，（3）：40-42.

学、人才培养、科学研究都产生了不小的冲击。高校社会服务不但已脱离原有的对学术自由、独立精神与促进社会进步的追求，异化为新的牟利手段，而且丧失了原有的思想与文化精神家园身份，最终臣服于经济等外部利益。"①

二、大学的社会服务无益于人才培养和科学研究

大学社会服务功能产生时，无论是出发点还是落脚点，都是大学的人才培养功能和社会服务功能，也就是大学所开展的各种类型各种形式的社会服务都应当有利于促进自身的人才培养和科学研究。而在实践中，大学的社会服务不但不能促进自身的人才培养和科学研究，反而在一定程度上损害了自身的人才培养和科学研究。一方面，大学的社会服务无益于人才培养。大学之所以为大学，就在于大学所具有的最基本的功能是人才培养。人才培养是大学的中心工作，大学的一切工作都要以此为依据，都要有利于保证人才培养活动顺利开展，都要有利于提高和促进人才培养质量。大学的社会服务工作本应是在大学和社会之间搭建一座桥梁，使人才培养能够更多地接触社会，接触生产实践，从而促进人才培养质量的提高。而现在情况是，许多大学的社会服务已经背离了这一宗旨，变得与人才培养毫无瓜葛，也就是对人才培养没有什么促进作用。不仅如此，大学的社会服务还损害着人才培养，因为大学的资源是有限的，当把资源过多地投入社会服务中，必然削弱对人才培养的资源投入；同样，教师的精力是有限的，当把精力过多地用于社会服务，必须减少对教学的精力投入。正如一名外国学者所言："只要校外活动影响了教师以全部精力投入其所在大学的工作，就会产生职责冲突问题。"②这样，脱离了人才培养的社会服务必然对人才培养造成损害，这是毋庸置疑的。另一方面，大学的社会服务无益于科学研究。确切地说，大学社会无益于的是基础研究。研究可分为基础研究、应有研究和开发研究。开展基础研究往往耗时长，且失败的概率较高，短期内很难见到经济效益，这在市场经济条件下一切以经济利益为判断标准的情况下，确实是个大忌。相比之下，开展应用研究和开发研究则耗时短，且没有什么失败风险，短期内就容易见到经济效益，这自然受到很多教师的欢迎。实际上，没有基础研究作为支撑，应用研究和开发研究就缺乏后劲，就走不长，走不远。而现实情况恰恰是，大学为社会提供的科技服务表面上红红火火，而实际上主要是应用研究和开发研究，而基础研究则很少有人愿意问津。眼下，通过"科技致富"的教师不在少数，然而大学为社会提供的这种科技服务除了满足大学和教师的

① 李天源，薄存旭. 高校社会服务伦理面临的现实困境及其超越[J]. 当代教育科学，2015，（23）：37-39.
② 唐纳德·肯尼迪. 学术责任[M]. 阎凤桥等译. 北京：新华出版社，2002：298.

经济利益需求，却往往无益于大学的基础研究，无助于大学科研实力的增强，更是与大学的人才培养搭不上边。本来通过科学研究也是人才培养的一种方式，或者说通过科研有助于培养学生的创新素质等，但是在科学研究以应用研究和开发研究为主、以追求经济利益为目标的情况下，科学研究对人才培养的促进作用就大大减弱了。

此外，与此相关的是，大学社会服务功能的地位和重要性有超过人才培养功能和科学研究功能的趋势。人才培养是大学最主要、最基本的常规工作，各个大学的人才培养模式都差不多，虽然教育教学改革已开展了很多年，但各个大学很难说自己的人才培养很有特色。这样，各个大学在人才培养方面就很难比出上下高低。而科学研究中的基础研究因短期内很难见到效果，各大学之间也无法年年比。这样，能够体现大学为社会提供直接服务的科技服务就成为各大学攀比的主要指标之一。比应用研究和开发研究的经费、比科研成果的转化率、比科研成果的产值，这既符合为经济建设服务的政策要求，又能为大学和教师带来可观的经济利益，一举两得，何乐而不为呢？可以说，大学对社会服务功能的过分张扬与社会上片面追求 GDP 的增长是遥相呼应的，是大学社会服务功能异化的重要表现。

三、大学社会服务缺乏学术性

大学在本质上是一个学术组织，这主要是由大学的人才培养和科学研究的性质决定的。而大学的社会服务功能产生时的出发点和落脚点都是人才培养功能和科学研究功能。因而大学的社会服务功能也就自然而然地具有学术性。然而，当大学的社会服务功能脱离了人才培养功能和科学研究功能时，其学术性也就自然消失或淡化，也就必然走向庸俗化。在实践中，大学所提供的社会服务的学术含金量越来越低。就拿大学所热衷的科技服务而言，所谓科研成果，其创新性已大打折扣，多为简单的、重复的、模仿性的技术改造，很难寻觅到原创性的踪迹。"科研成果转化呈现'一多两少'特点，即登记的科研成果多，能够实现转化的少，转化后能取得较好经济效益的更少。据统计，我国高校科技成果转化率仅为 8%……目前，大学科技成果能够签约的不到 30%，转化后能产生经济效益的成果又大约只占被转化成果的 30%，只有约 5%的成果能取得较大的利益。"[①]此外，大学所从事的商业活动与社会上的商业活动并无差异，更是与学术性沾不上边。从总体上看，大学社会服务的学术性特点的消失，使得大学所提供的服务，社会上其他组织机构也基

---

① 赵日刚. 加强大学社会服务功能过程中政府职能研究[D]. 东北大学，2009：41-42.

本上能够提供，这就进一步使得大学社会服务的优势丧失了。大学的社会服务没有了优势，则难以满足经济社会发展的需要，这使得经济社会的发展可能不再向大学寻求需要。如果没有经济社会发展需要的牵引，大学自身发展的动力在很大程度上会受到影响。现代大学之所以发展迅速，在很大程度上是由于经济社会发展的需要为其提供了推动力。总之，大学社会服务缺乏学术性是其异化的重要表现形式，并使得大学社会服务庸俗化。

四、大学社会服务缺乏引领性

与大学社会服务缺乏学术性相关的是，其也缺乏引领性。之所以说二者相关，是因为大学社会服务的学术性是其引领性的基础和前提，如果大学社会服务丧失了这一基础和前提，其自然也就丧失了引领性，或者说不再有能力引领社会发展。19 世纪以后，大学融入社会的步伐明显加快，由社会的边缘逐渐转变为社会的中心，在满足社会现实需要的同时，更多的是为社会发展不断提供先进的思想资源，发挥着引领社会发展的作用，因而被誉为茫茫大海之中的灯塔。反观我国当前的大学社会服务，往往一味地迎合社会需求，社会上什么专业吃香、红火，许多大学就不顾自身条件，立刻开设什么专业；社会上什么专业冷淡，就业困难，就立刻停办什么专业，即使这一专业对学科长期发展有重要意义。这样，大学对社会发展的引领作用逐渐淡化了。早在 19 世纪，洪堡就认为，大学不能一味地屈从社会需求，更多地应是发挥引领作用，他说："国家不应当指望大学做与国家直接利益相关的事情，国家应当抱有一种责任感，让大学发挥真正的作用，大学不只是为国家的目的工作，而应该为一个更高的水平无限地发挥作用。"[①]对于我国大学社会服务的现状，有研究者认为："不幸的是，当今我国的很多大学都有随波逐流的意味。一些大学教师身沾满了铜臭的味道，社会流行什么他们就研究什么。大学成了社会的一面镜子。这与近代中国大学社会服务所表现出的那种直面时艰、迎难而上的精神境界相差何等之大。"[②]缺乏对社会发展引领性的大学，由于把自己视为社会的普通一员，从而对社会上各种不正常现象见怪不怪，进而丧失了对社会的批判精神，而这种批判精神往往能产生改造社会的良策。正如有的学者所言："大学理应超越一般的学术责任，不只是完成单纯的教学、科研和普通的技术服务任务，而是期望产生建立在批判精神基础之上的具有重大创新意义和价值的科技成果与社会改造之良

---

① 博伊德. 西方教育史[M].任宝祥，吴元训译. 北京：人民教育出版社，1985：320.
② 许衍琛. 近代中国大学社会服务研究[D]. 南开大学，2014：201.

策。"①总之，大学社会服务缺乏引领性，并进而丧失批判精神，这会使得大学无论提供多少社会服务，终将平淡无奇和碌碌无为，并有损大学的"象牙塔"形象，这是大学社会服务异化的又一重要表现形式。

以上几点是大学社会服务功能异化的重要表现形式。此外，有些研究者认为大学社会服务功能的异化还有一些其他表现形式。例如，有研究认为，与大部分大学和教师积极为社会服务形成鲜明对比的是，一些大学和教师对社会服务反应冷淡，有的甚至认为社会服务不在自己的职责范围之内。"传统的文化观念使教师不愿直接为社区或社会服务，他们往往只将自己看成是某一学科或专业领域的教学工作者和教研人员，缺乏对自身社会综合性身份的足够认识，认为为社会提供服务至少不是与他们直接相连的。这种错误的认知阻碍了其社会服务功能的发挥，据调查，40%的大学教师认为自己的职业与社会服务无关。"②又如，有研究认为，我国的大学社会服务存在着严重的伦理问题，大学并不是公平地对待每一个服务对象，或者说，社会上的弱势群体很难享受到大学提供的优质服务。"中国高校的服务对象主要是在政治权力上处于强势地位的政府，在经济地位上处于强势的产业界，在社会地位上处于优势的学习者，而处于社会边缘的弱势群体却未能很好地享受到这一资源。这一现实在很大程度上使服务者与服务对象之间应该秉承的良性关系因经济、政治利益而遭到人为分割，影响着当前高校社会服务活动的伦理取向。"③

第三节　大学社会服务功能异化的原因

从不同角度看，我国大学社会服务功能的异化具有不同原因。从纵向角度看，既有历史的原因，也有现实的原因。从横向角度看，既有国家、社会的原因，也有大学、教师的原因；既有宏观原因，又有微观原因；既有国际的原因，也有国内的原因。尤其是，从社会生产力发展角度看，可以分为根本原因和非根本原因。

一、大学社会服务功能异化的根本原因

从世界大学发展历史看，大学社会服务功能的异化有着深刻的历史根

① 周玲，谢安邦. 社会批判：大学与知识分子的历史使命与学术责任[J]. 现代大学教育，2006，（2）：1-5.
② 周慧霞. 我国大学社会服务职能实现的现状与对策[J]. 阴山学刊，2008，（3）：116-117.
③ 李天源，薄存旭. 高校社会服务伦理面临的现实困境及其超越[J]. 当代教育科学，2015，（23）：37-39.

源。马克思认为,生产力的发展,促进了社会分工,但是,"只要分工还不是出于自愿,而是自然形成的,那么人本身的活动对人来说就成为一种异己的同他对立的力量。这种力量压迫着人,而不是人驾驭着这种力量"[①]。即自然形成的分工导致了异化劳动。马克思的这一逻辑为我们探析大学社会服务功能异化的根源提供了思路,即大学社会服务功能异化的根源很可能也是由某种分工、分离或背离引起的。这可以从以下两个方面考察。

一方面,考察是否存在部分教师从教学和科研岗位中分离出来专门从事社会服务的情况。目前,人们一提到大学的社会服务功能就自然地将其与美国大学联系起来,这是因为社会服务作为大学的一大基本功能,最早由美国大学于 19 世纪中叶确立下来,人们似乎感觉在此之前大学就不提供社会服务。而学者朱国仁认为,在此之前一些欧洲大学就出现了社会服务的萌芽。据其研究,早在 16 世纪末,随着新航路的开辟,资本主义工商业得到进一步发展,这一发展对新知识、新技术和人才的需求越来越强烈,在此背景下,1596 年格雷沙姆学院应运而生,该学院容许教师向学者、绅士、商人、海员、造船人、零售商、工匠等提供咨询服务;1799 年,格拉斯哥大学的安德森在大学里开办讲习班向工人讲授实验哲学,而乔治·伯克贝教授则在夜校讲习班向工人、工匠讲授基本的科学知识和原理;19 世纪 50 年代起,英国的主要工商业城市陆续建立了学院,旨在为当地工商业提供服务;19 世纪 70 年代,英国又开展了大学推广运动,向所有人开设广泛的课程;19 世纪初,德国在普法战争失败后进行了教育改革,促使大学与社会的联系,从而使大学出现社会服务的萌芽。[②]从总体上看,这一时期的大学社会服务只是零散的,尚未形成规模,与大学的关联性不大,主要是教师个人的事。"这些活动都为自发性的,甚至个别的,尚未得以普遍的接受或正式的认可,只能称为高等学校社会服务职能的萌芽……尽管不少高等学校直接从事了一些社会服务性活动,但无论从高等学校自身的总体目标还是从社会需求特别是政府的要求上米看,都还不能说这就是高等学校社会服务职能。"[②]19 世纪中叶以后,在美国,由于开发西部边疆及发展农业的需要,社会已不再满足于大学通过人才培养、科学研究这些间接方式为其提供服务,而迫切需要大学直接为其提供服务。1862 年,美国国会通过了《莫里尔法案》,该法案虽然没有明确要求大学为社会提供直接服务,但依据该法案在各州建立的"赠地学院"已实际上为社会提供直接服务。之后,因赠地而发展起来的威斯康星大

---

① 中共中央马克思、恩格斯、列宁、斯大林著作编译局. 马克思恩格斯文集(第 1 卷)[M]. 北京:人民出版社,2009:537.

② 朱国仁. 从"象牙塔"到社会"服务站"——高等学校社会服务职能演变的历史考察[J]. 清华大学教育研究,1999,(1):32-38.

学明确提出了"教学、科研和服务都是大学的主要职能"的思想。这样社会服务作为大学的一大基本功能被确立下来。进入 20 世纪以后，尤其是经过第一次世界大战和第二次世界大战以后，各国的竞争转向以科技为核心的综合国力的较量，大学在国家发展中的作用显得愈发重要，逐渐由社会的边缘走向社会的中心。这一时期大学为社会提供直接服务的形式多种多样，并且愈加复杂，不再局限于简单的咨询服务、科技开发服务等，而是建立了科技园，一些人从教学和科研岗位中分离出来，办起了实体经济。

从大学社会服务的发展过程可以看出，大学社会服务功能从萌芽到被正式确立下来，再到之后的迅速发展，都与社会经济的发展密切相关，即社会经济发展对新知识、新技术和人才的急迫需要促使了大学社会服务功能的产生和发展。在这一过程中，最初是简单地、个人地为社会服务，逐渐发展到复杂地、群体地为社会提供服务。尤其是在这一过程中，部分教师从教学和科研岗位中分离出来，专门从事社会服务工作，如开办公司等，这种分工根据马克思的异化劳动理论，很可能就是导致大学社会服务功能异化的根源。因为这种分工还不是出于自愿的，而是自然形成的，专门从事社会服务的教师被限制在一定的特殊的活动范围，这个范围是强加于他们的，他们不能超出这个范围，只要他们不想失去生活资料，他们就始终应该是这样的人。这就很容易导致这样一种后果，既然这些人以社会服务为业，必然将获取经济利益放在首位，从而在一定程度上造成大学社会服务的商业化，并缺乏学术性和引领性。

另一方面，考察是否存在社会服务功能与人才培养功能和科学研究功能相背离的情况。自从社会服务作为大学的一大基本功能被美国大学确立后，伴随着美国作为新兴资本主义国家的迅速崛起，社会服务功能也很快受到世界各国大学的重视，他们纷纷向美国大学学习，这样，世界高等教育的中心逐渐由德国转移到美国。不过，随着大学社会服务向纵深发展，已暴露出不少问题，社会服务作为大学的一大基本功能产生时其目的表面上是为社会提供直接服务，但是其出发点和落脚点都是大学的人才培养和科学研究，即人才培养和科学研究是社会服务的根基，离开这一根基，大学社会服务将一事无成。因而，大学的社会服务不但要为社会提供直接服务，还要有利于人才培养和科学研究。最近几十年所暴露出来的问题是，大学的社会服务不但无益于人才培养和科学研究，反而在一定程度上消耗着人才培养和科学研究的资源，甚至助长着大学的功利化气息。例如，大学所开办的公司，由于在公司工作的人员待遇普遍较高，这就很容易将教学和科研岗位上的优秀人才吸引到公司，从而削弱了教学和科研的师资力量。此外，公司有时还要挤占本就紧张的教学和科研方面的用房和设备等资源。因而，大学社会服务在向纵深发展的同时，也在一定程度上与人才培养和科学研究相背离，这是大学社会服务功能异化的又一重要根源。

从总体上看，对于大学社会服务功能异化的根本原因而言，部分教师从教学和科研岗位中分离出来是相对微观的，强调的是教师个体之间的相分离，而社会服务功能与人才培养功能和科学研究功能相背离是相对宏观的，强调的是大学基本功能之间的相背离。

二、我国大学社会服务功能异化的非根本原因

1. 历史原因

我国大学社会服务之所以产生各种形式的异化，尤其对社会发展缺乏引领性和批判精神，其实是有着深刻的历史原因的。我国具有现代意义的大学产生于中华民族的水深火热时期，国家的图强图新是大学产生和发展的强大的外在动力。有研究者详细梳理了我国大学在国家强烈需要下的发展历程，认为："大学在清末是作为科技救国的工具而设立的，中华人民共和国成立前又先后作为民主革命的先锋而承担了宣传革命理想和救国救民的重任。中华人民共和国成立后不久，中国的大学全面以苏联大学模式改组院校和专业设置，成为培养社会主义经济建设急需人才的工厂。'文化大革命'时期，被当作阶级斗争的工具。可以说从清末中国大学的设立到 20 世纪 80 年代改革开放之前，中国大学发展的历史就是大学直接服务社会的工具性被一步步张扬而人才培养和科学研究功能被严重遮蔽的历史。"[1]也有研究者对我国大学的这一发展历程发表了同样的看法，认为："半殖民地半封建的旧中国，大学是救亡图存的希望；中华人民共和国成立之后，为了赶英超美，全面借鉴苏联的大学发展模式，突出培养经济建设急需人才的职能。改革开放之后，由于功利思想作怪，很长一段时间以来我们走的是一条粗放式增长的发展路线，过分强调物质文明建设，在一定程度上忽略了其他社会建设，大学片面强调为经济建设服务的做法与以前相比有过之而无不及。在这种背景之下，20 世纪 80 年代以来，大学直接参与经济建设的主战场，甚至成为拉动经济增长的活力。"[2]从这些论述可以发现，我国大学从产生到发展，都被过分地强调为国家的建设和发展提供直接服务，尤其是大学发展到今天，其社会服务功能在大学中的地位和重要性有超越人才培养功能和科学研究功能的倾向。"由于大学成为社会发展的动力源主体作用逐渐显像化，甚至在某些

---

① 曹洪军，邹放鸣. 对中国大学社会服务功能的反思[J]. 现代教育管理，2010，（2）：17-18.
② 许衍琛. 近代中国大学社会服务研究[D]. 南开大学，2014：198.

方面显示出大学的发展在很大程度上决定着社会政治经济发展的方向。因此，现代大学的服务职能从传统的附属性功能向主体性功能转变，成为现代大学动力源发挥作用的内部动力，成为社会发展的动力之动力。"①不过，无论是大学为社会直接提供服务，还是其社会服务功能转变为主体性功能，都不应使大学抛弃自身的天然禀赋，即独立地自由地探求真理。然而，"长期以来，中国大学对社会需求反应过激，过分强调直接服务社会的工具作用，过分屈服于解决'当前'与'实际'问题的压力，服务功能被过分张扬，从而有意或无意地放弃或影响了大学探求真理、培育人才的'长远'而'根本'的使命"②。总之，长期地过分地强调大学直接为社会服务是我国大学社会服务功能异化的重要历史原因。如果深究下去，为什么长期地过分地强调大学直接为社会服务就会导致大学社会服务功能异化呢？有研究者通过认真比较中西方大学发展历史的不同，认为："西方大学在渐进发展过程中，形成了学术自由、学术自治的精神与传统，这种内力能够很好地制约大学社会服务的过分膨胀，做到既守望象牙塔，又超越象牙塔。在内外相互牵引的过程中，实现社会服务的某种均衡。不同于西方大学的内源发展，近代中国大学的产生则是内外双重作用的结果。而且，在相当长的一段时间内，内力的作用一度淹没不彰。中国大学从其产生之日起就是世俗的、工具性的，不具备西方大学的象牙塔精神。"③这或许是我国大学社会服务功能异化的更深层次的历史原因。

2. 政治原因

我国大学社会服务功能的异化同样有着深刻的政治原因。正如前文所述，我国整个社会是一种以行政关系为主导的复杂的网络体系。在这个网络体系中，政府部门居于主导地位，政府的行政权力是异常强大的，其渗透于社会的各行各业，以及各种社会组织机构和团体。这样做的最大好处就是政府的行政权力能够很方便地渗入社会的各个领域，确保政令畅通。应该说，我国政府的这种管理方式是我们在长期实践中形成的优良传统，也是我们政治上的一个优势，即能够集中力量办大事。但是这种管理方式也存在着一定弊端，并且不可小觑。最明显的莫过于有时候政令大于法，以政代法、有法不依的事情在生活中并不少见。政府的这种管理方式对大学社会服务的影响主要表现在通过人事任免来保证政令在大学的畅通。我国大学实行的是党委领导下的校长负责制，但无论是党委书记还是校长，他们都是由政府部门任

---

① 张国祥. 大学职能的历史演变及启示[J]. 黑龙江高教研究, 2000, (6)：107-110.
② 曹洪军, 邹放鸣. 对中国大学社会服务功能的反思[J]. 现代教育管理, 2010, (2)：17-18.
③ 许衍琛. 近代中国大学社会服务研究[D]. 南开大学, 2014：198.

命的，具有相应的行政级别，因而他们既是学者，又是官员，具有双重身份。在整个社会处于行政化氛围的背景下，党委书记、校长的官员身份要远远重于学者身份。党委书记、校长是由上级政府部门任免的，他们要对上级政府部门负责，执行上级政府部门的命令。当国家制定了"以经济建设为中心"的基本路线以后，由于大学在社会中的特殊地位和作用，政府自然对大学寄予厚望，提出更高的要求，希望大学能够利用自身的优势以各种方式为社会提供更多的直接服务。大学的党委书记、校长自然要将政府的这种意愿予以贯彻落实，而不管自身是否具备相应的条件。可以说，我国大学的社会服务在很大程度上是政府强力推行的结果，即在很大程度上也是为政治服务。由政府外力推动的大学社会服务，在实践中却没有享有充分的自主权。有研究者认为："大学结合社会经济实际灵活开展社会服务，就需要在专业设置，教学科研单位设立，教学、科研和社会服务活动的组织，教学科研人员的聘用等方面，具有更多的自主权。而大学在专业设置和机构设置等方面自主权不足，受到来自主管部门的限制，这是妨碍大学按照社会的人才市场需求和经济需要灵活地办学和进行社会服务的重要因素。"[①]大学应当为政治服务，这是大学社会服务的应有之义，但应当采取适当的方式。有研究者认为"大学的政治服务职能在于推动政治的发展，而不是直接介入政治为其提供服务。大学的政治服务职能并不是体现在直接参政，而是培养人才和为政府提供咨询服务……大学一旦完全介入政治，就很有可能变成政治的工具。我国历史上，大学起起落落的曲折前进过程，就是教育政治化的直接后果。"[②]总之，政府的行政权力对大学的渗透是导致大学社会服务功能异化的重要政治原因。

3. 经济原因

这里的经济原因包含两层意思：一是作为经济基础的原因；二是作为生活中存在的经济利益的原因。马克思主义认为，经济基础决定上层建筑。大学的社会服务作为上层建筑自然要受制于其存在的经济基础。具体而言，我国大学（指公办大学）的办学经费主要来源于政府的财政拨款。我国大学的办学经费来源渠道比较单一，主要依靠政府的定期投入，有些大学也会偶尔从社会上获得一些捐赠，但这与政府每年的投入相比，简直是微不足道。在获得社会捐赠方面，我国大学与西方的许多大学真是不可同日而语。有研究者详细比较了中外大学获得社会捐赠的情况，认为："早在 1992 年美国大学

---

① 赵日刚. 加强大学社会服务功能过程中政府职能研究[D]. 东北大学，2009：42-43.
② 叶苗苗，江宏玉. 论大学社会服务职能的限度[J]. 煤炭高等教育，2009，（3）：40-42.

接受捐赠超过 10 亿美元的学校就达十所以上。2000 年全美慈善捐赠总额为 2034.5 亿美元，相当于美国当年 GDP 的 2.0%；2004 年为 2485.2 亿美元，比 2003 年增长了 5%。美国 2003～2004 年财政年度大学接受捐赠额为 244 亿美元，约占社会捐赠总额的 1/8。2005 年美国大学获得至少 265 亿美元捐款，比 2004 年又增长 4.9%。其中斯坦福大学共获得 6.036 亿美元捐款，名列名校榜首。威斯康星大学获得捐款的数额排在第二位，为 5.952 亿美元……牛津大学和剑桥大学中各学院的经费主要来自大财团和社会各界的捐赠，其他一般大学得到的捐赠款占总经费收入的比例也达到 7%。日本公立高校得到的捐赠占经费的 15%，私立高校更达到 50%……中国普通高校的经费收入除财政拨款之外（占普通高校总收入的 52.4%），其余绝大部分主要来自学费、科研、产业和服务性收入。也就是说我国大学社会捐赠的规模还不到美国的 1%。"①另据报道，"我国高校的资金来源比较单一，即财政拨款、学杂费、社会捐助，资金主要来自财政拨款，财政拨款逐年提高，非财政收入逐步减少，高校资金对财政拨款依赖性特别强。2015 年，全国高校一年总收入为 9364 亿元人民币，其中，财政拨款占 62.4%，学杂费占 32.2%，社会捐助占 0.5%，其他 4% 多一点。来自社会捐助的额度较小。美国 2013～2014 年公立大学总收入为 2972 亿美元，其中财政拨款只占 38%，学杂费占 20.6%，而捐助占 11%。中美高校来自社会捐助的差距较大。2015 年美国高校来自社会的捐助有 400 亿美元，而国内高校社会捐助总量只有 48 亿元人民币。"②这样，在我国，政府部门完全掌控着大学的经济命脉，其要求大学提供什么样的服务、多少数量的服务，大学就必须毫无保留地提供什么样的、多少数量的服务。

此外，在社会主义市场经济条件下，大学为了获得更多的经济利益，其本身也有为社会提供服务的动力。由于我国社会主义市场经济体制尚处于完善中，许多相关的配套制度没有建立起来，人们把市场经济片面地理解为放开手脚挣大钱。一时间各种形式的拜物教、拜金主义甚嚣尘上。金钱成为判断人们行为得失的标准，成为一个人的价值和意义所在。在这种追求金钱的氛围之下，大学和教师都有了为经济服务的欲望和冲动。就大学而言，由于政府拨款是大学办学经费的主要来源，这无法完全满足大学办学经费需求，而大学通过提供经济服务，能够从社会获得一定的经济利益，以补充办学经费的不足。在实践中，一些实力较强的大学办起了科技园，开办自己的公司，有些公司甚至挂牌上市，这对补充大学办学经费而言是有一定意义的。就教师个人而言，很多教师已不再守在"象牙塔"中孤芳自赏，不再甘愿清

---

① 孟丽菊，张大方. 中外高校社会捐赠：比较、分析及建议[J]. 教育科学，2007，（3）：39-40.
② 郑超. 全国高校一年总收入 9364 亿元[N]. 北京晨报，2017-04-16（A02）.

贫，更多的是走出校园，融入社会。在实践中，不少教师利用自己的专业所长或学术所长，在校外从事兼职工作。大学和教师为经济服务本无可厚非，也是大学社会服务功能的应有之义，关键是部分大学和教师服务的目的和效果存在着很大的问题：目的就是单纯地追求经济利益，而不考虑是否有利于大学自身发展；效果就是个别教师和人员经济收入增加，而无益于人才培养质量的提高。正如有的研究者所言："大学的经济服务职能应该主要体现在人才培养和科技创新上，而不是直接介入经济领域从事商品交易，更不是为了自身的利益只提供某些能直接带来经济收益的服务项目。"①总之，大学的经济命脉由政府部门掌控及大学对经济利益的过分追求是导致大学社会服务功能异化的重要经济原因。

4. 社会文化心理原因

与大部分大学和教师积极投入社会服务形成鲜明对比的是，一些大学和教师对社会服务表现出相对冷淡的态度。究其原因，这有着深刻的社会文化心理因素。一些大学和教师认为教书育人才是正道，而提供社会服务是歪道。在我国历史上，人们形成了这样的心理共识，即教师是"传道、授业、解惑"之人，是品德高尚的正人君子，是不齿金钱的人，是身上只有书香之气而无铜臭之味的人。在这种传统的社会心理影响之下，一些教师墨守成规，每天过着家庭—办公室—教室的三点式生活，完全没有意识到自己还应承担的社会服务之职责，即使勉强参与社会服务，也是疲于应付，效率低下，不求效果。同时，社会上有的人也存在着对大学和教师的偏见，认为教师是酸性十足的知识分子，是书呆子，因而遇到问题不会向大学和教师求助。最典型的是一些地方政府，一方面到处招引人才，另一方面却不重视所在地方的大学的智库作用。正如有的学者所言："受我国官本位文化影响，政府，特别是地方政府很少重视与大学特别是一般大学的联系，对如何依靠和利用大学的人才、智力、信息、技术和思想来提升与发展本地区经济的问题则考虑不多，有些地方政府大讲科教兴市，大讲依靠大学的智力优势，但一些重大社会经济决策仍很少听取大学的专家、学者的意见和建议。"②可见，这些社会文化心理因素的存在，也在一定程度上阻碍了大学社会服务功能的发挥，使得大学在地区的经济社会发展中少有作为，这是导致我国大学社会服务功能异化的又一重要原因。

---

① 叶苗苗，江宏玉. 论大学社会服务职能的限度[J]. 煤炭高等教育，2009，（3）：40-42.
② 周慧霞. 我国大学社会服务职能实现的现状与对策[J]. 阴山学刊，2008，（3）：116-117.

第四节　大学社会服务功能异化的消除

根据大学社会服务功能异化产生的原因，其消除的途径可以分为根本途径和直接途径。

一、大学社会服务功能异化消除的根本途径

既然大学社会服务功能异化的根本原因是自然形成的分工造成的部分教师与教学和科研岗位相分离，以及社会服务功能与人才培养功能和科学研究功能相背离，那么要从根本上消除这种异化，就必须在社会生产力发展的基础上，消灭这种自然形成的分工。"个人力量（关系）由于分工而转化为物的力量这一现象，不能靠人们从头脑里抛开关于这一现象的一般观念的办法来消灭，而只能靠个人重新驾驭这些物的力量，靠消灭分工的办法来消灭。"[①]而要消灭这种自然形成的分工，就必须使大学的社会服务与教学和科研岗位相联合形成真正的共同体，"在真正的共同体的条件下，各个人在自己的联合中并通过这种联合获得自己的自由"[①]。这样，自然形成的分工被出于自愿的分工取代，大学社会服务人员不再受限于特殊的社会服务活动范围，而是可以随着自己的兴趣在社会服务、教学、科研等岗位自由发展。当大学社会服务人员与教学和科研岗位实现了这种联合，那么大学社会服务中存在的商业化严重、无益于人才培养和科学研究、缺乏学术性和引领性等各种异化现象也就会从根本上得以消除。

二、大学社会服务功能异化消除的直接途径

根据我国大学社会服务的历史演变，以及针对我国大学社会服务功能异化的表现和非根本原因，我国大学社会服务功能异化的消除可以从宏观、中观和微观三个角度，在国家、大学和教师三个层面采取一些关键的对策。

1. 从宏观角度看，国家应出台有关大学社会服务的法律法规

通过立法来推动和保障大学社会服务的开展是西方国家的通常做法。例如，率先将社会服务作为大学基本功能之一的美国就很重视通过法律来调整

---

① 中共中央马克思、恩格斯、列宁、斯大林著作编译局. 马克思恩格斯文集（第 1 卷）[M]. 北京：人民出版社，2009：570-571.

大学社会服务中产生的各种关系。"美国最先以法律的形式确保高校社会服务的开展，之后相继颁布了很多法律给予大量的财政拨款保证高校为社会发展服务，如《莫雷尔法案》《哈奇法案》《史密斯—莱沃法》等。"①相比而言，我国尚未对大学的社会服务出台一部专门的法律法规。目前，我国对大学社会服务方面的法律法规只零星地存在于《中华人民共和国高等教育法》中，如其中第三十一条规定："高等学校应当以培养人才为中心，开展教学、科学研究和社会服务，保证教育教学质量达到国家规定的标准。"这仅是原则性规定，要更好地付诸实践，就需要进一步的详细立法。因而，为保证我国大学社会服务的健康发展，目前很有必要制定一部细化的、具有可操作性的"大学社会服务法"。这与我国设社会主义法治国家的精神是一致的，并有利于促进我国现代大学制度建设。"近代中国大学自产生以来，就面临一系列矛盾冲突，既要移植西方模式又要注意本土化，既要学习国外先进理念，又不能全盘拿来。主导中国大学发展的主要是两种外在的力量，一种是英、美、苏等西方国家；另一种是政府和市场，中国大学自身发展的逻辑力量被淹没在这两种强大的力量之中，使中国大学不堪重负。虽然历经百余年的发展历程，完善的现代大学制度尚未真正建立。"②在具体的立法过程中，应坚持以下几项原则和处理好以下几种关系。

1）自主性原则

虽然《中华人民共和国高等教育法》赋予了大学某些方面的自主权，如规定高等学校依法自主设置和调整学科、专业；自主制订教学计划、选编教材、组织实施教学活动；自主开展科学研究、技术开发和社会服务；自主开展与境外高等学校之间的科学技术文化交流与合作；自主确定教学、科学研究、行政职能部门等内部组织机构的设置和人员配备等。但是大学要真正行使这些自主权往往需要履行各种审批手续，这种程序化的工作往往阻碍了大学自主权的行使，有时甚至在无形中剥夺了某些自主权。此外再加上有法不依的情况时有发生，大学的自主权也会受到影响。之所以强调大学社会服务自主性，是因为大学社会服务所具有的学术性，即大学社会服务也是一项学术活动。而学术活动在本质上是一种创造性活动。从心理学来讲，创造性依赖于人的主观的、积极的心理活动。也就是，创造的动力应来源于一个人的内心需要，而不应来源于强加于人的外部需要。强调大学社会服务的自主性就是要改变目前我国大学社会服务主要由外部力量驱动的局面，实现由大学自身发展需要为主的内部驱动。只有实现这样的转变，使大学在社会服务中

---

① 甄丽娜. 美国高校社会服务职能的发展及启示[D]. 西南师范大学，2005：36.
② 许衍琛. 近代中国大学社会服务研究[D]. 南开大学，2014：202.

真正享有自主权，大学的社会服务工作才会更有效率、更有效果。自主性原则就是要求在立法时真正赋予大学社会服务的自主权，这有利于增强大学社会服务的理性，对于大学社会服务异化的消除是至关重要的。

2）合理定位原则

这主要是指大学在为社会提供服务时，必须摆正自己的位置，进行合理定位。20 世纪初，自我国具有现代意义的大学产生之日起，在社会服务方面，相比西方国家的大学，我国大学的定位往往就不太准确，从而使得我国大学的社会服务在之后的发展中一波三折。"如果细读一部欧美大学发展史，西方大学与社会之间始终存在一种张力。这种张力使大学能够超脱于社会，同时又不过分远离社会。对于纷繁复杂的社会实践，大学拥有崇高的话语权。反观中国，这种话语权很难找到。中国大学时而在经济建设的战场东突西奔，时而在政治的漩涡中不能自拔。在服务社会的浪潮中，大学迷失了自我，丢掉了灵魂。"①实际上，在国家以经济建设为中心的背景下，大学无论是以直接方式还是以间接方式参与到国家经济建设中，都是无可厚非的，并且是必需的。关键是，大学在整个社会处于追逐经济利益的各种乱象中，应当怎样给自己定位，是把自己混同为社会的普通成员，还是把自己视为社会的引领者和批判者？显然，由于大学在社会中的特殊地位和作用，其在服务中当然不能抛弃对社会的引领和批判作用。大学"存在的根据不是工具性地简单满足社会的即时需要，大学必须做出合理的应对。大学应该与急功近利绝缘，应该对喧哗浮躁说不。在应对社会即时需要的同时，还应该对社会展开批判，引导社会的发展"①。总之，合理定位原则就是要求在立法时充分考虑到大学在社会的特殊地位和作用，使大学在社会服务中坚守对社会的引领和批判之职责。

3）科学评价原则

目前，我国在大学的教学和科研方面已建立了较完善的评价指标体系，但在大学的社会服务方面远没有建立起较完善的评价指标体系。大学社会服务的评价指标，与其他的评价指标一样，本身没有多大意义，但是当它们作为业绩考核手段，作为奖惩的依据时，其对人们的行为将起指挥棒的作用。因而建立一套科学的评价指标体系对保障大学社会服务的健康发展至关重要。不少研究者设计出我国大学社会服务的评价指标体系，如有研究者认为我国大学社会服务评价指标体系应包括：人才培训服务（含职业培训结业率、从业教师比率、从业教师职称比例）、专家咨询服务（含专家咨询人数、专家咨询项目级别比例）、语言化资源服务（含文化基础设

① 许衍琛. 近代中国大学社会服务研究[D]. 南开大学，2014：201-202.

施使用率、文化设施使用满意度、文化活动开放参与率、文化活动和质量满意度、社会服务总次数）等几个方面，并且详细介绍了每项指标的计算方法。①应该说，这一评价指标体系的设计是比较完整的，对于我们今后建立完善的评价指标体系有很大的借鉴意义。但是，综观我国现有的研究成果，其中存在的最大问题是这些指标体系的科学性很值得商榷。这些指标最明显的缺陷在于就社会服务评价指标体系论社会服务，其价值导向是大学提供的社会服务越多越好，这显然是不科学的。一套科学的大学社会服务评价指标体系应做到：大学和教师从事社会服务的时间不应超过从事人才培养和科学研究的时间，这是由社会服务功能在大学中的地位和作用决定的；社会服务具有学术性，这是由大学的学术性决定的；社会服务应具有引领性和批判性，这是由大学在社会中的地位和作用决定的；等等。总之，科学评价原则就是要求在立法时充分考虑到评价的正确导向作用，确保调动大学和教师从事社会服务的积极性、主动性，这对于大学社会服务功能异化的消除也是非常重要的。

4）正确调整政府、企业和大学三者之间的关系

政府和企业对大学的社会服务影响比较大，调整好它们之间的关系不仅有利于大学的健康发展，也有利于整个社会的和谐发展。政府在大学社会服务中的主要职责是做好宏观调控，不宜再以行政指令的方式干预大学的社会服务工作，并为大学的社会服务营造一个良好的外部环境，如从正面多宣传大学在经济社会发展中的地位和作用。同时建立政府的问寻机制，即地方政府的重大决策应向大学咨询，定期或不定期地听取专家和学者的意见和建议，以充分利用大学的智囊优势。企业和大学之间应加强信息沟通，加强合作，使企业在生产经营中的难题能够得到及时解决，也使大学的科研成果能够及时应用于企业，转化为现实的生产力。此外，企业也有义务成为大学的实习基地，为大学的人才培养提供方便之门。大学所直接开办的企业应当具有高科技的特点，并且是社会上没有的或没有能力开办的企业，否则大学就会失去引领性，并容易与社会上其他企业形成竞争关系，造成不必要的矛盾。并且，大学所直接开办的企业在运营一段时间以后，如果发现社会上已有同类企业，则大学应及时将自己开办的企业进行剥离，完全交由社会经营，而自己则是寻找新的增长点，开办社会上没有的企业。这样，大学的社会服务在社会发展中就能始终处于引领地位。总之，在立法时，应充分考虑政府、企业、大学三者之间的利益关系，科学、合理地调整好他们之间的关系对于大学社会服务功能异化的消除也是非常必要的。

---

① 李凡. 高校社会服务职能评价指标体系的构建[J]. 中国高等教育评估，2011，（1）：38-41.

5）正确处理大学的人才培养、科学研究和社会服务之间的关系

人才培养、科学研究和社会服务都是大学的基本功能，前二者是指大学间接为社会提供服务，后者是指大学直接为社会提供服务，且后者功能是前两者功能的自然延展。"以知识、信息的生产为主要标志的高科技产业被称作'第四产业'，大学作为传播、创造和使用新知识的集散地，必须通过产学研一体化的发展模式，实现从'间接服务社会'向'直接服务社会'的转变，这样才能满足知识经济社会发展对高等教育的新要求。"①值得注意的是，人才培养功能、科学研究功能和社会服务功能在大学中的地位和作用是不一样的。人才培养是大学的永恒中心工作，脱离人才培养的大学是不存在的；科学研究是大学工作的重心，没有科学研究的大学只能是低层次、低水平的大学；社会服务是大学工作的拓展，没有社会服务的大学只能是裹足不前的"象牙塔"，终究会被社会淘汰。人才培养是科学研究和社会服务的基础；没有人才培养，科学研究和社会服务就成为无源之水。科学研究是培养创新型人才的重要途径；没有科学研究，人才培养将丧失学术性，社会服务也将丧失学术性和引领性。社会服务是大学的人才培养和科学研究走出"象牙塔"、融入社会的历史必然；没有社会服务，人才培养就会缺乏新鲜的内容，科学研究也将缺乏新颖的选题。总之，在立法时正确处理人才培养、科学研究和社会服务之间的关系，不仅有助于大学社会服务功能异化的消除，而且有助于大学人才培养功能和科学研究功能异化的消除。

6）正确处理大学社会服务的现实与长远关系

大学社会服务的现实是指大学要解决当前比较急迫的问题；大学社会服务的长远是指大学要超越现实解决具有引领性的根本问题。大学社会服务的现实与长远之间是什么关系呢？学者金耀基做了精辟论述，他认为："从大学的本质与长远的发展看，大学虽然应该以其专有的知识来服务社会，以解决和疏导当前的问题，但它不能太过重视'当前'的问题，或有急功近利的做法……它必不可在'当前'与'实际'的问题压力下，放弃或影响它探求真理、培育人才的'长远'而'根本'的使命。"②基于大学社会服务在现实与长远方面的这种关系，大学在服务中既要接触社会更要超越社会。"大学不能完全进入市场，面对资本市场、科技市场的种种诱惑，大学要有所选择，有所超越。大学只有与市场保持适当的距离，才能引导社会的发展，而不是亦步亦趋，被动地适应社会和市场。"③那么大学如何才能引导社会的发展呢？关键是大学要不断产生出新的先进思想。"知识经济时代要求大学必须生产出

---

① 曹洪军，邹放鸣. 对我国大学社会服务功能的反思[J]. 现代教育管理，2010，（2）：17-18.

② 金耀基. 大学之理念[M]. 北京：生活·读书·新知三联书店，2001：137-138.

③ 戴晓霞. 高等教育市场化[M]. 北京：北京大学出版社，2004：64-65.

科学思想，创新观念与逻辑思维的思想，适合本国国情的经济、政治思想，有益于人类发展的思想，体制与机制创新的制度思想，适合知识经济需要的组织管理与技术创新思想，弘扬民族传统的真、善、美思想等。大学孕育新思想对社会产生的影响远比其他功能重要。"①总之，在立法时，正确处理大学社会服务的现实与长远关系，有利于去除大学的浮躁情况，并发挥对社会的引领作用，这对于大学社会服务功能异化的消除同样是非常重要的。

2. 从中观角度看，大学应加强相关制度建设等

国家通过立法以调整大学社会服务中存在的各种关系，在很大程度上就为大学社会服务功能异化的消除及充分发挥大学的社会服务功能营造了一个良好的外部环境。但是如何具体地消除大学社会服务功能的异化，最终需要落实到大学的具体的实际行动上。

大学社会服务功能异化的消除，从大学角度而言，总的原则是依据自身条件，结合国情及区域经济社会发展的特点，开展不同模式的服务。"我国幅员辽阔，不同地区的自然资源和交通条件有很大差异，各地区社会、经济发展明显不平衡。因此，不同地区的地方高校在与地区经济发展结合时，要追求多元化的模式。同一地区不同种类、层次（如单科性院校与多科性院校，本科院校与专科院校）的高校也不能强求统一的模式，而应当在充分认识本地区社会、经济特点的基础上，根据学校自身的特点和优势，选择自己的结合处，确定自己的结合模式，掌握办学的主动性。由于我国目前高校的情况和条件各有不同，所以不同类型、不同层次的高校对自己应当承担的社会职能，以及实现这些职能所选择的实际内容和所采取的做法可以有所侧重。各校应当从自己的实际出发，选择适合的活动范围和任务，承担力所能及的社会职能。"②

在这一总的原则和要求下，针对社会服务工作，大学应具体做到以下几点。

1）大学应制定和完善专门的有关社会服务的制度

目前，许多大学的社会服务工作整体上处于一种零散的、无序的状态，服务意识淡薄、服务能力差、服务质量无保证、服务效率低等。一项完整的大学社会服务制度应当包括参与社会服务人员的条件、享有的权利和承担的义务、在一定时间段内参与社会服务的时间、参与社会服务的层次和水平、参与社会服务的方式方法、社会服务的效果、社会服务的评价方法、社会服务工作的奖惩办法等。在这里尤为强调的是，应当鼓励大学采用先进的技

① 周光迅. 高等教育功能创新论[J]. 教育发展研究，2004，（12）：109-112.
② 甄丽娜. 美国高校社会服务职能的发展及启示[D]. 西南师范大学，2005：44.

术，如互联网技术，利用互联网提供社会服务有利于缩短服务的时间和扩大服务的空间，对于提高服务的效率和效果是大有裨益的。光有这些制度还远远不够，关键是要把这些制度落到实处，在社会服务实践中切实按制度办事，这对于我国大学社会服务功能异化的消除是有益的。

2）大学应设立专门的有关社会服务的管理机构

设立专门的社会服务管理机构是西方大学的通常做法。"几乎美国的每一所高校都设有专门的组织管理机构和人员，专门负责高校社会服务职能的开展。我国许多高校社会服务搞不起来，并不是因为缺乏人才，缺乏科研水平，而主要在于院系社会服务管理的观念落后、组织管理水平差。"[①]我国大学设立的社会服务管理机构应管理全校的社会服务工作，对国家有关社会服务的法律和政策进行宣传、解读，对全校师生员工开展培训，增强他们的社会服务意识，提高他们的社会服务能力。尤其是在"互联网+"时代，应运用先进的互联网技术，促进学校师生员工与社会更多的联系，为他们之间牵线搭桥。大学对社会服务工作进行统筹管理，有利于克服服务的无序态度，更有利于集中自身的服务优势，为社会提供更好的更有特色的服务，这对于我国大学社会服务功能异化的消除也是有益的。

3）大学应重视在社会服务中采用先进的技术手段

采用先进的技术手段，无论对服务的时间、空间，还是服务的效率、效果都具有重要意义。当前我国已进入"互联网+"时代，大学在社会服务中利用先进的互联网技术也是势在必行。"互联网+"时代为增强大学社会服务功能提供了机遇，具体表现为以下几点。首先，有利于社会服务的主体范围进一步扩大。当前大学中承担社会服务功能的主体主要是教师，而学生和管理人员因不具备相应条件而难以参与到社会服务中。这是因为教师具备两个基本条件：一是高深的学问；二是相对自由的时间。而在"互联网+"时代，这一状况彻底改变，学生和管理人员都具备相应条件参与社会服务。就学生而言，学生可以利用互联网获取各种专业和非专业知识，而不必坐等教师传授知识，从而快速提高学问；学生除了固定的上课时间，拥有充裕的自由时间。这样，学生跟教师一样具备了参与社会服务的条件。就管理人员而言，管理人员将打破坐班的时间限制，通过互联网可以方便快捷地利用业余时间；许多管理人员接受过高等教育，甚至拥有硕士、博士学位，具有高深的学问。这样，管理人员也完全具备了参与社会服务的条件。可以说，大学社会服务主体范围的扩大，大大增强了其社会服务功能。其次，有利于社会服务效率的进一步提高。在"互联网+"时代，互联网与各行各业深度融合，显

---

① 甄丽娜. 美国高校社会服务职能的发展及启示[D]. 西南师范大学，2005：39.

著提高了人们的工作效率。在大学，互联网也提高了大学社会服务的效率。在培训服务中，大学通过互联网可以将寒暑假时间和其他业余时间结合起来，灵活地提供服务，且接受培训人员通过互联网足不出户就能够接受培训。服务的时间和空间被彻底打破，这就显著提高了服务的效率。在科研服务中，大学和服务对象在互联网的作用下，双方信息更加公开透明，沟通更加便捷顺畅，服务对象所需的与大学所能提供的一目了然，真正做到无缝对接，服务效率自然就提高了。在咨询服务中，大学通过互联网使得提供服务更加便捷，从而提高服务的主动性和积极性，这样有利于在第一时间提供服务，这就大大提高了咨询服务的效率。再次，有利于社会服务的内容和方式方法进一步丰富。在"互联网+"时代，大学的培训服务、科研服务、咨询服务，无论是在内容上还是在方式方法上都将极大丰富。例如，在培训服务方面，许多大学陆续开展的网络视频公开课，受到社会的广泛好评，不过这种公开课只是"互联网+"的初始阶段，它只是大学事先录制好的，缺乏互动性。而随着互联网运用的进一步深入，大学的全部课程可以通过互网络实时向社会需要人员开放，且是互动的。又如，在咨询服务方面，当前主要还是单一大学对单一政府部门提供服务，而在互联网+时代，将是多个大学针对多个政府部门的相同的咨询问题提供服务，并且在服务过程中，社会公众可以通过网络实时参与其中，提出自己的质疑，发表自己的见解。最后，有利于社会服务的环境进一步改善。这主要表现在两个方面。一方面，有助于增加社会公众对高等教育的了解，在"互联网+"时代，易于传播和普及高等教育基本常识，使公众清楚地认识到社会服务是大学的基本功能之一，从而在生活和工作中遇到有关学术等问题及时向有关大学求助；另一方面，有助于重塑大学在社会上的良好形象。近十多年来，虽然我国高等教育发展迅速，但其中也暴露出不少问题，社会上许多人直观地认为大学已不是圣洁之地。再加上许多大学还没有从传统的象牙塔中走出来，更加深了社会公众对大学的负面看法。在"互联网+"时代，大学将更加开放，更易于与社会公众沟通，向社会传播更多的正能量，从而为大学的社会服务营造良好的氛围。可见，先进的互联网技术在增强我国大学社会服务功能中具有不可替代的作用，并且对于我国大学社会服务功能异化的消除具有极其重要的意义。

3. 从微观角度看，师生员工应积极参与社会服务实践

1）师生员工应树立正确的社会服务观

思想观念指导着行动。有什么样的社会服务观就会有什么样的社会服务行为。大学要使师生员工认识到，承担社会服务工作不仅对大学具有重大意

义，而且对他们的个人发展同样具有重要作用。因为随着社会企盼大学能为社会做出更多更大的贡献，大学将会把师生员工在社会服务中的表现纳入其业绩考核中，从而影响其未来的发展。一个教师是否参与社会服务及社会服务的质量如何，都将与教师的切身利益挂钩。同时要使师生员工认识到，参与社会服务活动不是简单的商业活动，它需要体现出大学特色，要具有学术和引领性。这对于我国大学社会服务功能异化的消除同样是有益的。

2）师生员工应提高社会服务的能力

这种能力是多方面的，包括先进的服务技术、人际交往中的沟通和协调等。例如，在"互联网+"时代，应重点提高以下两种能力：一是应学习互联网基本知识，能够熟练地应用先进的互联网技术，从而打破传统的在服务中所受到的时间和空间限制，从而大大提高社会服务的效率；二是应掌握基本的社会交往技巧，由于服务对象是比较广泛的，针对不同的对象应能灵活运用不同的技巧，尤其应注意到，在"互联网+"时代，在服务中往往不再像传统的、近距离的、面对面的沟通，而可能更多的是运用互联网技术，通过文字、图像等进行远距离的沟通，这些都需要在具体的社会服务中灵活对待，这对于我国大学社会服务功能异化的消除有着重要意义。

3）应鼓励和创造条件让学生参与社会服务

学生是大学社会服务的重要力量。学生参与社会服务的重要方式是为大学所在的社区提供服务。在这方面，我们可以借鉴美国大学的做法，在必要时开设一定数量的社区服务课程，把学生参与社区服务纳入学分管理。"通过社区服务工作，学生对社区、一些特殊群更加了解，对社区存在的问题能更深入地理解，同时训练了解决问题的实践技能；增强了社会责任感；培养了社会参与意识；锻炼了社区参与能力；强化了社会价值观。"[①]由于学生受社会不良风气影响较小，让他们参与社会服务往往比较容易达到服务的目的，这对我国大学社会服务功能异化的消除同样具有重要意义。

---

① 查吉德. 美国大学社会服务功能的实现策略[J]. 现代大学教育，2002，（4）：107-110.

第五章 大学文化传承
与创新功能异化

第一节 大学文化传承与创新功能概述

一、大学文化传承与创新功能的内涵

1. 文化内涵

人们在日常生活和工作中经常使用"文化"一词，但是关于"文化"的准确定义，人们至今尚未形成一个统一的看法。"文化是个似是而非、边界不清楚且很难确定的一个概念。为此，关于文化概念的确切表述学术界有过较长时期的争论，据称有个关于'文化'的研讨会争论了 4 天最后还是未能达成对'文化'概念的统一认识，有人统计关于'文化'的定义目前有 200 种之多。"[1]学者杨德广认为："文化是一个复合的整体，它反映一个地区、一个国家、一个民族长期积淀而成的人文、艺术、道德、法律、风俗、价值追求等。文化属于上层建筑范畴，是思想意识、价值观念、社会制度等的综合反映，它直接影响教育活动。"[2]有研究者认为，泰勒于 1871 年在《原始文化》中第一次给出文化的概念，"泰勒认为，文化就广泛的民族意义来说，包括全部的知识、信仰、艺术、道德、法律、风俗，以及作为社会成员的人所掌握和接受的任何其他的才能和习惯的复合体。"[3]梁漱溟在其《中国文化要义》一书中认为："文化，就是吾人生活所依靠之一切……文化之本义，应在经济、政治，乃至一切无所不包。"[4]蔡元培认为："文化是人生发展的状况。"[5]爱尔华（Ellwood）认为："文化是一种学习的过程，或造器具造制度的过程。"[6]马凌

① 眭依凡. 关于大学文化建设的理性思考[J]. 清华大学教育研究, 2004, （1）：11-17.
② 杨德广. 大学文化建设的内涵和作用[J]. 高校教育管理, 2007, （2）：1-5.
③ 吕立志. 崇尚学术：中国大学文化建设内在之魂[J]. 高等教育研究, 2011, （1）：14-18.
④ 梁漱溟. 中国文化要义[M]. 上海：上海人民出版社, 2005：6.
⑤ 高叔平. 蔡元培教育论选[M]. 北京：人民教育出版社, 1991：278.
⑥ 金耀基. 《从传统到现代》补篇[M]. 北京：法律出版社, 2010：101.

诺斯基认为："文化是包括一套工具及一套风俗——人体的或心灵的习惯。"①
王金华认为："广义的文化，是指人类在改造自然和改造社会的过程中所创造
的物质财富和精神财富的总和。狭义的文化，是指作为观念形态的，与经
济、政治并列的，是特定民族在长期的共同生活中凝结下来的带有稳定性的
思想伦理、价值观念、思维方式、道德风尚等观念形态东西的总和。"②李宁
和赵慧君认为："文化即'以文化人'，就是要影响人、教育人和感染人，提
高人的素质、塑造人的心灵。"③马得林和李亚汉详细研究了我国古代文化的
含义，认为："在古代治语中，'文'的本义，指各色交错的纹理，如《易
传·系辞下》有'物相杂，故曰文'，《礼记·乐记》有'五色成文而不乱'，
尔后'文'引申为以下几种意义，一指包括语言文字在内的各种符号和典
籍、制度，如《论语·子罕》的'文王既没，文不在兹乎'；二指人的后天修
养，与'质''实'对应，如《论语·雍也》的'质胜文则野，文胜质则史。
文质彬彬，然后君子'；三指德行，如《礼记·乐记》的'礼减两进，以进为
文'。'化'的本义为改变、生成、造化，如《周易·系辞下》：'男女构精，
万物化生'等。'文'与'化'结合使用，较早见于《周易》，'观乎天文，以
察时变；观乎人文，以化成天下'（《周易·贲卦·象传》）。'文化'一词最早
出现于'圣人之治天下也，先文德而后武力。凡武之兴，为不服也。文化不
改，然后加诛'（《说苑·指武》）。此'文化'即是'以文教化'之义，指用
礼仪、典章及智识对人的陶铸和塑造。"④据《辞海》的解释，广义文化是指
人类社会历史实践过程中所创造的物质财富和精神财富的总和；狭义的文化
是指社会的意识形态，以及与之相适应的制度和组织机构。综合国内外学者
对文化的定义，可以发现，人们从不同角度对文化的表述千差万别，但对文
化基本内涵的理解基本上是相同的，都认为文化是人类在长期的社会实践中
积淀而成，在人类社会发展中具有重要作用，各个国家、各个民族都有自己
独特的文化。

2. 大学文化的内涵

学者王冀生认为："大学文化是大学在长期办学实践的基础上，经过历史
的积淀、自身的努力和外部环境的影响，逐步形成的一种独特的社会文化形

---

① 马凌诺斯基. 文化论[M]. 费孝通译. 北京：华夏出版社，2001：15.
② 王金华. 新时期高校文化传承与创新探析[J]. 武汉纺织大学学报，2013，（2）：31-35.
③ 李宁，赵慧君. 文化传承与创新——高校内涵式发展的不竭动力[J]. 长春师范学院学报（人文社会科学版），2014，（1）：132-134.
④ 马得林，李亚汉. 论大学的文化传承创新功能[J]. 西安电子科技大学学报（社会科学版），2013，（1）：122-126.

态。它以大学人为主体，以知识及其学科（专业）为基础，主要凝聚在大学拥有的深厚的文化底蕴之中，是大学精神文化、物质文化、制度文化和环境文化的总和，是大学作为人类社会知识权威的文化基础，是人类先进文化的重要组成部分。"①有研究者认为："大学文化是以大学为载体，通过历届师生的传承与创造逐渐形成在价值取向、思维方式、行为规范上有别于其他社会群体的一种团体意识、共同取向和精神氛围。"②也有研究者认为大学文化是"以大学人为主体，以大学为载体，经过历史筛选与积淀形成的大学财富的总和"③。还有研究者认为："大学文化是学校在人才培养、科学研究、社会服务等教育实践活动过程中所形成的师生共有的价值观念、行为准则的群体意识总和。"④学者施小光认为，大学文化有广义和狭义之分，"广义的大学文化是指大学在长期办学实践的基础上，经过历史的积淀、自身的努力和外部环境的影响，逐步形成的一种独特的社会组织文化形态，其中主要包括物质文化形态、制度文化形态、观念文化形态和行为文化形态。狭义的大学文化主要指大学观念文化，包括大学理念和大学精神"⑤。从这些定义可以看出，学术界对大学文化的定义如同对文化的定义一样，尚未形成统一看法，但认为其基本内涵是相同的。有研究者将其概括为微观、中观和宏观三个层面，认为："一是微观层面，大学文化主要是指大学人在以大学为载体进行的实践中所形成的，为学校教职员工所认可和秉持的思想理念、精神气质、文化氛围及价值追求等精神文化的总和；二是中观层面，大学文化是大学在长期的办学实践过程中形成的，具有自身特色、规范和要求的制度文化、行为文化等的总和；三是宏观层面，大学文化是指一切能够反映大学自身特性和要求，凸显大学办学理念和要求的精神文化、物质文化、制度文化以及行为文化等的总和。"⑥

3. 大学文化传承与创新功能

2011年4月24日，胡锦涛同志在《在庆祝清华大学建校100周年大会上的讲话》中提出："全面提高高等教育质量，必须大力推进文化传承创新。高等教育是优秀文化传承的重要载体和思想文化创新的重要源泉。要积极发挥文化育人作用，加强社会主义核心价值体系建设，掌握前人积累的文化成果，扬弃旧义，创立新知，并传播到社会、延续至后代，不断培育崇尚科

---

① 王冀生. 大学文化的科学内涵[J]. 高等教育研究，2005，（10）：5-10.
② 陆一. 大学文化：固有传统与新思想的均衡取舍——近五年四所大学校长典礼讲话的文本解析[J]. 教育学术月刊，2012，（1）：7-10.
③ 聂法良. 论大学文化社会化发展现状及对策[J]. 人民论坛，2012，（11）：94-95.
④ 丁振国，陈华文，金蕊. 理工类大学文化建设的内涵及路径[J]. 中国高等教育，2012，（3-4）：23-24.
⑤ 施小光. 文化传承与创新：现代大学新使命[J]. 清华大学教育研究，2011，（3）：50-51.
⑥ 李运庆. 大学文化的基本内涵及其传承与创新[J]. 中国石油大学胜利学院学报，2013，（3）：63-66.

学、追求真理的思想观念，推动社会主义先进文化建设。要积极开展对外文化交流，增进对国外文化科技发展趋势和最新成果的了解，展示当代中国高等教育风采，增强我国文化软实力和中华文化国际影响力，努力为推动人类文明进步作出积极贡献。"同时讲话中还提出，全面提高高等教育质量，必须大力提升人才培养水平，必须大力增强科学研究能力，必须大力服务经济社会发展，这些正是对大学的人才培养功能、科学研究功能、社会服务功能提出的要求。因而，提出"全面提高高等教育质量，必须大力推进文化传承创新"，就是明确了大学新的基本功能，即文化传承与创新功能。[①]对于文化传承与创新，是大学先天就有的或与生俱来的，还是后天赋予的？对此，目前我国学者倾向于前者，如学者楼宇烈提出"文化传承与创新这个使命不仅仅是现在的、文化传承与创新应该是大学应有的使命和永恒的使命"[②]，以及学者庞海芍认为"将文化传承与创新作为大学的第四功能，它肯定不是新的，因为文化传承实际上已经蕴含在育人和社会服务工作中"[②]。既然文化传承与创新是大学与生俱来的使命，那么我国为什么在 21 世纪初将其明确提出作为大学的基本功能之一呢？这其中有着深刻的时代背景。有研究者认为这种时代背景是，"一是时下社会上发生的道德失范、诚信缺乏、价值观扭曲等事件与我国全面建设小康社会的目标相背离"，"二是大学时下的功利化和庸俗化与其文化担当的使命相背离"[②]。这只是从消极角度看待这一时代背景。更为积极的深刻的时代背景是，我国要建设社会主义文化强国。2011 年 10 月，党的十七届六中全会明确提出了建设社会主义文化强国的目标。这是继 1996 年党的十四届六中全会讨论思想道德和文化建设问题之后，国家再一次集中探讨文化命题。这表明我国在取得举世瞩目的经济成就后，在文化领域提出更高追求。正如清华大学教授、中国伦理学会会长万俊人所说，经济发展以后要干什么是必须回答的时代性问题。如何在创造经济奇迹的同时，重塑曾经的文化辉煌，值得深思[③]。由于大学在社会主义文化强国建设中的特殊地位和作用，因而及时明确提出大学的文化传承与创新这一基本功能正是时代的需要，是我国经济社会和高等教育自身发展的客观需要，体现了我国对国际和国内形势的准确判断，以及对高等教育发展规律的深刻认识和准确把握。文化传承与文化创新有着深刻的内涵。"从文化哲学角度看，文化传承，是指文化自身的自我扬弃或辩证否定的过程；文化创新，是指古今文化、本土文化

---

① 胡锦涛. 在庆祝清华大学建校 100 周年大会上的讲话. http：//www.gov.cn/ldhd/2011-04/24/content_1851436.htm. [2017-12-20].

② 转引自：陈亚玲. 大学新使命：文化传承与创新——"第二届创新中国论坛"综述[J]. 南京理工大学学报（社会科学版），2012，（2）：26-29.

③ 许晓青，等. 中共提出建设社会主义文化强国[EB/OL].新华网.（2011-10-18）.http：//news.xinhuanet.com/politics/2011-10/18/c_111105666.htm. [2017-03-01].

与外来文化的辩证综合创造而产生新的文化过程。从普遍性意义而言，所谓文化传承创新，就是指人类文化不断延续且能够结合时代实践而不断创新出新的文化成果；从特殊性意义而言，所谓文化传承创新，就是指在批判地继承民族传统文化优秀成果的基础上，借鉴外来文化的积极、合理的因素，通过融合而创造出体现时代精神的新文化。"[①]文化传承与文化创新之间有着密切的关系："文化传承是文化创新的前提和基础，文化创新是文化传承的取向的提升；文化传承中孕育着文化创新的萌芽；文化创新中蕴含着文化传承的基因。没有文化传承，就没有文化创新；没有文化创新，文化传承就失去意义。"[①]

关于大学文化传承与创新功能异化的定义，根据大学基本功能异化的定义，可以将其表述为：在大学发展到一定阶段以后，其文化传承与创新功能逐步丧失了其产生的初衷，成为一种独立于大学人的支配力量，从而阻碍、扭曲了大学文化传承与创新功能作用的正常发挥，同时也促使大学通过不断改革和完善以消除这种力量。这一定义同样强调了大学文化传承与创新功能异化的社会性、历史性、积极性等特点。此外，这一定义也同样包含了应然与实然的辩证关系，也就是，人们在大学文化传承与创新功能产生时都抱有一个美好的初衷，即应然，也就是人们期盼着通过大学文化传承与创新功能所达到的预期效果，然而，大学文化传承与创新功能在实际的发挥过程中，逐渐发展成为独立于大学人的支配力量，即实然，换言之，大学文化传承与创新功能的现实状况与人们的初衷背道而驰了。

二、大学文化传承与创新功能的主要内容

顾名思义，大学文化传承与创新功能的主要内容包括传承文化和创新文化两个方面。

1. 传承文化

文化的形成需要一个过程，需要历史的积淀，并且积淀的时间越长久，文化的底蕴越深厚，文化的根基也就越牢固。大学文化传承与创新功能要发挥作用就需要传承文化。首先，传承 5000 多年文明发展中孕育的中华优秀传统文化。中华优秀传统文化是世界文明史中一颗璀璨的明珠，是世界上唯一一个自形成以来绵延 5000 多年而从未发生重大断层的文化体系。这一文化流淌在一代又一代中国人的血液中，至今仍散发着耀眼的光辉，其中许多思想

---

① 迟成勇. 文化传承创新的思考——兼论张岱年先生的文化观[J]. 哈尔滨师范大学社会科学学报，2012，（1）：10-11.

渗透在我们的日常生活中甚至治国理政中。例如,《论语》中所提出的"和为贵"思想至今影响深广,如在日常生活中人们常说"家和万事兴""和气致祥""和衷共济"等。在治国理政方面,如我们国家所提出的"和平共处五项原则""社会主义和谐社会""和谐世界"等。尤为可贵的是,我国先人在"和为贵"的基础上,进一步提出"和而不同"思想,它对我们今天的影响在教育上表现为"因材施教",在对外关系上表现为"求同存异"等。可见,我国优秀传统文化深深影响着我们的生活习惯、思维方式、价值理念等,是我们的智慧之源,传承这一优秀传统文化将有益于增强大学文化功能。其次,传承 90 多年来中国共产党领导人民在革命斗争中形成的革命文化。中国近代史就是一部革命史,在革命中形成了革命文化。在革命的不同阶段分别形成了以五四精神、红船精神、井冈山精神、长征精神、延安精神和西柏坡精神为标志的革命文化,这些精神的共同特征是展示了艰苦奋斗、不屈不挠、自力更生、心系人民、谦虚谨慎、不骄不躁的革命风貌。从世界历史上看,古今中外发生无数次革命,我们的革命文化之所以成为"20 世纪中国文化最为夺目的文化景观之一",就在于它继承了中华民族的优秀传统文化,以马克思主义为指导,在中国共产党领导下形成的民族的、科学的、大众的文化。[1] 正如毛泽东同志所言:"自从中国人学会了马克思列宁主义以后,中国人在精神上就由被动转为主动,从这时起,近代世界历史上那种看不起中国人,看不起中国文化的时代应当完结了。"[2] 因而,革命文化使中国结束了一个旧时代而开辟了一个新时代,传承这一文化也将有益于增强大学文化功能。最后,传承 60 多年来的社会主义改造和全面建设、改革发展及现代化建设过程中形成的社会主义先进文化。社会主义先进文化产生于中国社会主义建设的伟大实践,它具有适应和推动社会生产力发展的特征,能够为我国社会主义建设提供强大的精神动力和智力支持;具有科学性和实践性的特征,能够为我国社会主义建设提供正确的思维和科学的方法,能够指导我国社会主义实践,并在实践中接受检验;具有鲜明的时代性和前瞻性的特征,能够与时俱进,展示着改革开放的时代精神,能够面向世界、面向未来、面向现代化,引领我国社会主义现代化建设;具有鲜明的人民性,能够增强全国各族人民的凝聚力和向心力;具有广泛的容纳性,能够吸收和借鉴世界各国的古代和现代文化的先进成果为我所用,始终站在世界文化的前沿阵地。总之,社会主义先进文化对我国社会主义建设发挥着巨大的推动作用,传承这一文化将有益于增强大学文化功能。

---

① 叶晓楠. 在文化自觉中传承文脉(文化自信看中国①). 人民日报海外版,2016-08-06(01).
② 毛泽东. 毛泽东选集(第4卷)[M]. 北京:人民出版社,1991:1516.

2. 创新文化

传承文化绝不能抱残守缺，故步自封，而应不断为文化输送新鲜血液，注重创新。我国文化虽然在历史上取得熠熠生辉的成就，然而自进入近代，当世界的科技、文化迅速发展时，我国的科技、文化却发展缓慢，甚至在某些方面出现倒退，先前先进的文化异化为糟粕。例如，享有我国古代"第五大发明"①之誉的科举制度，自隋唐起在我国延续了 1300 多年，其不但对我国古代社会产生了许多深远的影响，而且被世界许多国家效仿，为世界现代文官制度提供了典范，西方人普遍认为科举是最公正、最平等的选才方式。就是这样的先进制度在明清以后逐渐异化为单一的八股文，其严重束缚了人们的思想，泯灭了人们的创新思维。造成这一局面的原因是多方面的，其中最直接的原因是当时的统治者夜郎自大，唯我独尊、独优、独强、独大，失去了开拓进取精神，并要求人们按部就班，循规蹈矩，不能越雷池一步。没有了创新，民族进步就没有了灵魂，国家兴旺发达就没有了动力，文化也就枯萎了，这是导致鸦片战争以来国人对自己文化不自信的重要原因。以史为鉴，近十多年来，国家越来越重视创新，先后出台多项政策鼓励创新，如从2006 年开始实施"国家大学生创新性试验计划"，以调动学生的主动性、积极性和创造性，激发学生的创新思维和创新意识。2014 年 6 月，习近平总书记《在中国科学院第十七次院士大会、中国工程院第十二次院士大会上的讲话》中指出："科技是国家强盛之基，创新是民族进步之魂。"②2015 年 6月，国务院发布了《关于大力推进大众创业万众创新若干改革措施的意见》，以激发亿万群众的智慧和创造力。习近平总书记在党的十八届五中全会上提出了创新、协调、绿色、开放、共享的五大发展理念，把创新提到首要位置，指明了我国发展的方向和要求。③文化创新是国家创新的重要组成部分，国家重视创新的意识和行为为大学的文化创新提供了良好的社会氛围。当前，制约大学文化创新的最大障碍是行政化，行政权力干预学术权力，学术的事务用行政的方法解决，从而导致各种形式的教条化，对创新产生负面影响。大学既是一个知识实体又是一个文化实体，大学利用自身的知识优势开展文化创新是其他任何社会组织都无法比拟的，因而大学在国家文化创新中应居于引领者地位。在具体的文化创新方式上，大学应在继承优秀传统文化的基础上，促进非物质文化遗产进校园、进课堂，利用现代科技手段将文化遗产数字化、模型化，使人耳目一新；应弘扬特

---

① 毛佩琪. 在中国妖魔化的科举 却被西方学者称赞[N]. 北京晨报，2016-06-02.
② 习近平. 在中国科学院第十七次院士大会、中国工程院第十二次院士大会上的讲话. http：//cpc.people.com.cn/n/2014/0610/c64094-25125594.html. [2017-12-20].
③ 任理轩. 坚持创新发展[N]. 人民日报，2015-12-18（07）.

色文化，特色意味着自己独有而别人没有，也就意味着优势所在。各大学文化创新应弘扬自己独有的学科特色、专业特色、研究特色、服务特色等；应以开放姿态对各国先进文化兼容并蓄。总之，创新文化也将有益于增强大学文化功能。

三、大学文化传承与创新功能发挥作用的条件

大学的文化传承与创新功能要发挥作用，需要借助其人才培养功能、科学研究功能、社会服务功能。

1. 人才培养为文化传承与创新功能提供人才支持

现代大学的基本功能已经多元化，但人才培养仍是其中最基本的功能。大学人才培养的目标在于培养高素质人才，而高素质也是由诸多要素构成的。分析美国的加利福尼亚大学伯克利分校、英国的牛津大学、德国的柏林工业大学、日本的东京大学等世界著名大学的培养目标可以发现，它们都将创新因素作为高素质构成之一，采取跨学科教学、探究式学习等措施以培养学生的创新素质。根据《中华人民共和国高等教育法》，我国大学的人才培养任务是"培养具有社会责任感、创新精神和实践能力的高级专门人才，发展科学技术文化，促进社会主义现代化建设"。我国大学的人才培养尚有很多不足之处，其中比较明显的有以下几点：一是创新素质培养比较薄弱，教师仍采取传统的教学方法，学生也是采取传统的学习方法，这就是教师在讲台上讲，学生坐在台下记，虽然不少教师采用了多媒体教学等现代化教学手段，但这只是形式上的创新，并不是实质上的创新；二是人文素质培养较差，这是社会诟病比较多的地方，不少学生的文化素养并没有随着知识的增长而提高，与社会对大学生的期望反差较大，出现所谓的"有知识无文化"现象；三是人才培养的功利性比较强，一些大学不顾自身条件办学条件，盲目追求社会人才需求的热点而开设专业，不少学生也不考虑自身的兴趣爱好，而是瞄准社会上好就业、待遇好的岗位选报专业，较强的功利性淡化了学生对国家和社会的责任。

从有利于增强文化自信的角度，大学的人才培养应重点做好以下几点。首先应当培养学生的创新思维。增强文化自信是国家建设文化强国的重要组成部分，其工作复杂艰巨，要求面向世界、面向未来、面向现代化，只有具有创新思维的人才才能够不断开拓进取，不断创新思想文化，从而不断增强文化自信。其次，注重培养学生的文化素养。文化事业是一项神圣的高尚的事业，它引领着社会的价值导向，影响着社会的道德风气。在增强文化自信

中，只有道德品质过关的人才，说话才有说服力，其行事才有示范效应。这就是所谓的打铁还需自身硬。相反地，道德品质低劣的人是很难让人们增强文化自信的。最后，注重学生历史文化知识的学习。学生只有自己文化自信了，才能帮助别人增强文化自信。通过历史文化知识的教学，使学生了解我国优秀文化传统，尤其是全面深刻认识我国近代以来的历史文化，让他们深刻体会中华民族的生命力是多么强盛，祖国是多么伟大，我们今天的幸福生活多么来之不易。这样在全面把握我国基本国情的基础上，才会有适度的文化自信，既不会妄自菲薄，也不会盲目自负。总之，大学所培养的具有创新思维、高尚道德品质、丰富历史文化知识的人才将为文化传承与创新功能提供有力的人才支持。

2. 科学研究为文化传承与创新功能提供先进的理论和技术支持

随着高等教育的发展，大学逐渐被赋予了科学研究的功能，尤其是进入20世纪以后，大学科学研究功能的内涵和外延都在不断扩大。考察发达国家的大学可以发现，大学的科学研究为这些国家的科技进步和社会发展做出了巨大贡献。根据《中华人民共和国高等教育法》，大学应当开展科学研究，因而科学研究功能是我国大学的基本功能之一。当前我国大学的科学研究尚存在不少问题，比较突出的：一是科研管理体制机械教条化，一个科研项目，在多长时间内、由什么人、完成什么样的成果，以及科研经费怎么花、在什么时间花等科研管理部门都做出明确的硬性规定，这种以行政手段干预科学研究活动严重违背了科学研究的规律；二是不少重大科研项目的负责人往往由学校的党政领导来担任，由于这些人行政性事务较多，并没有多少时间和精力从事研究，多是组织下属人员开展研究，形成所谓"学术寡头"现象；三是不少研究成果没有多少应用价值，多是从理论到理论的研究，甚至编造科研数据，学术不端、学术造假问题屡禁不止。"根据中国科技信息研究所发布的中国科技论文统计结果，从2001年1月1日到2011年11月1日，我国科技人员共发表论文 83.63 万篇，排名世界第二位。然而，这些论文平均每篇被引用数仅为 6.21 次，在世界上排在 20 名以外。"①从有利于增强文化传承与创新功能的角度，大学的科学研究应重点做到以下几点。首先，保证学生有参与科学研究的机会。让学生参与科学研究并不是希望他们能产出多大的科研成果，而是旨在通过科学研究以培养他们的创新素质，因为"仅仅依靠课堂教学不可能培养出高层次、高素质的创新型人才"②。通过这种方式培养出来的创新人才能够对文化发展中遇到的新情况新问题开展有效的研究，

---

① 赖竞超. 论文总数位居世界第二　平均引用次数跌出 20 名外[N]. 南方日报，2013-3-13（GC07）.
② 张晓红. 论科学研究在高校中的地位与功能[J]. 国家教育行政学院学报，2011，（5）：37-40.

这对于增强文化传承与创新功能是大有裨益的。其次，哲学社会科学研究要不断进行理论创新。当前世界范围各种思想文化交流交融交锋日益频繁，国内社会思想多元、多样、多变特征更加明显，哲学社会科学研究必须结合这些新形势研究文化发展的新特点，不断进行理论创新，为文化建设注入新活力，以保证社会主义核心价值体系对国内社会思潮的引领，并不断增强文化传承与创新功能。最后，自然科学研究要不断产生新的技术。增强人们的文化自信就需要将先进的思想文化传播给人们，传播需要借助一定的介质和载体，并且介质和载体越先进，传播的速度就越快，范围就越广，效果就会越好。当前作为先进技术代表的数字化、信息化、网络化异军突起，在传播的速度、范围等方面占据明显优势。自然科学研究应产出诸如数字化、信息化、网络化的先进技术，为文化传播提供先进的介质和载体，从而更快更容易地增强文化传承与创新功能。

3. 社会服务为文化传承与创新功能提供直接服务

《中华人民共和国高等教育法》明确规定，大学应当开展社会服务，因而社会服务功能也是我国大学的基本功能之一。当前，我国大学社会服务中还存在着不少问题，从增强文化传承与创新功能的角度看，最大障碍是社会服务中存在的功利性问题。因为文化教育在于净化人的心灵，旨在提升人的精神境界，与世俗的拜金主义、追名逐利等格格不入，如果服务中存在着功利性，甚至个别人唯利是图，就会使服务的信度和效度大打折扣。大学社会服务的形式主要有为社会各类人员提供培训服务、为企业提供科技服务，为政府部门提供咨询服务等。为增强文化传承与创新功能，大学在社会服务中应注意增强人们的文化自信，具体地应做到：一是在为社会人员提供培训服务时，教师应注意以自己较高的文化素质及言行中所透露的高度文化自信来潜移默化地影响受培训人员，以增强他们的文化自信，这往往比直接说教要好很多倍。如果教师在培训中同时涉及一些文化知识，这将有助于受培训人员加深对文化的认识和理解，更加有助于他们增强文化自信。二是在为企业提供科技服务时，教师应向企业员工宣传国家的科技政策，介绍我国的科技发展史，并将先进的科技应用于企业，这将有助于增强企业员工的科技自信。由于科技是一个国家综合国力的核心，文化软实力也是综合国力的重要组成部分，所以增强科技自信有助于增强综合国力自信，从而也容易增强文化自信。三是在为政府部分提供咨询服务时，由于政府部分人员素质普遍较高，文化素质也较好，教师应主动与这些人员开展文化交流，互相学习，并从理论高度帮助他们加深对文化的理解，从而使他们更理性地增强文化自信。

四、大学文化传承与创新的特点

大学文化传承与创新的特点离不开大学文化的本质，而大学文化的本质又离不开大学的本质。"大学文化要从大学的本质中来挖掘。大学的本质是研究学术、追求真理、创造知识、创新价值观和培育人才。我们常常说，大学的职能是教学、科研和服务。但其最本质的东西是求真育人。"①因而，大学文化的本质也是求真育人。①大学文化传承与创新的特点是由大学文化的本质衍生出来的，或者说是直接或间接地由大学文化的本质决定的。大学文化传承与创新的特点从不同角度看有不同的体现，但主要体现在以下几个方面。

1. 历史性

这里有两层意思。第一层意思，是指大学的文化传承与创新使命的存在与大学的存在一样，具有同样悠久的历史，因为文化传承与创新的使命是大学与生俱来的。大学作为一个特殊的文化组织，在人类的历史长河中，相对于其他社会组织而言，能够更容易地保存下来。"美国学者科尔在《大学的功用》一书中指出，1520 年之前欧洲已经形成的社会组织，一直以同样的形式维持到 20 世纪的还有 85 个，而其中有 70 个是大学。"②可见，大学在社会发展中具有很好的稳定性，更容易形成自己悠久的历史，这样更便于自己的文化积淀。经历时间越久，大学的历史文化价值就越凸显出来。"今天的大学文化总可以找到历史的源头，继承历史的元素，如大学组织制度、学位制度、学术信念、价值取向、生活方式等。"③第二层意思，是指大学应当传承和创新具有悠久历史的中华民族的优秀传统文化。我国是有着五千多年历史的文明古国，在漫长的历史长河中先后经历原始社会、奴隶社会、封建社会和半殖民地半封建社会，直至现在的社会主义社会。我们先人创造了举世瞩目的优秀传统文化。这一文化是我国各民族的各种思想文化和观念形态的总体表征，其内涵博大精深，具有鲜明的民族特色。对此我们必须予以继承，正如毛泽东所指出的："我们必须继承一切优秀的文化遗产，批判地吸收其中一切有益的东西，作为我们从此时此地的人民生活中的文学艺术原料创造作品时候的借鉴……哪怕是封建阶级和资产阶级的东西。"④大学作为一个特殊的文化组织，在国家文化建设中拥有不可替代的地位。这样，对中华民族优秀传统文化的传承与创新的责任就落在大学的肩上。在具体的继承过程中，"我们

---

① 顾明远. 大学文化的本质是求真育人[J]. 教育研究，2010，（1）：56-58.
② 金艳. 大学文化的内涵与结构分析[J]. 学校党建与思想教育，2011，（11）：86-88.
③ 刘晖. 论大学文化的特征、嬗变与功能[J]. 高教探索，2006，（3）：29-32.
④ 毛泽东. 毛泽东选集（第 3 卷）[M]. 北京：人民出版社，1991：860.

不能拿今天的标准去评判历史的文化作品，历史文化作品的产生、流传有适应它的历史背景和实际需要，是当时社会精神文明的标志。我们只有尊重其历史价值，才能在传承历史文化的实践中做到科学地、认真地分析，坚持古为今用的方针，采取'去粗存精、去伪存真'的方法批判性地继承。"①在实践中，我国大学在文化传承和创新过程中，往往不能用历史的眼光看待优秀传统文化，从而在一定程度上造成了大学文化传承与创新功能的异化。

2. 现实性

这一特点是指大学的文化传承与创新总是立足于当下，着眼于国家的文化发展需要。这一特点说明，大学的文化传承与创新不是一座空中楼阁，也不是空穴来风，它总是来源于现实，来源于国家和社会发展对文化的现实需要。如果脱离这些现实需要，大学文化的传承与创新就等于失去肥沃的土壤。当前，我国正在大力推进社会主义文化强国建设，大学在这一建设中自然要承担自己的责任，其切入点是："坚持不懈地用中国特色社会主义理论体系武装全体师生员工，把社会主义核心价值体系融入教育全过程，以之引领大学生树立正确的世界观、人生观和价值观，充分发挥其文化中心的作用，在实现社会主义文化大发展大繁荣中做出自己的贡献。"②具体地，针对当前物质文化方面存在的问题，如虽然一座座高楼拔地而起，但缺乏人文气息等；精神文化方面存在的问题，如价值观扭曲、拜金主义现象严重等；制度文化方面存在的问题，如教条化现象严重，刚性有余，柔性不足等；生态文化方面存在的问题，如空气、水、土壤污染严重，严重影响人们生活质量的提高等，大学应当脚踏实地地为解决这些问题贡献自己的智慧和力量。唯有如此，大学才能不辜负自己的文化传承与创新的使命。在实践中，我国大学在文化传承与创新过程中，往往脱离国家和社会文化发展的现实需要，从而也在一定程度上造成了大学文化传承与创新功能的异化。

3. 超越性

这一特点是指大学在文化传承与创新过程中，要打破历史和现实的限制，站在文化建设前沿，在更高层次上引领文化发展。这种超越性基于大学本身的特质。"大学组织主要由具有高深知识的学术人员组成，它以知识的创造、加工、传播和应用为目标，知识及其学科（专业）是其存在的组织基础，传承已知、探求未知是大学的使命，创新是大学的生命力。"③一方面，

---

① 王金华. 新时期高校文化传承与创新探析[J]. 武汉纺织大学学报，2013，（2）：31-35.
② 黄英杰. 中国大学文化传承创新的路径探析[J]. 国家教育行政学院学报，2016，（2）：62-64.
③ 金艳. 大学文化的内涵与结构分析[J]. 学校党建与思想教育，2011，（11）：86-88.

大学的本质在于求真育人。求真就是研究问题以求得真理。具体地，在文化领域，大学不但要探求文化发展的一般规律，更要探求我国社会主义文化建设的特殊规律，对于社会上出现的"三观"迷失、价值观扭曲、思想混乱、外来文化入侵等问题及时进行深入研究，做出权威性回应，这对于保证我国社会主义文化的先进性至关重要。育人就是培养高素质的人才。大学不但要培养具有科学精神和人文精神的一般人才，还要为文化领域培养懂文化、能够利用先进技术传播文化和创新人文的特殊的文化型人才。另一方面，大学是一个崇尚学术自由的场所。崇尚学术自由是由大学活动的特殊性决定的。"真理的创新、科学的发现和技术的发明活动是一场知性游戏，是在理性和激情的支配下的偶然智慧涌现，是观念冒险和科学技术方法的反复试验，学术自由是它的前提。"[①]大学在发挥文化传承与创新功能的过程中，必然会有形地或无形地、有意地或无意地将这种崇尚学术自由的精神传到社会，这有助于打破文化管理领域中的某些教条化的做法。总之，大学本身的这些特质使得其文化传承与创新具有超越性。同时，也正是这种超越性奠定了大学在我国社会主义文化强国建设中的特殊地位和作用。在实践中，我国大学在文化传承与创新过程中，往往由于丧失了这种超越性，而在一定程度上造成了大学文化传承与创新功能的异化。

4. 开放性

这一特点是指大学的文化传承与创新要走出校园，走出国门，与外界在文化上互通有无、取长补短、共同发展。这里的开放性包含两层意思：第一层意思是，大学的文化传承与创新要走出校园，融入社会。大学已不是传统意义上的"象牙塔"，融入社会既是社会发展的需要，也是其自身发展的需要。"大学是知识传播与知识创新的文化机构，知识分子们常以科学研究和知识创新为己任，知识精英们常以普世关怀和社会批判为天职，彰显着大学文化的开放性甚至前卫性。唯其开放，大学文化才能引领社会进步。"[②]第二层意思是，大学的文化传承与创新要走出国门，既要吸收和借鉴外国的优秀文化成果，也要传播我们的优秀文化成果，海纳百川，不断从外界吸收营养成分。例如，"西方现代文明也发展到了一个较为成熟的状态。它在整个社会发展过程中所形成的以'自由、平等、民主、科学'为核心特质的科学文化形态，为人类文明做出了巨大贡献。如今，这些优良的文化特质正在成为普遍性的文化因子以不同的形式融入世界各民族的文化发展之中，成为人类文明

---

① 黄英杰. 中国大学文化传承创新的路径探析[J]. 国家教育行政学院学报，2016，（2）：62-64.
② 刘晖. 论大学文化的特征、嬗变与功能[J]. 高教探索，2006，（3）：29-32.

发展的共同文化元素"①。因而大学只有走出国门才能积极地吸收和借鉴世界的优良文化特质。尤其是在当今世界，各国都希望大学在国际文化交流和合作中有更大作为，甚至有人或组织将国际文化交流作为大学的第四大基本功能。例如，"20 世纪末，联合国教科文组织就深刻地指出国际文化交流已经成为现代大学继人才培养、科学研究、社会服务之后的第四项社会功能。"②我国具有现代意义的大学在历史上一直保持着向国外学习的优良传统。在中华人民共和国成立前，我国大学主要向欧美学习；中华人民共和国成立之初，我国大学主要向苏联学习；改革开放以后，我国大学又主要向欧美学习。随着我国改革开放的深入，国家需要大学在国际事务中有更大作为。"大量出现的与中国有关的国际事务需要纳入大学的视野和研究范畴；大量的国际交往需要大学输送大批具有国际视野的优秀人才；大量的中国与世界的相互沟通和理解需要大学去承担；国际文化交流，包括中国文化、文明的输出，也需要大学去承担。需要强调的是，要让西方国家在文明形态、价值观念、思维方式、发展成就等方面深层次地了解中国，至少要在这些方面得到他们的广泛尊重。这样的任务显然需要大学来担当。"③因而，大学文化传承与创新的开放性是国家的需要、时代的需要。在实践中，部分大学在文化传承与创新过程中，往往忽视这种开放性，故步自封，使得自身文化缺乏特色，也在一定程度上造成了大学文化传承与创新功能的异化。

五、大学文化传承与创新的历史演变

根据我国大学的发展特点，大学的文化传承与创新的历史演变可以依据中华人民共和国成立、实行改革开放两个时间节点，大致划分为三个阶段。

1. 中华人民共和国成立之前的大学文化传承与创新

20 世纪初，我国具有现代意义的大学无论是办学体制还是办学理念都是我国有识之士从欧美引进的。这一时期大学文化传承与创新的内容主要包括以下几点。其一，产生了学术自由思想。学术自由思想是西方大学悠久的历史传统，然而直到 20 世纪初才开始在我国大学中正式确立。蔡元培任北大校长以后就明确提出了"兼容并包，学术自由"的思想，并在具体的办学实践中始终贯彻这一思想，广纳各路人才。正如马寅初先生所言："当时在北大，以言党派，国民党有先生及王宠惠诸民，共产党有李大钊、

---

① 黄英杰. 中国大学文化传承创新的路径探析[J]. 国家教育行政学院学报, 2016, (2): 62-64.
② 金艳. 大学文化的内涵与结构分析[J]. 学校党建与思想教育, 2011, (11): 86-88.
③ 纪宝成. 我们别无选择[N]. 光明日报, 2008-10-22 (10).

陈独秀诸氏，被目为无政府主义者有李石曾氏，憧憬于君主立宪发辫长垂者有辜鸿铭氏；以言文学，新派有胡适、钱玄同、吴虞诸氏，旧派有黄季刚、刘师培、林损诸氏。共生于各派兼容并蓄，绝无偏袒。更于外间之攻讦者，在《答林琴南氏书》中，表其严正之主张。顾各派对于学术，均能自由研究，而鲜摩擦，学风丕变，蔚成巨欢。"①从此以后，学术自由就成为我国大学的一个重要理念，北大也因此确立了在我国大学发展史上的重要地位。其二，产生了教授治校的思想。教授治校思想与学术自由思想一样，在西方大学中具有悠久的历史传统，也是在20世纪初才传入我国。在当时比较有影响的大学，如北京大学、清华大学、东南大学中，基本上都确立了教授治校的思想。其中清华大学在这方面做得最好。当时清华大学的校长梅贻琦非常重视教授在大学发展中的地位和作用。其认为"所谓大学者，非谓有大楼之谓也，有大师之谓也"，这一名言在教育界广为传颂。为了很好地贯彻教授治校思想，在梅贻琦的努力下，清华大学成立了教授会、评议会、校务会议等组织机构，并广纳人才。当时，清华大学囊括了朱自清、吴宓、王国维、梁启超、闻一多、吴晗、张贷年、陈省身等众多名家大师，清华大学也因此奠定了在我国大学发展史上的重要地位。其三，引入先进的管理制度。在大学管理制度方面，我国也主要向欧美大学学习。例如，时任东南大学校长郭秉文在学校设立董事会，就是借鉴了美国的大学管理模式。校董事会是学校最高的立法和决策机构，通过这一机构学校可以吸纳社会各方力量参与学校事务，这对学校的发展是有益的。此外，政府部门通过颁布《壬戌学制》将高等学校分为大学、独立学院和专科学校三类，同时建立了学分制，这些同样深受欧美教育制度的影响。其四，注重物质文化对人的熏陶。这一点我国古代教育就比较重视，如白鹿洞书院处于庐山五老峰下、岳麓书院处于岳麓山抱黄洞下等，而我国这一时期的大学也同样重视自然地理环境的选择。例如，清华大学位于北京市西北皇家园林、浙江大学位于西子湖畔、武汉大学位于珞珈山和东湖之间等。"创设如此幽深的学校环境其重要原因是想借山光以悦人性，假湖水以静心情，使学生获超然世外之感，在万籁空寂之中悟道皈真。"②在学校的建筑方面，同样注重熏陶作用，如北京大学的红楼"几乎已经成了北大的代名词，蔡元培先生做校长时原来是学生的宿舍，二楼208室曾是蔡先生的办公室；后来底层又做过图书馆，毛泽东同志曾在此工作，李大钊同志曾在此任图书馆馆长；后被日本侵略军占领后，变成关押犯人的牢房；

---

① 汤一介. 北大校长与中国文化[M]. 北京：北京大学出版社，1998：63.
② 姜永杰. 论学校物质文化[J]. 南京邮电学院学报（社会科学版），2001，3（4）：49-53.

后来又成为教师宿舍，许多名教授曾在此居住。今天，当师生们置身……红楼时，会油然而生一种崇敬追慕之心，一种继承了历史的自豪感，不由会从心底涌现对学校的爱戴和对自己的激励之情"①。从总体上看，这一阶段的大学文化承传与创新工作开展得还是很有成效的。不过，其中也存在一些问题。由于我国具有现代意义的大学文化主要从欧美引入，在现实中有不少地方与本土文化相冲突，从而也产生了不少问题。

2. 中华人民共和国成立之初的大学文化传承与创新

中华人民共和国的成立使我国的经济基础发生了根本变化，教育作为上层建筑自然要发生相应变化。1949 年 12 月，教育部针对教育工作提出"以老解放区新教育经验为基础，吸取旧教育有用经验，借助苏联经验"的指导思想。由于以美国为首的西方国家对我国进行全面封锁，我国大学向欧美大学学习的路径被切断；又由于苏联与我国同为社会主义国家，且苏联有比较完整的高等教育体系，所以我国大学建设向苏联学习顺理成章。从 1952 年起，我国在全国范围内开展了高校院系大调整。仿效苏联的做法，我国将高校分为综合性大学和各行业性院校，在各院系内部设立教研室；改变原有系科，调整专业设置；制定全国高校各专业统一的教学计划和大纲；取消学分制；重视学生的全面发展，毛泽东在《关于正确处理人民内部矛盾的问题》中提出"应该使受教育者在德育、智育、体育几方面都得到发展"②；尤其是，国家重视高校的思想政治教育工作，在高校设立政治辅导处，配备政治辅导员，开设政治理论课程，这已成为我国高等教育的一大特色。从总体上看，这一时期我国大学文化传承与创新主要表现在制度文化方面。由于国家将大学纳入计划经济体制进行统一管理，大学办学自主权严重不足，大学之间各方面的模式比较统一，少有特色鲜明的大学。不过这一时期大学并未改变追求真理的精神。正如前文所述，大学是一个相对稳定的组织，即使社会发生剧烈变动，大学尤其是大学精神还能保存下来。例如，这一时期的北京大学的马寅初的求真精神就是典型。1958 年，马寅初多年研究的成果《新人口论》出版了，提出应有效控制人口增长，否则会严重影响社会发展。此言一出，立刻遭到严厉批判。但他勇敢声明："我虽年近八十，明知寡不敌众，自当单枪匹马，出来应战，直至战死为止，绝不向专以理压服不以理说服的那种批判者们投降。"③可见其捍卫真理的决心，也充分体现了大学的求真精神。

---

① 严峰. 中国大学文化研究[D]. 复旦大学，2005：107.
② 中共中央文献研究室. 毛泽东文集（第 7 卷）[M]. 北京：人民出版社，1999：226.
③ 赵建林. 解读北大[M]. 桂林：广西师范大学出版社，2004：99.

3. 改革开放以来的大学文化传承与创新

改革开放以后，我国社会生产力获得了极大解放，由计划经济体制逐步过渡到社会主义市场经济体制。相应地，国家和社会也对高等教育提出了改革和发展的新要求。我国于 1977 年恢复了高考制度，这是我国高等教育史上的一件大事。1985 年，公布了《中共中央关于教育体制改革的决定》，提出加强党和政府对教育工作的领导：扩大高校办学自主权，建立职工代表大会制度，实行教师职务聘任制度，推行学分制，试行导师制，改革高校招生和毕业分配制度等。该决定为诸多制度改革指明了方向。之后各项教育制度改革依次展开。尤其是招生和就业制度方面的改革，20 世纪 90 年代以后，我国开始试行计划与调节相结合，逐步实行收费制度，改变统包统分，鼓励毕业生自主就业。让学生缴费上学，并且不再包分配工作，这对人们的思想观念是个很大的冲击，由于措施得当，改革进行顺利。20 世纪 90 年代末，高校开始扩招，经过几年努力，我国高等教育基本完成了由精英型向大众型的转变。扩招对人们的教育理念、人才观等提出了挑战。从总体上来看，这一时期我国高等教育改革主要借鉴欧美大学的经验，并努力使之与我国基本国情结合起来。目前，我国正在进行以依法办学、自主管理、民主监督、社会参与为主要内容的现代大学制度建设，不少大学依此制定了自己的章程。我国高等教育改革正在向纵深发展。值得注意的是，我国高等教育在迅速发展的同时，大学的物质文化、精神文化、制度文化等出现了一些问题，大学文化传承与创新功能出现了一定程度的异化。

纵观我国大学文化传承与创新的历史演变，还可以发现，我国大学的文化传承与创新也在一定程度上与我国传统文化结合起来。例如，梅贻琦在这方面是个典范，"他主张大学应当实施通才教育，但却非西方'Liberal Education'的简单搬移，而是一种以中国古代儒家'大学'教育思想为基础的文化陶冶论。他盛赞中国传统大学的文化传播模式，即'学校犹水也，师生犹鱼也，其行动犹游泳也，大鱼前导，小鱼尾随，是从游也。从游既久，其濡染观摩之效自求而至，不为而成'，在深刻地揭示和批判当时大学文化中师生关系如同'奏技者'与'看客'的冷漠关系的同时，提倡现代大学文化需要从传统大学文化中汲取精华"[①]。此外，校训是大学文化的集中体现，不少大学的校训就源自古典文化。例如，清华大学的校训"自强不息，厚德载物"源自《易经》、复旦大学的校训"博学而笃志，切问而近思"源自《论语》、东北林业大学的校训"学参天地，德合自然"源自《中庸》和《老

---

① 米靖，周志刚. 中国大学文化百年进程若干问题初探[J]. 江苏高教，2007，（4）：22-25.

子》，等等。

第二节　大学文化传承与创新功能异化的表现

在讨论大学文化传承与创新功能异化之前，首先需要明确的是以什么标准来判断其是否存在异化。这可以从以下几个方面思考：大学文化传承与创新功能产生时的初衷或目的是什么？大学文化传承与创新功能在整个大学教育中的地位或作用是怎样的？大学文化传承与创新的基本内涵和特点是什么？等等。首先，关于大学文化传承与创新功能产生时的初衷或目的，正如前文所述，文化传承与创新被作为大学的一项基本功能提出来，有着深刻的国际和国内背景，其初衷或目的就是希望大学能在社会主义文化强国建设中发挥更大的作用，做出更多的贡献。这样，如果大学在文化传承与创新中违背了其功能产生时的初衷或目的，就可以判断这样的文化传承与创新是异化的。其次，关于大学文化传承与创新功能在整个大学教育中的地位或作用，这种地位或作用必须将文化传承与创新功能放在人才培养功能、科学研究功能和社会服务功能的关系中进行考察。有研究者认为，它们之间的关系是："文化传承创新是大学人才培养、科学研究、社会服务的基础、途径和手段，大学的人才培养、科学研究、社会服务是大学文化传承创新的重要方式和客观状态。"[①]这样，如果大学的文化传承与创新功能在整个大学教育中没有发挥好这种基础、途径和手段的地位和作用，就可以判断这样的文化传承与创新也是异化的。最后，关于大学文化传承与创新的基本内涵和特点，这一点也如前文所述，大学文化应当能够自我扬弃或辩证否定，并能够将古今中外文化进行辩证综合创造而产生新的文化，其特点是具有历史性、现实性、超越性和开放性。这样，如果大学在文化传承与创新中失去了基本内涵和特点，则可以判断这样的文化传承与创新也是异化的。总之，以这些为判断标准，可以发现目前我国大学文化传承与创新功能的异化主要表现在以下几个方面。

一、文化同质化现象严重

由于大学的地理位置不同、自然环境不同、社会人文环境不同，以及大学自身的师资不同、学科专业不同、管理不同、人才培养不同、科学研究不同、社会服务不同等，大学的文化传承与创新自然也应不同，应呈现出多样

---

① 张棻. 对大学的文化传承与创新职能的辩证思考[J]. 云南大学学报（社会科学版），2013，（5）：103-104.

性和各自特色。但现实情况是，大学文化的同质化现象严重，雷同性多于多样性，共性多于个性。正如学者眭依凡所言："众所周知，随着大学发展的深入和成熟，统一性和多样性已成为大学的规律性特征。前者表现为大学本质属性的一致性，后者则表现为大学办学的个性化，即大学在发展方向、发展目标、发展模式的选择上应当表现出自己的风格和特色，不必追求统一的模式。大学发展的生机活力及其竞争力所在就是多样化。大学如此，大学文化亦然。"① 也有研究者认为："每一所大学都是具体的存在，是多种规定性的统一。它的某些规定性可以与其他大学相同，可以成为某种类型大学的成员。但是把一所大学的所有规定性集合起来，它就成了独一无二的具体存在。在这种意义上说，每所大学都是唯一的，都是无法'克隆'的。"② 大学文化同质化现象表现在多个方面。在精神文化方面，校训是大学精神文化的集中体现，然而许多大学的校训雷同。有研究者详细地研究了某省大学校训的情况，发现内容雷同几乎是该省大学校训存在的最为突出问题，如"'博学'一词在 23 所大学校训中出现了 8 次"，"这些用词雷同的校训没有个性和特色，缺乏感染力，很难在一所大学校的文化建设中起到统领和灵魂作用，学生往往视而不见、听而不闻，更难以成为学校共同体的道德追求和人格理想"③。更为严重的是，一个省份 23 所大学中就有 5 所大学校训几乎完全一样。这样的校训与自身的办学特色并不符合，导致校训的内容缺乏可操作性，不易被师生理解。这是一省的大学校训情况，那么全国的情况怎样呢？有研究者对此作了研究，该研究者搜集了我国 179 所大学的校训，发现的最大问题是雷同现象极为严重，在 179 条校训中，高频词汇出现次数分别为："求实"81次、"创新"69 次、"团结"64 次、"勤奋"52 次、"严谨"27 次、"博学"21次、"求是"14 次④。"我们在研究中发现，179 条大学校训中有 153 条受到不同程度的主题词雷同现象的困扰，主题词不同程度的雷同比率竟高达85%……空洞雷同的校训根本不能体现大学办学理念，无法引导当代大学师生的价值追求，已经失去了校训凝聚一个学校精神的作用。"④ 在物质文化方面，各大学同质化现象也很严重，都比较重视建设豪华建筑物，不惜巨资建造高大雄伟的校门，盲目圈地，建设分校，扩大校园面积等。这些物质建设的共同点是缺乏文化底蕴，人们只能是见物即物，感受不到什么文化气息，甚至有的建设带有迷信色彩，更与大学精神背道而驰。相比国外的一些大

---

① 眭依凡. 关于大学文化建设的理性思考[J]. 清华大学教育研究，2004，（1）：11-17.
② 郭秋平. 中国大学文化建设存在的问题[J]. 华北水利水电学院学报（社科版），2011，（1）：5-6.
③ 王刚. 辽宁省 23 所大学校训内容分析[J]. 现代教育管理，2009，（8）：27-28.
④ 陈延斌，刘瑞平. 论大学校训及其主题词的提炼[J].中国矿业大学学报（社会科学版），2006，（2）：90-93.

学，我们在这方面做得实在是不够好。"走进斯坦福大学，清一色土黄石墙、土红屋顶、拱廊相接、棕榈成荫、风情别具，给人恬静典雅、美丽如画的精神享受，让人流连忘返。置身于这样的大学环境，其学子岂能不爱上自己的大学并使其为自己的精神家园？"①在制度文化方面，各大学仍然表现出同质化现象。各大学在教的制度、学的制度及其他管理制度方面，都是大同小异且表现出教条化倾向，显得刚性有余而柔性不足，甚至有制度不执行，以领导命令代替制度，等等。大学文化传承与创新的同质化严重违背了高等教育发展的规律，遏制了大学发展的活力。"多样性和特色是大学的魅力所在，几乎所有的知名大学都有自己的特色。哈佛大学是培养政治家的摇篮；麻省理工学院出工程师；剑桥大学的物理学科名扬天下；牛津大学的数学学科举世公认。北大提倡'兼容并包'，有'民主'、'自由'之风；清华提倡'厚德载物'，有'严谨'、'认真'之风；南开提倡'允公允能'，有'开拓'、'活泼'之风。"②同质化现象严重是我国大学文化传承与创新功能异化的重要表现形式。

二、文化功利化现象明显

功利化是指大学在文化传承与创新过程中，主要以是否能获取经济利益作为自己行为得失的判断标准。这种功利化表现在多个方面。其一，由于政府部门掌握着大量的教育资源，大学为了获得这些资源，会在一定程度上减弱自己的独立性。"以官方的利益需要为导向，以官方的价值需求为行为取向。诚然，大学需要为政府的决策提供建议和论证，但大学更可贵的地方在于它的批判精神，这是大学的灵魂，也是大学赖以生存的价值所在。"②其二，以市场需求为指挥棒，紧跟市场热点需求走。市场上什么专业热门，好就业，有的学校就不顾自身条件立刻开设什么专业；盲目扩招，以获取更多的学费；热衷于应用研究和开发研究，以期获得更多的科研成果转让费；等等。其三，一些教师校外兼职已成常态，校内的课不认真上，校外的课忙不过来。还有一些教师直接开办自己的公司，使得教书育人和经营公司哪个是主业，哪个是副业，已很难分清。更有一些名望高的教师在公司中兼任独立董事，利用自己的学术资本获取经济利益。其四，一些学生以勤工助学的名义或打着创新创业教育的幌子从事经商活动。一些学生崇拜比尔·盖茨、李嘉诚、马云等世界富翁，幻想自己有朝一日能够成为商界大亨，等等。可见，

---

① 眭依凡. 关于大学文化建设的理性思考[J]. 清华大学教育研究，2004，（1）：11-17.
② 许士荣. 大学文化：追求、冲突与引领[J]. 中国高教研究，2007，（9）：92-93.

"在极端的利益主义的驱使下，大学校园犹如熙熙攘攘的逐利市场"①。学者睦依凡将这种功利化描述成"市侩作风"，他说："当前大学最典型的市侩作风就是'学商不分''钱学交易'，庸俗的实用主义、功能主义和拜金主义横行，自觉不自觉地忽视和削弱自己以人力资源开发为目的的学术性征，而对急功近利的以利润最大化为目的的商业行为特别热衷。昔日庄重的学府渐呈浮躁的'学店'之像。"②这种功利化是我国大学文化传承与创新功能异化的最直接最明显的表现形式，它与大学的本质及大学文化的本质格格不入。正如有的研究者所言："大学要创造新的人类文明就要为了真理而追求真理，追求真理本身就是目的，因此它天然地反对功利，与社会即时的、功利的需要保持一定的距离。"③

三、文化庸俗化现象突出

庸俗化是指大学在文化传承与创新过程中，放弃了超越性，从而无法引领社会文化的发展，即大学放弃了自己的本质，把自己等同于一般的社会组织机构；教师也降低了自己的身份，把自己混同于一般的社会职业人员。这种庸俗化最明显的表现就是缺乏创新性。在人才培养中，教学内容陈旧，一本教材可以几年甚至十几年不变；教学方法过于传统，即使采取了多媒体教学等新教学方法，也是形式多于内容，刻板多于灵活等。在科学研究中，具有原创性的成果少之又少，更多的是模仿，简单的、低水平的重复，粗制滥造、近亲繁殖已见怪不怪，有的甚至抄袭、剽窃他人成果，造成严重的诚信危机。在社会服务中，大学首先考虑的是经济利益，服务手段和方法落后，服务的效率和效果很难让服务对象满意等。此外，这种庸俗化与社会上的各种庸俗现象遥相呼应，凡是社会上有的，都能在大学找到缩影。正如学者睦依凡所言："曾几何时，社会庸俗之风已经全面侵入大学的机体，侵蚀着大学原有的高尚和儒雅，对大学的行为无论是其领导、其师生、其员工或多或少都在发生蚀化的作用。诸如吃喝风、送礼风、裙带风、麻将扑克风、关系风、小团体、小山头等比比皆是，大学渐已成为社会世俗现象的大观园。相当数量的大学干部及教师其思维方式、行为习惯严肃不足、随意甚至轻佻有余，已与文人雅士相去渐远且几近社会世俗。"①这种庸俗化使大学把自己矮化为平庸之辈，教师不再是学生的道德楷模，大学不再是人们心中的"象牙塔"。总之，这种庸俗化是我国大学文化传承与创新功能异化的最突出表现形式。

---

① 胡弼成，孙燕. 文化精神：大学内部治理之魂[J]. 清华大学教育研究，2006，（3）：27-29.
② 睦依凡. 关于大学文化建设的理性思考[J]. 清华大学教育研究，2004，（1）：11-17.
③ 王英杰. 论大学的保守性——美国耶鲁大学的文化品格[J]. 比较教育研究，2003，（3）：1-8.

四、文化片面化现象隐显

片面化是指大学在文化传承与创新过程中，对眼前的与长远的、近期内容易出成绩的与长期才能显示出效果的文化建设，经过权衡以后而做出的片面选择。这种片面化的主要表现是过分重视物质文化建设而轻视精神文化建设。"目前在大学文化建设上往往对校园建筑、校园环境、校园设施等看得见摸得着的东西和见效比较快的东西，积极投入，加快建设，对上级有要求、师生员工又比较喜闻乐见的活动也组织得比较快。而对见效比较慢但对学生影响也比较大的师生思想道德文化建设、校风学风教风建设、大爱大气人文精神建设等，说得多，做得还不够，至少没有形成主流文化。"[①] 从大学基本功能角度看，这种片面化表现为，在人才培养中片面强调科学知识的传授，而忽视对学生人文精神的培育。而人文精神对于一个学生全面发展的意义是不言而喻的。"从大学文化的教育功能而言，大学文化的真谛在于培养学生健康的文化意识，促进大学生的社会化，积累大学生的社会资本，培养大学生的文化能力，使他们成为关心政治，对人类对世界对国家对社会对文化均有责任感的'公共知识分子'和'正直的具有道义感的好公民'。而要达成这一目的，大学文化的建设尤须强化大学的人文教育和人文环境的营造。"[①] 在科学研究中，大学更重视应用研究和开发研究，而忽视基础研究。实际上没有基础研究的原创性成果作为支撑，应用研究和开发研究就成为无源之水，缺乏后劲。在社会服务中，许多学生能够深入社区为居民服务，而很少有教师能够放下架子融入社会，为市民答疑解难。这种片面化正如眭依凡所描述的："一讲精神文化建设，似乎只有政治理论入脑入心入课堂；一讲制度文化建设，似乎只有严肃校规校纪；一讲环境文化建设，似乎只有不惜代价斥巨资建新校区。大学文化的内涵之丰富、外延之博大，何止如此之狭隘？"[②] 这种片面化使得大学在文化建设中以比较隐蔽的形式避重就轻，删繁就简，追求浮夸等。总之，这种片面化是我国大学文化传承与创新功能异化的比较隐蔽的表现形式。

第三节　大学文化传承与创新功能异化的原因

从不同角度看，我国大学文化传承与创新功能的异化具有不同原因。从纵向角度看，既有历史的原因，也有现实的原因。从横向角度看，既有政治

---

① 郭秋平. 中国大学文化建设存在的问题[J]. 华北水利水电学院学报（社科版），2011，（1）：5-6.
② 眭依凡. 关于大学文化建设的理性思考[J]. 清华大学教育研究，2004，（1）：11-17.

原因，也有社会原因等。尤其是，从社会生产力发展角度看，可以分为根本原因和非根本原因。

一、大学文化传承与创新功能异化的根本原因

从世界大学发展历史看，大学文化传承与创新功能异化有着深刻的历史根源。马克思认为，生产力发展，促进了社会分工，但是，"只要分工还不是出于自愿，而是自然形成的，那么人本身的活动对人来说就成为一种异己的，同他对立的力量。这种力量压迫着人，而不是人驾驭着这种力量"[①]，即自然形成的分工导致了异化劳动。马克思的这一逻辑为我们探析大学文化传承与创新功能异化的根源提供了思路，即大学文化传承与创新功能异化的根源很可能也是由某种分工、分离或背离引起的。这可以从以下两方面考察。

一方面，考察是否存在部分教师从教学、科研和社会服务岗位中分离出来专门从事文化传承与创新的情况。关于这一点要涉及作为文化传承与创新的重要物质载体，即学报、期刊、机关报、著作等的产业化过程，这里主要以学报为例。正如前文所述，文化传承与创新是大学与生俱来的使命。当 20世纪初我国具有现代意义的大学产生时，为了传播和交流学术思想，大学办起了学报。而学报正是大学文化传承与创新的重要物质载体之一，这一点从许多学报的创刊宗旨就可以看出，如 1929 年创办的《岭南学报》（广东私立岭南大学）就强调"提倡学术，促进文化"[②]；1930 年创办的《社会科学季刊》（武汉大学）就提出"学术期刊可以看作一国文化的质量测验器"和"可以窥见一国文化的素质"[②]；1941 年创办的《中山学报》（国立中山大学）提出学报的任务在于"传播文化、探研学术"[②]等。一般认为，我国最早的大学学报是创刊于 1906 年的《东吴月报》（东吴大学），其目的是"表学堂之内容，与当代学界交换知识"[②]。值得注意的是，当时担任学报编辑的多是有一定学术声望的教师。例如，"根据 1922 年 3 月 11 日的《聘请〈北京大学月刊〉编辑员通知》开列，其编辑员由冯祖荀、丁燮林、王星拱、李仲揆（即李四光）、谭熙鸿、胡适、沈兼士、朱希祖、陶孟和、顾孟余、王世杰、陈启修、朱经农等 13 人组成"[③]。这些学术名人做学报的兼职编辑对保障学报的质量及开展文化传承与创新活动起到了至关重要的作用。

随着世界经济的发展，"文化产业"的概念应运而生。"20 世纪 70 年代

---

① 中共中央马克思、恩格斯、列宁、斯大林著作编译局. 马克思恩格斯文集（第 1 卷）[M]. 北京：人民出版社，2009：537.

② 宋应离. 中国大学学报创刊百年的历史回顾[J]. 出版史料，2006，（1）：9-11.

③ 陈吉. 大学学报与大学关系之历史清源——由《北京大学月刊》的创刊谈起[J].编辑之友，2013，（7）：93-95.

后，联合国教科文组织把文化产业定义为'按照工业标准生产、再生产、储存，以及分配文化产品和服务的一系列活动'。"[①]其包括期刊、报纸、图书、广播、影视等，大学的学报、图书等也在文化产业之列。目前，文化产业已成为许多国家新的经济增长点。2002 年，党的十六大提出了"文化产业"的概念，强调要"完善文化产业政策，支持文化产业发展，增强我国文化产业的整体实力和竞争力"。大学因自身在人才、科研等方面的优势，在促进国家文化产业发展方面具有无可替代的地位和作用，许多地区的文化产业园是依托大学而建设的，有些大学还成立了自己的文化科技园，把承载大学文化传承与创新功能的学报、期刊、机关报、图书等进行市场化运作。有人认为："在社会主义市场经济条件下，出版物既是精神产品又是物质产品，要受市场规律的制约。大学出版社不能只顾埋头生产，而不顾市场的风云变幻。"[②]大学发展文化产业，并且要按照市场化运作，这对相关的管理工作提出了更高的要求，如果仅仅依靠教师的兼职来运营文化产业显然已无法适应需要。这样，部分教师势必要从教学和科研岗位中分离出来专职从事文化产业，甚至需要从社会招聘新的人员直接从事文化产业。

从这一过程可以看出，学报、图书等作为大学文化传承与创新的重要载体，在产业化之前，往往由教师兼职做编辑；而在文化产业之后，部分教师从教学和科研岗位中分离出来，专门从事学报、图书等的编辑、管理等工作，这种分工根据马克思的异化劳动理论，很可能就是导致大学文化传承与创新功能异化的根源。因为这种分工还不是出于自愿的，而是自然形成的，专门从事文化传承与创新的教师被限制在一定的特殊的活动范围内，这个范围是强加于他们的，他们不能超出这个范围，只要他们不想失去生活资料，他们就始终应该是这样的人。这就很容易导致这样一种后果，既然这些人以文化产业为业，必然重视获取经济利益，从而在一定程度上造成大学文化传承与创新的商业化，并明显地表现出功利化和庸俗化。

另一方面，是否存在文化传承与创新功能与人才培养功能、科学研究功能和社会服务功能相脱离的情况。人才培养、科研研究和社会服务是文化传承与创新的重要方式，也就是，大学的文化传承与创新不应就文化论文化，而应以人才培养、科学研究和社会服务为着力点。但现实情况是，几乎所有大学都在提倡要建设自己的特色文化，可多数大学仍是就文化论文化，在实践中找不到文化建设的抓手。例如，在文化传承与创新中，不少大学或者不能从其人才培养方面着手，努力探索人才培养体制改革，培养出有个性的特

---

① 冯丹娃. 大学文化产业园区建设发展研究[J]. 中国高教研究，2013，（12）：94-96.
② 江上青，吴东. 崛起和壮大的历史轨迹——《中国大学出版社概览》评介[J]. 大学出版，1994，（1）：45-46.

色人才；或者不能从其科学研究着手，注重发挥自己应用研究和开放研究的优势，而追求表面看起来"高、大、上"的基础研究；或者不能从其社会服务着手，结合自身的人才和科研优势而提供有特色的社会服务。这种脱离了人才培养、科学研究和社会服务的大学文化，自然营养不良、底气不足，出现同质化、功利化、庸俗化、片面化等就不足为奇了。因而，文化传承与创新与人才培养、科学研究和社会服务相背离是大学文化传承与创新功能异化的又一重要根源。

从总体上看，对于大学文化传承与创新功能异化的根本原因而言，部分教师从教学、科研和社会服务岗位中分离出来是相对微观的，强调的是教师个体之间相分离，而文化传承与创新功能与人才培养功能、科学研究功能和社会服务功能的相背离是相对宏观的，强调的是大学基本功能之间的相背离。

二、大学文化传承与创新功能异化的非根本原因

1. 历史原因

从我国大学文化传承与创新的历史演变过程可以看出，我国具有现代意义的大学从产生到现在有 100 年左右的时间，这一点与欧美许多著名大学动辄几百年的历史是不能相提并论的。由于建校时间短、文化积累少，文化底蕴自然不扎实，在实践中大学文化出现这样那样的问题自然避免不了。即使在这短短的 100 年左右的时间里，我国大学的发展也不是一帆风顺的，而是一波三折的。在中华人民共和国成立之前，国家一直处于战乱状态；中华人民共和国成立以后，大学发展进入相对平稳期。在中华人民共和国成立前动荡的社会环境下，大学在国家和社会中的地位和作用都不突出，尚处于社会的边缘，大学发展缓慢，大学文化建设经常处于无暇顾及的境地。尤其是，中华人民共和国成立前后的社会制度有别。社会存在的经济基础已发生了变化，这必然要求作为上层建筑的大学文化做出相应的变化，这是规律使然，不可违背，否则大学就不可能存在下去。在这种变化过程中，大学之前的一些优良的文化，诸如教授治校经过探索后被延续下来，改革开放以后，教育界才又重新开始探讨教授治校等问题。可见，在社会发生动乱或剧烈变化的情况下，大学文化的延续绝非易事，大学文化建设出现诸多问题也同样是避免不了的。

此外，从我国大学文化传承与创新的历史演变过程还可以发现，在这100 年左右的时间里，大学先后经历了由大学自身主导的、政府主导的、政

府和大学双重主导的发展过程。其一，在中华人民共和国成立之前，大学的发展主要由其自身主导，当时的国民政府因忙于战乱而几乎无暇顾及大学。这一时期大学办得好坏在很大程度上取决于校长个人的办学理念和能力，当时办得比较好的大学的校长几乎都有留学经历，特别是留学欧美的经历，如北京大学校长蔡元培曾留学德国；清华大学校长梅贻琦曾留学美国；被教育界称为"中国第一所现代国立高等大学"的东南大学，其创办人郭秉文也曾留学美国；等等。这些人将欧美大学先进的教育理念引入国内，并付诸实践，这对我国具有现代意义大学的建立和发展起了巨大的推动作用，并对培养我国优良的大学文化起到了重要作用。不过，由于这一时期主要向欧美大学学习，国际视野受到了一定限制，这对我国大学文化的同质化产生了一定影响。尤其是，在向欧美文化学习的过程中，达到了近乎迷信和崇拜的地步，出现了毛泽东所批评的"言必称希腊"的现象，这对我国大学文化的负面影响也是深远的。其二，在中华人民共和国成立后至改革开放前，大学的发展则主要由政府主导，大学几乎没有什么办学自主权。这一时期我国社会主义各项事业全面学习苏联模式，国家实行计划经济体制。大学也被纳入这一体制，其校长直接由政府任免，其招生、就业、教学等各项活动也都是按照政府下达的统一指令进行。在这种管理模式下，大学发展的积极性和主动性不高，大学的活力没有充分显露出来。尤其是在这种一刀切的管理模式下，大学的多样性逐渐被统一性代替，大学之间的特色越来越淡化和模糊，这样大学文化的同质化问题也就逐渐暴露出来。其三，改革开放以来，我国由计划经济逐步向社会主义市场经济过渡，国家赋予大学一定的办学自主权，大学发展的活力逐渐显现出来。由于我国经济社会发展的需要，大学由社会的边缘逐渐走向社会的中心。随着大学在经济社会发展的地位和作用越来越重要，国家也采取措施鼓励和推动大学发展，如国家先后实施的"211"工程、"985"工程、"双一流"建设等。我国大学再次把眼光投向国外，以学习借鉴他国的办学经验，并且这次视野广阔，不再局限于欧美。目前，我国大学办学模式在很大程度上仍保留着苏联的模式。这样，我国大学在现有模式的基础上，既要在学习借鉴国外办学经验中将其本土化，又要继承我国历史上优良的办学传统，如何使三者有机融合为一体确实是个大学问。融合得好则会使我国大学发展发生质的飞跃；融合得不好则只会使我国大学发展原地打转。在此历史背景下，我国大学文化传承与创新工作出现这样和那样的问题就不足为奇了。

2. 政治原因

这里的政治原因主要是指政府行为对我国大学文化传承与创新功能异化的影响。如果说历史原因对我国大学文化传承与创新功能异化的影响是间接的、隐性的，那么政治原因对这种异化的影响则是直接的、显性的，并且有力得多。这种政治原因的影响主要表现在以下两个方面。

一方面，政府部门通过掌握大学党委书记和校长的任免权，将大学纳入政府的行政管理体制。政府部门对大学党委书记和校长的管理，如同对政府官员的管理一样，采取任期目标考核制，并将考核结果作为党委书记和校长升迁和奖惩的依据。大学党委书记和校长为了完成这些任务，又将这些任务层层分解到各职能部门的书记、处长、科长等，以及分解到各学院的书记、院长、教研室主任、教师等。政府部门通过这种管理方法将大学纳入自己的管理系统，使大学成为一个主要以行政权力为主导的机构，这样大学就成为政府部门的某一科层。既然大学已成为政府部门的某一科层，那么大学里的管理人员和教师重视行政职位就成为理所当然的事，这样"官本位"的价值观就应运而生了。"所谓'官本位'，即以官为本，以官的利益需要、官的价值诉求为行为取向，唯官是重，唯官是奉，唯官是从，唯官是大。由此导致的攀炎附势、权学交易、俯首听命等拜金主义价值取向，使大学好似官僚体制的附庸而非学术机构。"①实际上，"官本位"也是一种功利化，因为部分人当官本身不是目的，而是为了其背后隐藏的各种直接和间接的经济利益。并且政府部门的考核多采取简单的量化方法。"大学管理实行计件工资制，注重量化考核，实际上是把学术研究这种最复杂的劳动降低到最简单的体力劳动的水平。量化考核的实质是大学管理行政化，因为行政部门和行政人员不懂专业学术，他们又要对大学和教师进行管理和评价，那么最简单的方法就是设置一些量化标准，只看数字。"②这种教条化的管理方法制约了大学的创新性，不可避免地造成大学文化的同质化、庸俗化。总之，大学被纳入政府的行政管理体系是我国大学文化传承与创新功能异化的重要政治原因。

另一方面，政府部门利用掌握的教育资源来干预大学行为。如果说前一种情况是政府以"权"来命令大学行为，则后一种情况则是政府以"利"来引导大学行为。在实践中，政府部门的具体做法就是根据自己掌握的教育资源设置各种评比、评估、检查等。大学要想获得这些资源就必须认真参与到这些评比、评估、检查中。有学者粗略统计了一下，目前政府部门设置的评比、评估和检查有："'985'重点建设大学，'211'重点建设大学，国家实验

---

① 眭依凡. 关于大学文化建设的理性思考[J]. 清华大学教育研究，2004，（1）：11-17.
② 廖可斌. 中国大学文化转型：历史、现状及路径[J]. 浙江社会科学，2013，（2）：21-23.

室，国家（省级）重点实验室，国家工程技术中心，国家（省级）重点学科，博士学位授予单位，一级学科博士学位授权点，二级学科博士学位授权点，一级学科硕士学位授权点，二级学科学位授权点，基础学科人才培养和科学研究基地，教育部人文社会科学重点研究基地，国家级（省级）哲学社会科学创新基地，国家级创新团队，国家级教学团队，国家级特色专业，国家'863'项目，国家'973'项目，国家（省级）重大科技专项，国家（省级）自然科学基金，国家（省级）哲学社会科学基金，教育部哲学社会科学基金，教育部重大专项招标项目，国家（省级）科技成果奖，教育部（省级）人文社会科学成果奖，国家级（省级）教学成果奖，百篇优秀博士学位论文，中国科学院、中国工程院院士，人文社会科学资深教授，国家级（省级）教学名师，国家级（省级）有突出贡献工作者，'长江学者'特聘教授，国家杰出青年基金获奖者，省特级专家，国家级'千人计划'人才，国家级'百千万人才工程'（省级人才工程），国家级（省级）'五个一批'人才，教育部跨世纪（新世纪）人才，本科教学合格评估，研究生教育学科评估等。"①总之，政府部门利用掌握的教育资源来干预大学行为，同样是造成我国大学文化传承与创新功能异化的重要政治原因。

3. 社会原因

大学是整个社会组织中的一员，社会不良风气对大学影响之大之深是不言而喻的，也就是大学中存在的不良风气在社会上都能找到原型。社会不良风气表现在许多方面，对大学的影响也是多方面的，但从造成大学文化传承与创新功能异化的角度看，社会不良风气主要表现在以下几个方面。其一，社会诚信缺失。目前，社会诚信缺失已是比较普遍的现象，如当前的假冒伪劣商品被屡屡曝光：陈腐大米加了工业硫黄后当新米出售；婴儿奶粉中被添加了三聚氰胺；香肠、水饺和小笼包的肉馅是用变质的肉加各种调料配制而成的；饭店用鸭肉冒充牛肉；各种名牌服装、手机等，社会上经常能见到仿制品；假烟假酒更是司空见惯；等等。又如，社会上各种形式的诈骗层出不穷，花样繁多，让人防不胜防：与我们日常生活最密切的诈骗形式就是电信诈骗，几乎每个使用手机的人都收到过诈骗短信；一些人利用人们的同情心进行乞讨，以乞讨为业，许多城市的乞丐随处可见，等等。社会各种失信现象必然传导到大学。目前，大学中学术失范现象屡禁不止，各种考试中作弊现象呈上升趋势，家境好的学生骗得贫困资助，等等。这些失信现象严重腐蚀着大学文化，使大学文化变得庸俗化，丧失超越性。其二，拜金主义抬头。在社会上，能否挣钱及能挣多少钱成为一个人行为的指挥棒，人们对金

---

① 廖可斌. 中国大学文化转型：历史、现状及路径[J]. 浙江社会科学，2013，（2）：21-23.

钱的渴望达到了前所未有的程度，所做的一切事都直接地或间接地与金钱有关系。社会上流行着"有钱行遍天下，无钱寸步难行"、"钱不是万能的，但是没钱是万万不能的"和"钱钱钱，命相连"等说法，这形象地说明了金钱对人们思想观念和行为的影响。尤其是目前社会财富分配不均，贫富差距拉大，穷人因买不起房、看不起病，因而需要不断挣钱来改善自己的物质生活条件；富人却在无底线地炫富，肆意探霍，这无意间增强了金钱的诱惑感。这种拜金主义是一种典型的功利主义，对大学的功利主义产生了直接的影响，进而导致大学文化传承与创新功能的功利化。其三，社会形式主义严重。通俗地说，形式主义就是做事情只注重外表形象，而不考虑内涵和效果。目前，社会上最常见的形式主义就是个别政府搞的形象工程，只追求表面的富丽堂皇，而不注重实效，结果是劳民伤财。这种形式主义对大学的影响也很大。教师要应对各种评比、评估和检查；即使对待自己的本职工作教学，部分教师也是匆匆忙忙上完课，应付了事。这种形式使得大学创新不足，并进而导致大学文化传承与创新功能的庸俗化。总之，"在社会的强势文化面前，大学的文化力量显得更为渺小和被动，在文化的博弈中，大学要做到独善其身很困难，社会文化对于大学文化的'遮蔽'成为现代大学文化发展的危机之源"[①]。因而，社会诚信缺失、拜金主义抬头、形式主义严重等是导致大学文化传承与创新功能异化的重要社会原因。

第四节　大学文化传承与创新功能异化的消除

根据大学文化传承与创新功能异化产生的原因，其消除的途径可以分为根本途径和直接途径。

一、大学文化传承与创新功能异化消除的根本途径

既然大学文化传承与创新功能异化的根本原因是自然形成的分工造成的部分教师与教学、科研和社会服务岗位相分离，以及文化传承与创新功能与人才培养功能、科学研究功能和社会服务功能相背离，那么要从根本上消除这种异化，就必须在社会生产力发展的基础上，消灭这种自然形成的分工。"个人力量（关系）由于分工而转化为物的力量这一现象，不能靠人们从头脑里抛开关于这一现象的一般观念的办法来消灭，而只能靠个人重新驾驭这些

---

① 胡弼成，孙燕. 文化精神：大学内部治理之魂[J]. 清华大学教育研究，2006，（3）：27-29.

物的力量，靠消灭分工的办法来消灭。"①而要消灭这种自然形成的分工，就必须使大学的文化产业与教学、科研和社会服务岗位相联合形成真正的共同体，"在真正的共同体的条件下，各个人在自己的联合中并通过这种联合获得自己的自由"①。这样，自然形成的分工被出于自愿的分工取代，大学文化产业人员不再受限于特殊的文化产业活动范围，而是可以随着自己的兴趣在文化产业、教学、科研、社会服务等岗位自由发展。当大学文化产业人员与教学、科研和社会服务岗位实现了这种联合，那么大学文化传承与创新中存在的同质化、功利化、庸俗化、片面化等各种异化现象也就会从根本上得以消除。

二、大学文化传承与创新功能异化消除的直接途径

从我国大学文化传承与创新功能异化的表现可以看出，这一异化严重影响了大学的发展，大学在经济社会发展中的地位和作用，以及大学文化在社会主义文化建设中的地位和作用。尤其是，当前我国正在进行社会主义文化强国建设，迫切需要大学提供人才、科研等支持，因而消除大学文化传承与创新功能的异化已刻不容缓。正如法国社会学家埃米尔·涂尔干所言："教育的转型始终是社会转型的结果与症候，要从社会转型的角度入手来说明教育的转型。要让一个民族在一个特定的时间环节上感受到改变教育体系的需要，就必须有新的观念、新的需要浮现出来，使此前的体系再也无法满足需要。"②

根据我国大学文化传承与创新的历史演变，以及针对其功能异化的表现和非根本原因，我国大学文化传承与创新功能异化的消除可以从宏观、中观和微观三个角度，在国家、大学和教师三个层面采取一些关键的对策。

1. 从宏观角度看，国家和政府应主要做好以下几件事

其一，切实把大学定性为文化组织，强化大学的文化身份。把大学定性为什么身份，决定着人们对大学持有什么态度，以及采取什么样的管理方法。"承认大学是一种文化属性的社会组织，不是具有政治属性的组织机构（如政府、议会或党派），也不是具有经济属性的经营机构（如公司和企业），也不是具有军事性质的组织机构（军队）。大学本质上是一种文化传承和文化传播的组织机构，文化的传承和传播是通过其特殊的组织功能——教学、科研和

---

① 中共中央马克思、恩格斯、列宁、斯大林著作编译局. 马克思恩格斯文集（第 1 卷）[M]. 北京：人民出版社，2009：570-571.
② 埃米尔·涂尔干. 教育思想的演进[J]. 李康译.上海：世纪出版集团·上海人民出版社，2006：178.

社会服务得以实现的。"①既然把大学看作是一种学术组织，那就应当遵循学术规律来管理大学，让大学在自由、轻松和和谐的氛围中进行创造，发展文化。相反地，不应当把大学纳入政府的集权式的科层制管理体系，这种管理体系已经给大学及其文化造成了很深的伤害，如同质化等。"目前中国大学的集权管理体制，既以中国高等教育的集权管理文化传统为根基，也与当代中国特定的社会环境有关，可谓根深蒂固。在这种体制下，国家和省市教育管理部门，大学内部行政系统，以至教职员工，已经形成牢固的利益链……"②同时，也不应当把大学纳入企业的管理体系，这种管理体系同样给大学及其文化造成了明显的伤害，如功利化等。因为企业遵循的是市场规律，其追求的是利润最大化，如果以经济利益来驱动大学发展，必然使大学成为"精致的利己主义者"和"培养利己者的机器"③。当然，更不应当把大学纳入"命令如山倒"的军队管理系统。

其二，切实将大学办学自主权落到实处。自主权对一所大学的发展至关重要。一所大学只有拥有自主权，才能积极主动地确定自己的发展目标和定位，实现大学发展的动力由国家社会需要的外部驱动转变为由自身发展需要的内部驱动，并进而实现自己的特色发展。正如温家宝所言："一所好的大学，在于有自己独特的灵魂，这就是独立的思考、自由的表达。千人一篇、千篇一律，不可能出世界一流大学。大学必须有办学自主权。"④改革开放以来，我国教育界一直在讨论大学自主权问题。1998 年，我国高等教育法也规定了大学应享有的若干自主权，可是十多年过去了，这些自主权并没有真正落到实处。大学自主权不足严重制约了大学的创新，阻碍了大学多样化的发展，这样出现同质化也就不可避免。因而，切实将大学办学自主权落到实处已刻不容缓。学者宣勇认为，落实大学办学自主权当前主要是保障大学享有校长选择权、学生选择权、自主理财权和教员聘任权。⑤这真是一语中的。解铃还须系铃人。我国大学自主权缺乏在很大程度上是政府对大学干预太多、管得过多造成的，因而政府部门应当有勇气将自主权下放到大学。

其三，切实完善党委领导下的校长负责制。党的十三届四中全会以后，党中央就确定了高校全面实行党委领导下的校长负责制。1998 年，《中华人民共和国高等教育法》正式以法律的形式规定了党委领导下的校长负责制。2014 年，中共中央办公厅又印发了《关于坚持和完善普通高等学校党委领导

① 施小光. 文化传承与创新：现代大学新使命[J]. 清华大学教育研究，2011，（3）：50-51.
② 廖可斌. 中国大学文化转型：历史、现状及路径[J]. 浙江社会科学，2013，（2）：21-23.
③ 胡弼成，孙燕. 文化精神：大学内部治理之魂[J]. 清华大学教育研究，2006，（3）：27-29.
④ 王冲. 大学不能丢了独立的灵魂[N]. 中国青年报，2010-2-3.
⑤ 宣勇. 大学必须有怎样的办学自主权[J]. 教育发展研究，2010，（7）：2-3.

下的校长负责制的实施意见》，再次明确了这项制度在我国高校管理体制中的根本性、决定性和指导性地位，高校必须毫不动摇、长期坚持并不断完善。实践证明，这一制度为我国高校全面贯彻党的教育方针，坚持社会主义办学方向，培养中国特色社会主义事业合格建设者和可靠接班人，促进高校改革发展稳定，提供了坚强组织保证；符合我国国情和高等教育发展规律，是中国特色现代大学制度的核心内容，是党对高校领导的根本制度。不过，从政府与大学的关系角度看，这一制度还须进一步完善。这一制度尚没有从根本上解决政府与大学之间存在的问题，即政府将大学纳入自己的行政管理体系，对大学事务干预过多，而大学在很大程度上尚依附于政府。对这一问题的解决，改革的着力点可以放在大学党委书记和校长的产生方式上，这是因为党委书记和校长在大学发展中起着至关重要的作用，"伟大的大学总是与伟大的校长联系在一起"[①]。目前，根据《中华人民共和国高等教育法》的规定，高等学校的校长、副校长按照国家有关规定任免。2002 年 7 月 9 日，中共中央印发了《党的领导干部选拔任用工作条例》（中发[2002]号），其中第四条规定，政府直属事业单位的领导成员的选拔任用参照该条例执行。这说明大学党政领导的任免程序是按照政府部门党政领导的任免程序进行的，这实际上是一种自上而下的大学党委书记和校长的产生方式。这与欧美等大学校长的产生方式明显不同。学者宣勇认为："欧洲大陆的大学通常采取选举与任命两段制，即校长选拔的最后决定权取决于教职工或教授的选举票数，校长产生后则由政府任命。"[①]美国大学采取的是董事会领导下的学校自主遴选制，"董事会通过一定的程序来决定校长人选，校长则直接向董事会负责"[①]。可以看出，这种大学校长的产生方式实际上是一种自下而上的方式，政府在其中主要的作用是对产生的合法性作形式审核，并不会对具体人选产生实质性影响。我国大学党委书记和校长的产生方式可以借鉴这类大学的做法。不过，尤为关键的是，借鉴这种做法绝不是生搬硬套，它必须符合我国国情，必须符合中国特色现代大学制度建设。笔者设想是否可以这样做：大学党委书记采取由上而下的产生方式，由政府部门任免，拥有官员身份；而大学校长采取由下而上的产生方式，由职工代表大学选举产生，最后由政府部门确认，不拥有官员身份，可以连选连任；双方之间的关系和职责不变。这样的党委领导下的校长负责制，实现了由上而下和由下而上的融通，既实现了党对高等教育事业的领导，保证了大学发展的社会主义方向，又激发了大学的自主性，激发了大学的活力，提高了大学探索特色化发展之路的积极性和主动性，从而有利于消除大学及其文化的同质化现象。当然，这仅仅是一种理

---

① 宣勇. 大学必须有怎样的办学自主权[J]. 教育发展研究，2010，（7）：2-3.

论探讨，是否可行尚须教育界继续深入研究。

其四，切实减少各级各类的评比、评估、检查等。评比、评估、检查等是各级政府部门干预大学事务的比较间接的隐蔽的一种方式。具体地，各级政府部门利用掌握的教育资源设置名目繁多的项目，以推动教育发展、提高教育质量、繁荣大学文化等为目的，引导各个大学申报、参与，申报、参与通过以后基本上都会匹配相应的经费，等等。既然政府部门设置了这些项目，并且有经费，那么大学就会积极申报、参与，但是这种申报、参与在很大程度上是冲着经费去的，在这一过程中，甚至会采取一些不正当的手段，这在一定程度上加剧了大学的功利之风、庸俗之风。例如，目前各个大学都在搞的重点专业建设就是典型的一例。重点专业不但有国家级的，而且有省级和校级的。不过，不但国家级的、省级的和校级的重点专业之间没有科学的严格的标准，即使重点专业与非重点专业之间也没有科学的严格的标准。在实践中，各个大学为了使自己申报的专业获得立项，往往拿出本校历史最久、最有特色、师资力量最强的专业去申报，这样的专业自然容易获得立项，并获得经费支持。结果就出现这样一种矛盾：这些专业本来实力就很强，又获得这种额外的经费支持，只会越来越强；相反地，那些被认为非重点的专业，本来实力就不强，正缺少经费投入，但因没有资格获得立项也就无法获得这部分经费。因而，应切实减少各级各类的评比、评估、检查等，这样才能在一定程度上消除大学及其文化的功利化、庸俗化。总之，切实减少各级各类的评比、评估、检查等，减少政府部门对大学的不当干预，将有利于消除大学文化的异化，促进大学及其文化的健康发展。

2. 从中观角度看，大学应切实营造一种自由而轻松的氛围

一方面，学校应切实营造一种自由的氛围。这主要是基于大学基本功能的特点而言，不但大学的人才培养功能、科学研究功能具有学术性特点，其社会服务功能也同样具有学术性特点。而学术活动在本质上是一种创造性活动，正如前文所述，从心理学角度看，一个人的创造力只有在自由的氛围中才能最大限度地迸发出来。因而，自由的氛围之于学术活动是至关重要的，"学术活动只能在自由的环境中展现出理性和探究性"[①]。这实际上就是要求能够做到学术自由。什么是学术自由呢？英国的《简明不列颠百科全书》将其定义为："是指教师和学生不受法律、学校各种规定的限制或公众压力的不合理的干扰而进行讲课、学习，探求知识及研究的自由。"[②]美国的《大美百

---

① 胡弼成，孙燕. 文化精神：大学内部治理之魂[J]. 清华大学教育研究，2006，（3）：27-29.
② 简明不列颠百科全书（第8卷）[M]. 北京：中国大百科全书出版社，1986：726.

科全书》也有类似的定义："指教师的教学与学生的学习，有不受不合理干扰和限制的权利。包括讲学自由、出版自由及信仰自由。"①可见学术自由包括教师教的自由和学生学的自由。"教师在专业上享有自由探讨、发现、出版、教授在各自专业领域内所发现的真理，并且这种自由不受任何限制，也不听从任何权威的指挥，任何政治的、党派的和社会的舆论不得加以干涉……这就叫教的自由（lehrfreiheit）。学生在中学毕业后取得成熟证书，表示其思想观念趋于成熟，因此学生在教授的正确方法指导下，在专业学习上拥有探讨、怀疑、不赞同和向权威提出批评的自由，有选择教师和学习什么的权利，在教育管理上有参与评议的权利，以求提高今后处事能力……这就叫学的自由（lernfreiheit）。"②学术自由是现代大学的重要理念，各个大学都比较重视营造一种自由的氛围。我国历史上著名的教育家蔡元培曾说："近代思想自由之公例，既被公认，能完全实现之者，厥唯大学。大学教员所发表之思想，不但不受任何宗教或政党之拘束，亦不受任何著名学者之牵制。苟其确有所见，而言之成理，则虽在一校之中，两相反对之学说，不妨同时并行，而一任学生之比较而选择，此大学之所以为大也。"③不过，目前我国大学在一定程度上尚没有实现真正的学术自由，或者说，这种学术自由往往受到来自外部的政治的、经济的等因素的干扰，从而在一定程度上受到了限制。干扰和限制学术自由，实际上就间接地干扰和限制了大学的创新活动，这在一定程度上造成了大学及其文化的同质化、庸俗化等。

另一方面，学校应切实营造一种轻松的氛围。目前，我国教育界对学术自由比较重视，研究得也比较多，但是对学术自由所需要的那种轻松的氛围却很少论及，这或许是因为将轻松的氛围纳入学术自由的应有之义，因而无须单独研究。而现实情况是，我们经常呼吁的学术自由至今之所以没有什么进展，在很大程度上是因为我们忽视应营造一种轻松的氛围。没有轻松的氛围，学术自由无形中就会受到限制甚至被剥夺。可以设想：一个人在一定时间和精力范围内发表一篇论文，对他来说是自由的；可是在同样的时间和精力范围内让他发表两篇甚至以上的论文，这对他来说可能就不自由了。自由和轻松是一个事物的两个方面，轻松的氛围是实现自由的外部保障条件。以上是就自由与轻松的关系而言，轻松是自由的外部氛围。如果就大学整体而言，自由和轻松都是大学应当营造的氛围。大学应当如何营造一种自由而轻松的氛围呢？一句话，就是大学不要折腾。对于政治的、经济的等外部影响

① 大美百科全书（第1卷）[M]. 台湾光复书局大美百科全书编辑部译. 台湾：台湾光复书局，1990：36.
② 张宝昆. 人的因素对大学发展的影响——德、美、日三国大学发展与高等教育思想家[J].外国教育动态，1988，（1）：38.
③ 蔡元培. 大学教育[M]//蔡元培. 蔡元培全集（第五卷）. 北京：中华书局，1988：507-508.

因素，大学是无法从源头上消灭的，但是完全可以通过自身的努力来抵制这些影响。例如，对于社会上流行的各种大学排行榜，多是以量化指标进行排名，如果大学过分看重这些排名，就会折腾教师超负荷地搞科研项目、发表论文等，使得教师疲于应付，出现这样和那样的问题就不可避免；如果大学以平常心看待这些排名，就不会折腾教师，这样就会给教师留下更多的时间，自由地从事自己感兴趣的研究，长此以往自然会出高质量的成果。总之，大学应切实营造一种自由而轻松的氛围，不折腾，这对于大学的创新活动是至关重要的，并进而有助于消除大学及其文化的同质化、庸俗化等。

3. 从微观角度看，教师和学生应切实发挥作用

一方面，教师应切实发挥主体作用。这主要基于大学的性质和教师的特点而言。大学是一个学术组织，是"一个对高深知识进行选择、传承、批判和创新的场所，具有很强的学术性和专业性"[①]。大学不但具有人才培养功能、科学研究功能、社会服务功能，而且具有文化传承与创新功能。大学的这些功能是否发挥作用，以及发挥的效果如何，在很大程度上取决于教师的作用是否能最大程度地发挥出来。因为教师掌握着高深的知识和学问，是承载大学基本功能的主体。正如哈佛大学前校长查里克·博克（Derek Bok）所言："由于他们最清楚高深学问的内容，所以他们最有资格决定应该开设哪些科目及如何讲授。此外，教师还应该决定谁最有资格学习高深学问（招生），谁已经掌握了知识（考试）并应该获得学位（毕业要求）。更显而易见的是，教师比其他人更清楚地知道谁最有资格成为教授。最重要的是，他们必须是他们的学术自由是否受到侵犯的公证人。"[②]可见，就大学文化传承与创新功能而言，要消除这一功能的异化，就离不开教师的主体作用。然而，现实情况是，在学校的科层制管理体系中，从校长到处长再到科长，最后到教师，教师处于最底端，没有什么话语权。尤其是在"官本位"价值观的影响下，教师的地位和作用被严重削弱。如何才能提高教师的地位、切实发挥教师的主体作用呢？从前文的分析可以看出，要想从根本上解决这一问题，需要从国家、社会、学校等多个方面进行体制改革，这仍是一项宏大的系统工程，在此不赘述。但是就学校而言，却很容易做一些局部改善工作。首先，学校应把教师看作是有思想、有文化、有学术、有品德的"人"，而不应把他们看作是搞科研项目、发表论文的机器，给予他们更多的生命关怀。目前，"学生

① 韩延明，栾兆云. 我国现代大学文化的价值取向[J]. 高等教育研究，2010，（4）：9-14.
② 约翰·S. 布鲁贝克. 高等教育哲学[M]. 王承绪，郑继伟，张维平等译. 杭州：浙江教育出版社，2001：31-32.

生命体的存在已得到普遍认识，但教师作为'人'的存在却仍然被忽视"①。在关心教师生命体的基础之上，学校在分配资源时应向教师倾斜。教师在大学中的地位之所以较低，不被重视和羡慕，其根本原因是其经济地位在大学中较低。或者说，从表面上看，教师获得的工资待遇并不比行政人员少，有的甚至超过行政人员，可是教师获得的这些待遇的性价比远远低于行政人员，也就是，在相同的工作时间内，教师工作的强度和复杂度都远远超过行政人员。有人主张在政府里实行"高薪养廉"，那么在大学里也可以实行"高薪养教师"。学校在制定分配政策时，通过逐步提高教师的工资待遇以提高其在大学中的经济地位，就能够在一定程度上克服人们的"官本位"思想，使优秀人才回流到教师岗位，并能够使教师克服浮躁情绪，安心从事本职工作，切实发挥在基本功能中的主体作用，这对于消除大学及其文化传承与创新功能的异化是极其有效的。

另一方面，学生应切实发挥参与作用。在大学的文化传承与创新中，学生不是旁观者，而且积极的参与者，这是由大学的任务和学生的特点决定的。教育部原部长袁贵仁强调："大学就是通过文化培养人、'创造'人的。大学的出现，是为了继承文化、传播文化、创造文化，通过文化的继承、传播和创造，促进受教育者的社会化、个性化、文明化，从而塑造健全的人、完善的人。"②在这一任务中，学生是受教育者，其是以消极被动的姿态还是以积极主动的姿态参与其中，决定着任务完成的效率和效果。此外，学生的生理和心理在大学阶段已比较成熟，他们有一定的社会阅历，且有理想、有抱负、有热情，他们思想开放，思维开阔，做事往往不拘一格。在人才培养中，他们能够协助老师推动教学方法等各方面的改革；在科学研究中，他们总能冒出一些"天真"的想法，与老师碰撞出创造的火花；在社会服务中，他们向社会传递正能量，在社会与大学之间搭起一座桥，使二者之间的距离更近。这些使得他们在大学的文化传承与创新中大有作为。然而，现实情况是，学生在大学的文化传承与创新中的作用远远没有发挥出来。在人才培养中，学校过分偏重科学知识传授和技能训练，而忽视人文教育。这使得学生成为"新生的野蛮人"，"他们对属于我们这个时代的有关世界和人类的基本思想体系一无所知。这样的普通人属于没有文化修养的新生的野蛮人，是落后于时代文明的迟钝者，而且是既原始又落后，与他们自身存在的既现代又冷酷的问题形成了鲜明的对比。但是，这种新的野蛮人毕竟都是专业人员，要比以前的人更有知识，可同时更没有文化修养，如一些工程师、内科医

---

① 胡弼成，孙燕. 文化精神：大学内部治理之魂[J]. 清华大学教育研究，2006，（3）：27-29.
② 袁贵仁. 加强大学文化研究 推进大学文化建设[J]. 中国大学教学，2002，（10）：4-5.

生、律师、科学家等。"①在科学研究中，学生多是为教师跑跑腿，做一些打字、复印等简单事务，有的甚至被当作廉价劳动力，其科研成果被老师占有，等等。在社会服务中，学生很少有机会参与到高水平的科研服务中，多到社区普及一些知识、送温暖等活动。如何切实发挥学生的参与作用呢？首先，学校应摆正教育的目标，进行正确定位，即学校培养的是有"灵魂"的人才，而不是无"灵魂"的机器。正如爱因斯坦所言："学校的目的始终应当是：青年人在离开学校时，是作为一个和谐的人，而不是作为一个专家。"在这样的目标下，"大学培养学生成人，需将学生当作活生生的生命体，当作有价值、尊严、需要、兴趣、个性的主体，最大限度地发展自身潜能，完善学生的个性。"②具体地，学校应在人才培养、科学研究和社会服务方面进行一系列改革，以利于充分培育和发展学生的个性。反过来，学生就能积极主动地参与到学校的人才培养、科学研究和社会服务的全过程，并能充分地迸发出创新活力。这对于培育有特色的大学文化是大有裨益的，进而有助于消除目前存在的大学文化传承与创新功能异化的各种现象。

第五节　大学四大基本功能异化之间的关系

人才培养、科学研究、社会服务和文化传承与创新是大学的四大基本功能，它们之间既相互联系又相互区别，是对立统一的关系。因而，四大基本功能中任何一个功能的异化都会影响其他几项功能的正常发挥。

一、人才培养功能异化与科学研究功能异化之间的关系

人才培养是大学的中心工作，是大学依据一定的目标，以课程为载体，通过各种教学方法等培养教育学生，使之成为满足国家和社会发展需要的高素质人才的活动。科学研究是大学的工作重心，是大学通过自然科学、哲学社会科学的研究，以揭示自然、社会和人的思维规律的活动。人才培养是科学研究的基础，人才培养的特色和水平决定着科学研究的特色和水平；科学研究是人才培养的一种手段，科学研究的特色和水平往往在很大程度上影响着人才培养的特色和水平。因而，大学人才培养功能的异化必然导致科学研究功能的异化，而科学研究功能的异化也会在很大程度上影响着人才培养功能的异化。具体地，目前大学人才培养功能异化表现在目标、课程、教学方

---

① 奥尔特加·加塞特. 大学的使命[J]. 徐小洲，陈军译. 杭州：浙江教育出版社，2001：56-57.
② 胡弼成，孙燕. 文化精神：大学内部治理之魂[J]. 清华大学教育研究，2006，（3）：27-29.

法、师生关系、管理等多个方面，如人才培养目标异化的一个突出表现就是缺乏个性且同质化严重，人才培养课程异化的一个突出表现就是只注重知识传授而忽视思维能力的培养，教学方法异化的一个突出表现就是以注入式教学为主，师生关系异化的一个突出表现就是功利化，管理异化的一个突出表现就是教条化，这些都在很大程度上决定了科学研究功能必然产生异化，这是因为学生也是参与科学研究的重要力量，而一个缺乏个性特征、只知道机械地学习知识、习惯于注入式教学方式、抱着功利化的心态参与到科学研究中的学生，并且是在教条化的管理条件下，就很难有什么创新，从事的往往就是一些简单、低级和重复的活动。相反地，科学研究功能的异化也在很大程度上加重了人才培养功能的异化。具体地，在科学研究中，研究者与其产品相异化，造成科研成果缺乏创新性，都是一些简单、低级和重复的科研成果，将这样的科研成果引入课堂教学，就很难培养出具有创新素质的学生；研究者与研究过程相异化，教师在研究中没有感觉到什么兴趣，只是抱着功利化的心态疲于应付，在人才培养中，学生必然会无形中受到这种态度和情绪的影响，从而加重学生的功利化形态；研究者与其类本质相异化，教师不再追求真理，早已斯文扫地，这样在人才培养中教师的道德楷模作用大大削弱，无形中影响了对学生人文素质教育的效果；研究者与他人关系相异化，教师与他人关系相异化，也不可避免地加重了教师与学生之间关系的异化。

二、人才培养功能异化与社会服务功能异化之间的关系

社会服务是大学在发展过程中产生的一大基本功能，是大学通过自身的人才、科技优势为社会经济、政治、文化等的发展提供直接服务。人才培养是社会服务的前提和基础，人才培养的特色和水平决定着社会服务的特色和水平；社会服务有利于增强人才培养的针对性，以及为人才培养提供一定的资源保障，社会服务的特色和水平也在一定程度上影响着人才培养的特色和水平。因而，大学人才培养功能的异化必然导致社会服务功能的异化，而社会服务功能的异化也会在一定程度上影响着人才培养功能的异化。具体地，人才培养目标缺乏个性特征及同质化，课程设置的学科化、专门化和片面化，教学方法的注入式及重教轻学，管理中的教条化，这些人才培养功能方面的异化决定了社会服务不会有什么特色，并缺乏创新性、学术性和引领性。此外，师生关系中的功利化也决定了社会服务的商业化。所有这些都是因为学生是参与社会服务的重要力量，在人才培养功能异化之下，大学所培养的学生没有个性，缺乏创新素质，这样的学生参与社会服务如何具有学术

性，如何引领社会发展？他们多是抱着功利化的态度从事商业化活动。相反地，社会服务功能的异化也在一定程度上加重了人才培养功能的异化。具体地，在社会服务中，把社会上商业化那一套模式带入校园，对教师和学生的价值观造成很大冲击，助长了校园中的浮躁之风，教师和学生以功利化态度和以追求经济利益为目标来对待教和学，这自然加重了人才培养功能的异化。此外，社会服务缺乏学术性和引领性，服务质量低劣，对学校名声造成很不好的影响，从而影响社会力量对大学的投入，办学资源紧张局面得不到缓解，这也很容易加重人才培养功能的异化。

三、人才培养功能异化与文化传承与创新功能异化之间的关系

文化传承与创新是大学掌握前人积累的文化成果，扬弃旧义，创立新知，并传播到社会，延续至后代，是大学基本功能之一。人才培养是文化传承与创新的主要载体和方式，人才培养的特色和水平决定着文化传承与创新的特色和水平；文化传承与创新是人才培养的途径和手段，文化传承与创新的特色和水平也在一定程度上潜移默化地影响着人才培养的特色和水平。因而，大学人才培养功能的异化必然导致文化传承与创新功能的异化，而文化传承与创新功能的异化也会在一定程度上潜移默化地影响着人才培养功能的异化。具体地，人才培养目标、课程设置的同质化，决定了文化传承与创新的同质化；人才培养目标的就高不就低、层次区分度低、价值导向弱化、缺乏稳定性和缺乏世界眼光，课程设置的学科化、专门化，教学方法以注入式为主、忽视学习方法传授，师生关系的情感淡化、趋向紧张，管理的教条化、服务效率低下，这些都决定了文化传承与创新的庸俗化；人才培养目标的片面化、课程设置的片面化、教学方法的重教轻学、教学评价偏执一端，这些都决定了文化传承与创新的片面化；师生关系的功利化、管理的官本位决定了文化传承与创新的功利化。所有这些是因为人才培养是大学的中心工作，是文化传承与创新的主要载体和方式，在人才培养过程中实现了对文化的传承与创新，而人才培养的目标、课程、教学方法、师生关系和管理都发生异化时，就必然导致文化传承与创新的异化。相反地，文化传承与创新功能的异化也在一定程度上加重了人才培养功能的异化。具体地，人总是生活在一定文化氛围中，在文化传承与创新中，同质化、功利化、庸俗化和片面化的文化氛围，必然对教师和学生的思想和行为产生消极影响，进而对人才培养的特色和创新性产生

消极影响，并且这种影响是潜移默化的和持久的。

四、科学研究功能异化与社会服务功能异化之间的关系

科学研究也是社会服务的前提和基础，科学研究的特色和水平同样决定着社会服务的特色和水平；社会服务也有利于增强科学研究的针对性，以及为科学研究提供一定的资源保障，社会服务的特色和水平也在一定程度上影响着人才培养的特色和水平。因而，大学科学研究功能的异化必然导致社会服务功能的异化，而社会服务功能的异化也会在一定程度上影响着科学研究功能的异化。具体地，在科学研究中，研究者与其产品相异化，造成科研成果缺乏创新性，多是一些简单的、低级的和重复的科研成果；研究者与研究过程相异化，教师在研究中没有感觉到什么兴趣，总是抱着功利化的心态疲于应付；研究者与其类本质相异化，教师不再追求真理，早已斯文扫地，道德楷模作用大大削弱，如果教师以这样的科研成果、这样的态度、这样的道德形象参与到社会服务中，提供的多是一些简单、低级、没有科技含量的服务，必然使社会服务缺乏学术性和引领性。此外，研究者与他人关系相异化，也在一定程度上导致了教师与服务对象之间关系的异化，把向社会输送先进的思想、科学技术等服务关系变成一种单纯的商品交换关系，从而造成社会服务的商业化气息浓重。相反地，社会服务功能的异化也在一定程度上加重了科学研究功能的异化。具体地，在社会服务中，服务质量低劣，缺乏学术性和引领性，就很难使大学能够了解到社会对科学技术的实际需求，这样，大学的科学研究往往就缺乏针对性，从而造成所谓的科研成果束之高阁。同时也无法将社会的先进思想引入大学的科学研究，使得大学科学研究的创新不足。此外，社会服务中的商业化加重的科学研究中的功利化，往往使得大学不安心基础研究而热衷于能产生立竿见影效果的应用研究和开发研究。因此，所有这些社会服务中的异化现象都加重了科学研究功能的异化。

五、科学研究异化与文化传承与创新功能异化之间的关系

科学研究是文化传承与创新的重要载体和方式，科学研究的特色和水平也在一定程度上决定着文化传承与创新的特色和水平；文化传承与创新也是科学研究的一种途径和手段，文化传承与创新的特色和水平也在一定程度上潜移默化地影响着科学研究的特色和水平。因而，大学科学研究功能的异化

也会在一定程度上导致文化传承与创新功能的异化，而文化传承与创新功能的异化也会在一定程度上潜移默化地影响着科学研究功能的异化。具体地，在科学研究中，研究者与其产品相异化，造成科研成果缺乏创新性，多是一些简单、低级和重复的科研成果；研究者与其类本质相异化，教师不再追求真理，学者早已斯文扫地，道德楷模作用大大削弱，这些都在一定程度上决定了文化传承与创新的同质化与庸俗化，使得大学文化没有特色，缺乏创新气息。此外，研究者与研究过程相异化，教师在研究中没有感觉到什么兴趣，只是抱着功利化的心态疲于应付；研究者与他人关系相异化，教师在研究中与他人形成的关系不再是一种单纯的学术关系，而更多的是一种经济利益关系，这些都在一定程度上决定了文化传承与创新的功利化和片面化，使得大学文化浮躁气息浓重，精神文化萎靡。相反地，文化传承与创新功能的异化也在一定程度上加重了科学研究功能的异化。具体地，在文化传承与创新中，同质化、功利化、庸俗化和片面化的文化氛围必然对科学研究产生潜移默化的消极影响，侵蚀着大学科学研究追求真理的本质，在一定程度上使科学研究丧失创新性，并助长科学研究的功利性，等等。

六、社会服务功能异化与文化传承与创新功能异化之间的关系

社会服务也是文化传承与创新的重要载体和方式，社会服务的特色和水平也在一定程度上决定着文化传承与创新的特色和水平；文化传承与创新也是社会服务的一种途径和手段，文化传承与创新的特色和水平也在一定程度上潜移默化地影响着社会服务的特色和水平。因而，大学社会服务功能的异化也会在一定程度上导致文化传承与创新功能的异化，而文化传承与创新功能的异化也会在一定程度上潜移默化地影响着社会服务功能的异化。具体地，在社会服务中，商业化在一定程度上决定了文化传承与创新的功利化，商业化实际上追求的是利润最大化，将社会服务看作是一种商品，注重社会服务的有偿性，这就很容易形成一种功利化的氛围，只去做看得见的有利可图的社会服务，而不愿去做看不见利益的社会服务，从而使得大学文化浮躁气息浓重。此外，社会服务缺乏学术性和引领性在一定程度上决定了文化传承与创新的庸俗化。缺乏学术性和引领性说明社会服务没有特色，且水平较低，这就在一定程度上使得大学文化没有特色，平庸无奇。相反地，文化传承与创新功能的异化也在一定程度上加重了社会服务功能的异化。具体地，在文化传承与创新中，同质化、功利化、庸俗化和片面化的文化氛围必然对

科学研究产生潜移默化的消极影响，在无形中阻滞着大学向社会传输先进的思想，在一定程度上影响了社会服务的学术性和引领性。

从总体上看，大学人才培养功能的异化决定着科学研究功能、社会服务功能和文化传承与创新功能的异化，这是由矛盾的主要方面与次要方面的关系原理决定的，因为人才培养是大学的中心工作，是矛盾的主要方面，而科学研究、社会服务和文化传承与创新是矛盾的次要方面。正如潘懋元先生所言："高等学校三个职能的产生与发展，是有规律的。先有培养人才，再有发展科学，再有直接为社会服务。它的重要性也跟产生的顺序一致，产生的顺序也就是它重要性的顺序。"[1]由于人才培养、科学研究和社会服务是文化传承与创新的载体和方式，而文化传承与创新又为人才培养、科学研究和社会服务提供思想和价值引领，他们之间是互相包容的。因而，人才培养功能异化、科学研究功能异化和社会服务功能异化，与文化传承与创新功能异化是很难截然分开的，可以简单地说，人才培养功能异化、科学研究功能异化和社会服务功能异化分别是文化传承与创新功能异化的不同表现形式，或者说，文化传承与创新功能异化主要或宏观地表现为人才培养功能异化、科学研究功能异化和社会服务功能异化。

---

① 中国高等教育学会. 改革开放 30 中国高等教育发展经验专题研究[M]. 北京：教育科学出版社，2008：752.